超 スピード合格！

日商簿記3級

テキスト&問題集

【第6版】

簿記の教室メイプル代表 **南 伸一** 著

JN028907

成美堂出版

3

本書の使い方・見方

本書は13章立てで構成されています。
各章はテーマごとにいくつかのSTEPに分かれています。

使い方

まずは**本テーマ**での**ポイント**を読んでみましょう。そのSTEPのキーワードとなる語句は**赤字**になっているので、その意味を理解しながら読み進めましょう。

▼

簿記は手を動かしながら理解するのが不可欠です。 では、問題を解きながら、簿記の考え方を説明しています。最初は読みながら、理解するといいでしょう。

▼

各STEPの最後には、 があります。そのSTEPで学んだことが身についているかどうか、解いて確かめてみましょう。ちょっと難しかったと思ったら、繰り返しそのSTEPを読んで理解し、次のSTEPに進みましょう。

見　方

難易度
そのSTEPの難しさの目安。A＞B＞Cの順に難しい。

タイトル
そのSTEPで扱うテーマ。

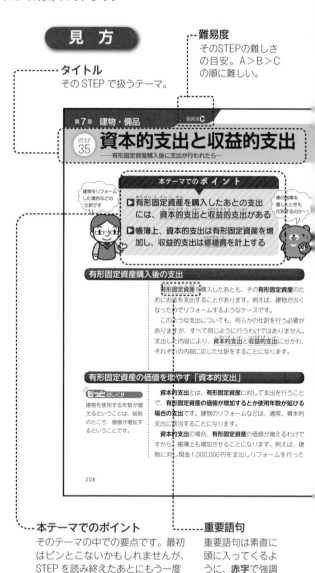

第7章 建物・備品　観測度C

STEP 35 **資本的支出と収益的支出**
有形固定資産購入後に支出が行われたら…

建物をリフォームした場合などの仕訳です

本テーマでの**ポイント**
▶ 有形固定資産を購入したあとの支出には、資本的支出と収益的支出がある
▶ 帳簿上、資本的支出は有形固定資産を増加し、収益的支出は修繕費を計上する

車の故障を直したときも仕訳するのか…

有形固定資産購入後の支出

有形固定資産を購入したあとも、その**有形固定資産**のためにお金を支出することがあります。例えば、建物が古くなったのでリフォームするようなケースです。
　このような支出についても、何らかの仕訳を行う必要がありますが、すべて同じように行うわけではありません。支出した内容により、**資本的支出**と**収益的支出**に分かれ、それぞれの内容に応じた仕訳をすることになります。

有形固定資産の価値を増やす「資本的支出」

もっと詳しく!!
建物を使用する年数が増えるということは、結局のところ、価値が増加するということです。

　資本的支出とは、**有形固定資産**に対して支出を行うことで、**有形固定資産**の価値が増加するとか使用年数が延びる**場合の支出**です。建物のリフォームなどは、通常、資本的支出に該当することになります。
　資本的支出の場合、有形固定資産の価値が増えるわけですから、帳簿上も増加させることになります。例えば、建物に対し現金1,000,000円を支出しリフォームを行った

208

本テーマでのポイント
そのテーマの中での要点です。最初はピンとこないかもしれませんが、STEPを読み終えたあとにもう一度読んで意味をかみしめましょう。

重要語句
重要語句は素直に頭に入ってくるように、赤字で強調しています。

「ケース・スタディー」、「おさらい問題」の答案用紙（解答欄）の無料ダウンロードができます。詳しくは巻末をご覧ください。

理解を助ける詳しい解説

本文の中で出てきた用語の説明。

本文の中で出てきた事柄について詳しく解説。

本文中の重要事項を強調。覚えてしまいましょう。

どういった形で試験に出るか、どれくらいの頻度で試験で出るかを紹介。

問題を解くときに役立つ即効テクニックを紹介。

知っておきたい、簿記に関わる事柄を紹介。

結果、価値が増加したという取引を仕訳すると次のようになります。

| 建　物 | 1,000,000 | 現　金 | 1,000,000 |

費用として計上する「収益的支出」

収益的支出とは、現状維持とか原状回復のために、有形固定資産に対して支出を行うことです。具体的には、建物の窓ガラスが割れたので元通りにするために現金を支出したケースなどです。**収益的支出**の場合、現金を支出しても当該**有形固定資産**の価値は増加しないので、帳簿上で**有形固定資産**を増加させずに、費用項目である**修繕費**として計上します。例えば、窓ガラスが割れたので、元に戻すために現金50,000円を支出したという取引を仕訳すると次のようになります。

| 修 繕 費 | 50,000 | 現　金 | 50,000 |

それでは、実際に仕訳してみましょう。

ケース・スタディー 50

15年前に購入した建物に対して現金3,000,000円を支払ってリフォームを施したところ、使える年数が5年延びた。この取引を仕訳しなさい。

▼

解答・解説

この支出は**資本的支出**なので、建物という資産が3,000,000円増加します。ですから、借方は建物3,000,000円とします。代金は現金を支払っている

ココが大事

価値の増加や使用年数の延長は、**帳簿価額**を増加させる。現状維持や原状回復は、**修繕費**として費用計上する。

割れた窓ガラスを元通りにしても、有形固定資産の価値は変わらないもんなぁ〜

ふむふむ

もっと詳しく!!

2級や1級では、支出した金額を**資本的支出**と**収益的支出**に分ける問題なども出題されます。

209

第7章

STEP 35 資本的支出と収益的支出

・・・ **ケース・スタディー**

そのテーマで学ぶ内容は具体的な例を通して、理解できるようになっています。章末には「おさらい問題」があります。

登場人物紹介

本書は、南先生と2匹の生徒といっしょに簿記を学ぶ「講義式」で構成されています。

南先生

簿記の教室メイプル代表。毎年、多数の生徒を短期合格に導いている。本書では、くまたろくんと、りすみちゃん相手に森の簿記学校を開講。

くまたろ

ちょっとぬけたかんじのクマの男の子。いつもボーッとした顔をしているが、やる気はあるみたいである。

りすみ

成績優秀なリスの女の子。頭の回転が早く、先生より先に重要なことを言うこともある。

はじめに

　簿記は思っている以上に身近なところで活躍している知識です。会社や学校でも、簿記の知識があってはじめて組織運営ができるというものです。それにもかかわらず、「難しい」というイメージを持ってしまう人が多いようです。理由の一番にあがるのが、聞きなれない言葉が多いということです。

　この壁を乗り越えるには、しっかりと言葉の意味を理解していくしかありません。意味さえわかれば、簿記の勉強が「難しい」から「カンタン」へと変わるはずです。

　また、簿記の勉強で先に進めなくなる理由で最も多いのが、ちょっとした疑問を残したまま進めてしまい、それが理解をさまたげているケースです。この場合、その小さな疑問の壁を取り除くことで、スムーズに勉強を進めていくことができるようになります。

　そこで本書は、以下の点を心がけて執筆しています。

①難しい専門用語を、日常で用いるような簡単な言葉に言い換えて説明しています。例えば、「資産」という専門用語は、「売ればお金になるもの」などと説明しています。

②もしかしたら読者が疑問に感じてしまうかもしれないと思われる内容については、極力、その理由を説明しています。例えば、「なぜ売掛金は資産になるのか」について、「売掛金は将来お金が入ってくるから資産」というような具合に説明しています。

　また、2021年度の日商簿記試験で大きな変更がありました。試験時間が60分に短縮され（従来は120分）、大問の数も全5問から3問になりました。さらに全体として仕訳問題の比重が高まるなどの変更も行われていますが、本書はもちろん、これに対応済みです。

　言葉の意味がちゃんと理解できて、小さな疑問をどんどん解決していくことにより、通常、数ヶ月かかる簿記3級の勉強を1～2週間でマスターすることも可能になります。皆さんも本書を用いて、効率よく短期間で簿記3級の内容を習得し、合格を勝ち取って下さい！

簿記の教室メイプル　代表

南　伸一

日商簿記3級 受験ガイド

　日商簿記3級は、中小企業の経理事務に必要な基本知識のレベルに到達することを目標においています。

　この検定に合格することで、実務で役立つ経理関連書類の読み取りができるようになり、取引先企業の経営状況を数字から理解できるようになるというわけです。

　簿記は、財務担当者に不可欠な知識、資格であるとともに、近年では営業、管理部門でも大切な知識として評価する企業が増えてきています。つまり、簿記は企業活動を担う社会人にとって、大変有益な資格といえるでしょう。

　試験を実施するのは日本商工会議所です。他の団体で、簿記の試験を実施しているところもありますが、国内で一番知名度が高いのが、この日商簿記検定といえるでしょう。

■試験概要　　※検定に関する情報は変更される場合があります。必ず最新の情報をご自身で事前にご確認ください。

試 験 日	統一試験／年3回 ペーパー試験。ここ数年は、6月第2日曜日、11月第3日曜日、2月第4日曜日に実施されている ネット試験／随時 商工会議所認定の「テストセンター」にて随時施行されている。施行休止期間あり
受 験 料	2,850円（税込）※ネット試験では事務手数料550円（税込）が別途発生します
受 験 資 格	誰でも受けられる（学歴、年齢、性別、国籍等の制限はなし）
申 込 方 法	統一試験／各地の商工会議所の窓口やインターネットなど ネット試験／インターネットの申込専用ページより （https://cbt-s.com/examinee/examination/jcci.html）
試 験 時 間	60分
合 格 基 準	100点満点中、70点以上で合格
合 格 率	34.6%（2023年度統一試験平均）

日商簿記検定についてのお問い合わせ先

日本商工会議所・検定情報ダイヤル
☎ 050-5541-8600　受付時間8:00〜20:00（年中無休）

日商簿記検定ホームページ
https://www.kentei.ne.jp/bookkeeping

試験の出題内容

試験では全部で3題出題されます。満点は100点であり、**70点以上が合格**となります。

第1問は合計45点、第2問は20点、第3問は35点です（変動の可能性あり）。また、**各問とも、複数箇所が問われますが、1ヶ所でも間違えたら0点というわけではなく、部分点もあります。**

■大問別の出題内容

	配点	主な出題内容	本書の対応章
第1問	45点	●仕訳問題 「現金預金」「商品売買」「貸倒れ」「手形」「有形固定資産」「資本」「税金」「収益と費用」「その他の債権・債務」	第3〜11章
第2問	20点	●理論問題 ●補助簿や勘定作成問題 ●伝票問題 「理論」「商品有高帳」「売掛金元帳・買掛金元帳」「補助簿の選択」「収益、費用の前受・前払・未収・未払」「固定資産台帳」「損益勘定と繰越利益剰余金勘定」「伝票」「仕訳日計表」	第1〜12章
第3問	35点	●精算表作成問題 ●決算整理後残高試算表作成問題 ●貸借対照表・損益計算書作成問題 「精算表」「決算整理後残高試算表」「財務諸表」	第2章 第13章

第1問は簡単な仕訳問題です。第3問は時間がかかる難問です。他の問題を解き終えてから、じっくり解きましょう。

なお、前述の配点と問題構成は、過去の出題に照らした上でのものです。

しっかり学んで
試験に合格
しましょう！

70点以上
の得点が
必要なのね！

いっぱい
勉強するぞ〜

学習の進め方

簿記3級のための勉強をするといっても、人によって学習に使える時間はさまざまです。
1日にどれだけ時間が使えるかで、3つの学習プランを示しますので、参考にしてください。

学習方法の説明の中にある「※」印がついている書籍についてはページ下部参照。

1日5時間学習プラン
比較的時間がたくさん取れる方向け
●学生の方　●休職中の方　など

学習期間 およそ 2週間	基礎学習期間 ▶	応用力をつける期間 ▶	試験直前期
	5日間	1週間	2〜3日間
	ボリュームの少ない章は1日3章分、多い章は1日2章分、**本書**を読みましょう。該当箇所のケース・スタディーとおさらい問題も解きましょう。	**実戦問題集**※を1日10問（時間がかかる問題は4〜5問）解きましょう。	最後の2日から3日で**実戦問題集**※の模擬試験3回分を繰り返し解きましょう。

1日2時間学習プラン
それなりに時間の取れる方向け
●残業の少ない社会人の方　など

学習期間 およそ 1ヶ月	基礎学習期間 ▶	応用力をつける期間 ▶	試験直前期
	10日間	2週間	5日間
	1日1〜2章を目安に**本書**を読み、その後、ケース・スタディーとおさらい問題を解きましょう。	**実戦問題集**※を1日5〜6問（時間がかかる問題は2〜3問）解きます。わからない場合は、テキストで復習！	**実戦問題集**※の模擬試験3回分を繰り返し解いて、本番の試験の傾向や制限時間に慣れておきましょう。

1日1時間学習プラン
多忙で時間のあまり取れない方向け
●残業の多い社会人の方　●小さいお子様のいる主婦の方　など

学習期間 およそ 2ヶ月	基礎学習期間 ▶	応用力をつける期間 ▶	試験直前期
	1ヶ月	3週間	1週間
	1日10ページを目安に**本書**を読みましょう。**本書**は総ページ数が約350ページなので、おおよそ1ヶ月程度で学んでいきます。	**実戦問題集**※を解きながら、テキストの復習を行ってください。おおよそ3週間で**実戦問題集**を解ければ、理想的です。	**実戦問題集**※の模擬試験3回分を繰り返し解きましょう。1日に1回分の目安で解いていきましょう。

合わせて使いたい成美堂出版の対策書はこちら！

※**実戦問題集** ………『超スピード合格！日商簿記3級実戦問題集』(本書に完全対応した問題集)

CONTENTS 目次

本書は原則として2024年6月1日現在の情報に基づいています。

編 集 協 力： (有)コンテンツ、簿記の教室メイプル(斉藤一美、布田優美子)
イ ラ ス ト： 黒はむ
本文デザイン： 松倉 浩
企 画・編 集： 成美堂出版編集部(原田洋介・芳賀篤史)

第 1 章

簿記の目的

簿記は、１年間の会社の通知表ともいうべき
貸借対照表と損益計算書をつくるのが
最終目的です。
大事なところなので、
じっくりと理解を深めておいてくださいね！

難易度**C**

簿記の意義と目的

―――簿記って何？

簿記の講義を
はじめますよ！

本テーマでの ポイント

▶ **簿記**とは、帳簿記録の略のこと

▶ **簿記**の目的は、
貸借対照表と**損益計算書**を
作成することである

ワクワクするわ

よーし！
がんばるぞ～

簿記の意義

　簡単にいうと、**簿記**とは、帳簿記録の略のことです。帳簿記録の真ん中の2文字を抜き出すと「**簿記**」となりますよね。帳簿にいろいろと記録すること、これが**簿記**なのです。大学の偉い先生などは難しい意義を述べますが、**簿記**の3級では、**簿記**というのは帳簿の記録の略で十分ですから、そのように覚えてください。

簿記の目的

もっと詳しく!!

貸借対照表と**損益計算書**などを総称して、**財務諸表**や**決算書**などということもあります。

　ではなぜ、帳簿記録を行う必要があるのでしょうか？**帳簿記録を行うと、貸借対照表**と呼ばれる表と**損益計算書**と呼ばれる表を作ることができるからです。

　貸借対照表は、会社の財政状態すなわち**会社にどれくらいのお金があって、どれくらいの借金があるか**を表した表のことです。

　損益計算書は、会社の経営成績すなわち**会社がどれくらい儲かったのか、あるいは、損をしたのか**を表した表のこ

とです。

　貸借対照表と**損益計算書**については、のちほど詳しく説明します。

簿記の種類

　簿記にはさまざまな種類があります。また分け方にも、記入方式の違いによる分類と業種の違いによる分類とがあります。

　まず、**記入方法の違いによって、単式簿記と複式簿記に分けることができます。**

　単式簿記というのは、通常、**現金の増減についてのみ記録していく方法**のことです。代表例が家計簿やおこづかい帳です。

　それに対して**複式簿記**とは、現金だけでなくその他のもの、例えば**商品や借入金などについても、その増減を記録していく方法**のことです。代表例は、会社で用いられる帳簿があげられます。

　そして、業種の違いによって、**商業簿記**、**工業簿記**などがあります。**商業簿記**は小売業や卸売業などで用いられる簿記であり、**工業簿記**は製造業で用いられます。この他にも、建設業で用いる建設業簿記、銀行で用いる銀行簿記、

いろんな簿記があるんだなぁ〜

一般的に簿記といったら複式簿記を指します

記入方式の違い

おこづかい帳は単式簿記だったのかぁ

単式簿記　複式簿記

業種別の違い

業種によって書き方が違っているのね

商業簿記　工業簿記　建設業簿記

もっと 詳しく!!

工業簿記は2級から登場します。また、建設業簿記は1級で試験範囲となります。

農業で用いる農業簿記などがありますが、一般的なのは、**商業簿記**や**工業簿記**です。

なお、簿記3級で学ぶ内容は、記入方法は**複式簿記**で、種類は**商業簿記**です。

簿記の社会的必要性

わたしのお父さんも株をやっているので、よく貸借対照表や損益計算書を見ているっていっていたわ

もっと詳しく!!

多くの経営者は、自分の会社の**貸借対照表**や**損益計算書**の数字を、何も見ないでもいえるものです。それくらい、経営者は**貸借対照表**、**損益計算書**を読み込んでいるということです。

簿記の目的は、**貸借対照表**と**損益計算書**を作成することにあると話しましたが、それではなぜ、**貸借対照表**と**損益計算書**を作成しなければならないのでしょうか？　それは、経営者はもちろんのこと、会社をとりまく多くの人々（利害関係者）が、**会社の状況を知る上で、貸借対照表と損益計算書を必要とする**からです。

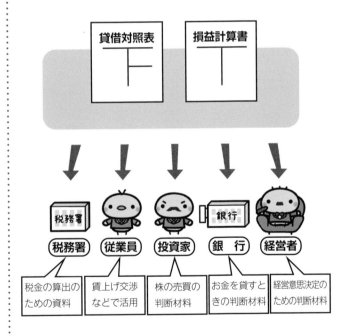

以下、利害関係者ごとに**貸借対照表**、**損益計算書**がどのように必要となるのか説明していきます。

◉経営者

会社の経営者にとって、**貸借対照表**と**損益計算書**は、**会社を経営していく上で重要な判断材料となります**。経営者は、会社にどれくらいのお金があってどれくらいの借金があるのか、あるいは去年一年間でどれくらい儲かったのか、損をしたのかがわからなければ会社の舵取りを担うことはできませんからね。

これらが把握できる**貸借対照表**と**損益計算書**は、経営者が経営意思決定を行う上で、欠くことのできない存在といえるのです。

◉投資家

投資家すなわち株を購入してお金儲けをしようと考えている人たちにとって、**貸借対照表**と**損益計算書**は、**どの会社の株を購入するかを検討する際に必要な判断材料となります**。

会社の株価というのは基本的に会社の利益が伸びれば上がるものだからです。

そこで、投資家はいろいろな会社の**貸借対照表**、**損益計算書**を見比べて、果たして今後どの会社の利益が伸びるだろうかと予測するのです。それらを知ることのできる**貸借対照表**と**損益計算書**は、投資家が投資意思決定を行う上で、欠くことができないものなのです。

◉銀行

銀行にとって会社の**貸借対照表**、**損益計算書**は**お金を貸す際の判断材料になります**。銀行が会社に融資をする際には、必ず**貸借対照表**、**損益計算書**の提示をもとめます。

そして銀行は**貸借対照表**と**損益計算書**を見て、その会社に融資を行っても大丈夫かどうか、あるいは、いくらまでなら貸しても大丈夫かといったことを判断するのです。

モっと詳しく!!

ここではあげていませんが、取引先なども**貸借対照表**、**損益計算書**を必要とします。取引をするにあたっては、ちゃんとお金を払ってもらえるかが重要です。取引先の経営状態を判断する材料として、**貸借対照表**、**損益計算書**が必要になるのです。

銀行だって、赤字続きの会社にはお金を貸さないっていうもんなぁ～

ふむふむ

もっと詳しく!!

本来、会社が払う**法人税**は、会社自身が**損益計算書**の利益を出発点として、計算していきます。税務署は、会社の行った税金の計算に間違いがないかチェックすることになります。

◉ **従業員（労働組合）**

　従業員あるいは労働組合にとっても**貸借対照表、損益計算書は必要です**。例えば、賃上げ交渉を行う際に経営者サイドに対して、**貸借対照表、損益計算書**の情報をもとに、「会社にはまだまだ余力があるのだから我々の給料を上げてください」といった具合に利用するのです。

　あるいは従業員が、自分の会社の**貸借対照表、損益計算書**を見て、「業績不振で先行きがあやしそうだから、今のうちに転職しようかな？」と判断する際にも利用できるでしょう。

　このように、従業員や労働組合にとっても**貸借対照表**と**損益計算書**は、有効な判断材料になるのです。

◉ **税務署**

　税務署は会社の支払う税金を計算する際に貸借対照表、損益計算書を必要とします。会社の支払う税金は、基本的に<ruby>当期純利益<rt>とうきじゅんりえき</rt></ruby>をベースに計算が行われます。

　したがって、税務署にとっても会社が払う税金を決める際に、**貸借対照表、損益計算書**が必要となってくるのです。

　経済社会において、会社は非常に重要な立場にあります。その会社の状況を知るための重要な手段は**貸借対照表**と**損益計算書**しかありません。すなわち、**貸借対照表、損益計算書**を作成する簿記なくしては、経済社会の維持、発展もありえません。

　つまり、簿記は経済社会の維持、発展のために、必要不可欠の存在ということができます。

STEP 2　貸借対照表と資産、負債、資本
—— 貸借対照表のしくみ

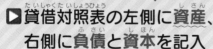

本テーマでの ポイント

貸借対照表って知ってたかな？

▶ 貸借対照表の左側に資産、
右側に負債と資本を記入

き、聞いたことはあるよ…

▶ 貸借対照表の左側の合計と
右側の合計は必ず一致

資産、負債、資本

貸借対照表は、会社の財政状態を表した表のことと前項で説明しましたが、この**財政状態**は、**資産、負債、資本という3つの項目**で成り立っています。

まず**資産**とは、**売ればお金になるもののこと**です。例えば、商品や建物や土地などは、売ればお金になりますよね。そのようなものを簿記では**資産**といいます。

商品　　　　**建物**　　　　**土地**

ココが大事

資産は売ればお金になるもの。**負債**は借金のこと。**資本**は株主や経営者が出したお金と、その後の利益のこと。

次に**負債**とは、**借金のこと**です。銀行からお金を借りた場合はもちろんのこと、将来、お金を支払わなければならないものも含めて、簿記では**負債**といいます。

銀行から
お金を借りる

最後に**資本**ですが、3級における**資本**の項目は、**資本金**と**利益準備金**と**繰越利益剰余金**の3つだけです。**資本金**とは、会社を始めるにあたって経営者などが出したお金のことです。**繰越利益剰余金**は、過去に会社が稼ぎ出した利益で、まだ使われていない分のことです。**利益準備金**については、のちほど説明します。

なお、**利益準備金**と**繰越利益剰余金**をまとめて**利益剰余金**といいます。**利益剰余金**とは過去に会社が稼ぎ出した利益で、まだ処分されていない分のことです。

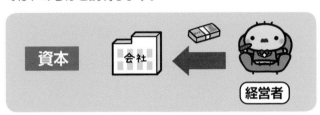

資本　←　会社　←　経営者

貸借対照表のフォーム

貸借対照表は、アルファベットのＴ字型をしており、その左側に**資産**を記入し、右側に**負債**と**資本**を記入します。

ココが大事
貸借対照表の左の合計と右の合計は等しくなる。

貸借対照表って、こんな形をしているのかぁ。意外とシンプルだなぁ～

貸借対照表

パンダ株式会社　　　○年3月31日

現　　金	100,000	借入金	250,000
商　　品	150,000	資本金	500,000
建　　物	200,000	繰越利益剰余金	50,000
土　　地	350,000		
	800,000		800,000

おおまかには次のようなスタイルになります。

貸借対照表

資産	負債
	資本

もっと詳しく!!
「どこからお金を持ってきたのか」を難しくいうと調達源泉といい、「調達したお金をどのように使っているか」を難しくいうと運用形態といいます。

そして、**貸借対照表**の左側の合計と右側の合計は、必ず等しくなります。その理由は、**負債**と**資本**というのは、結

局のところ、どこからお金を持ってきたのかということであり、**資産**は、調達したお金をどのように使っているかを表現したものだからです。

貸借対照表

資 産	×××	負 債	×××
		資 本	×××
	×××		×××

金額が同じになる

このことを式で示すと、

資産＝負債＋資本

となります。

それでは、実際に**貸借対照表**を作成してみましょう。

ケース・スタディー ①

次の資料により、ヒグマ株式会社の○年3月31日における貸借対照表を作成しなさい。

現　金	100,000円	売掛金	150,000円	繰越利益剰余金	0円
商　品	120,000円	建物	300,000円		
買掛金	130,000円	借入金	140,000円		

《解答欄》

貸借対照表

ヒグマ株式会社　　　○年3月31日

( ) ( )	( ) ( )
( ) ( )	( ) ( )
( ) ( )	( ) ( )
( ) ( )	
( )	( )

モっと詳しく!!

貸借対照表の右側は、正式には負債の内容が入る「**負債の部**」と資本などの内容が入る「**純資産の部**」で構成されます。

どの項目が資産になって負債になるのかを判断するコツはあるのかしら？

資産の場合は、売ればお金になるかどうかという観点で考えていけばいいです

現金そのものや、これからお金が入ってくるものも、もちろん資産です

もっと詳しく!!

資本は、貸借対照表に記入する際には、「**資本金**」という名称を用います。

解答・解説

　問題文の項目のうち資産となるのは、**現金**、**売掛金**、**商品**、**建物**ですので、これらを貸借対照表の左側に記入します。

　なお、売掛金とは、商品を売ったけれども、まだお金をもらっていない場合のことです。売掛金は約束の日が来たら、お金をもらうことができるので資産となります。

　また、負債となるのは、**買掛金**と**借入金**ですので、この2つを貸借対照表の右側に書きます。

　なお、**買掛金**は売掛金の逆で、商品を買ったけれども、まだお金を支払っていない場合のことです。買掛金は約束の日が来たら、お金を支払わなければならないので、広い意味でとらえると、これも借金といえます。ですから、買掛金は負債となるのです。**借入金**は、銀行などからお金を借りた場合のことなので、借金そのものです。したがって、負債となります。

　問題文に与えられている項目は以上ですが（繰越利益剰余金は0円なので記載はしません）、あと1つ記入すべきものがあります。それは**資本金**です。先に説明しましたが、会社の財政状態は、資産と負債と資本で表すので、たとえ問題文に与えられていなくとも、資本金は存在します。

　では、問題文に与えられていない資本金の金額をどのように計算すればよいのでしょうか。**ここで貸借対照表の左側と右側の合計は等しくなるという関係を使うのです**。資本金を記入する前の段階で、貸借対照表は、次の通りです。

貸借対照表

ヒグマ株式会社	○年3月31日		
現　金	100,000	買掛金	130,000
売掛金	150,000	借入金	140,000
商　品	120,000		
建　物	300,000		
	670,000		

資本金は400,000円（670,000円－130,000円－140,000円）と計算できます。資本金を記入したあとの完成した貸借対照表は以下のようになります。

貸借対照表

ヒグマ株式会社	○年3月31日		
現　金	100,000	買掛金	130,000
売掛金	150,000	借入金	140,000
商　品	120,000	資本金	400,000
建　物	300,000		
	670,000		670,000

繰越利益剰余金も出てくるケースの貸借対照表は後のSTEPで学習します

もっと詳しく‼

極めてまれだと思いますが、**買掛金**も含めて無借金経営であれば、**負債**が存在しない可能性はあります。しかし、**資産**や**資本**は、会社を営んでいる以上、必ず存在するといえます。

STEP2の
おさらい
問題

次の資料により、タイガー株式会社の○年3月31日現在における貸借対照表を作成しなさい。

現　　金	72,000円	土　　地	120,000円
普通預金	60,000円	買　掛　金	57,600円
売　掛　金	81,600円	借　入　金	240,000円
建　　物	180,000円	繰越利益剰余金	0円

《解答欄》

貸借対照表

タイガー株式会社　　　　○年3月31日

貸借対照表の左側に資産を、右側に負債を記入していきます。その後、資産の合計から負債の合計を差し引いて資本金をもとめます。

貸借対照表

タイガー株式会社　　○年3月31日

現　　金	72,000	買 掛 金	57,600
普通預金	60,000	借 入 金	240,000
売 掛 金	81,600	資 本 金	216,000
建　　物	180,000		
土　　地	120,000		
	513,600		513,600

　この問題で、資産は現金、普通預金、売掛金、建物、土地なので、これらを貸借対照表の左側にもっていきます。また、負債は、買掛金と借入金なので右側にもっていきます。

　その後、資産の合計513,600円（72,000円＋60,000円＋81,600円＋180,000円＋120,000円）から、負債の合計297,600円（57,600円＋240,000円）を差し引いて、資本金216,000円をもとめます。資本金216,000円を貸借対照表の右側の負債の下に記入することで、左側と右側の金額が一致し、貸借対照表が完成します。

もっと詳しく!!

貸借対照表には、会社名や日付も記入します。

STEP 3 損益計算書と収益、費用
―― 損益計算書のしくみ

簡単な言葉で
説明するので
心配しないで
くださいね

本テーマでの ポイント

▶ 損益計算書の左側に費用、
右側に収益を記入

▶ 収益の合計から費用の合計を
差し引いて当期純利益を計算する

収益、費用と利益の関係

　損益計算書は、会社の経営成績を表した表のことと説明しましたが、この経営成績は、収益、費用という2つの項目から、利益を計算することによって明らかにすることができます。

　収益とは、売上などの儲けのことです。売上以外では、受取手数料や受取利息などがあります。

　次に費用とは、難しくいうと、収益を獲得するために犠牲になった金額のことです。例えば、売上をあげるためには、店舗を借りたり、従業員を雇ったりする必要がありますが、店舗を借りると家賃が発生しますし、従業員を雇うと給料が発生します。つまり、売上をあげるために必要となったこのようなものが費用となるのです。

もっと詳しく‼

収益から費用を引くことによって、利益を計算します。利益が大きければ大きいほど、会社の経営成績は良かったということになります。ちなみに収益よりも費用が大きくなれば、利益ではなく損失が発生することになります。

なお、利益も儲けのことですが、収益は費用を引く前の儲けのことであり、利益は費用を引いたあとの儲け、すなわち純粋な儲けのことです。

損益計算書のフォーム

損益計算書も、アルファベットのT字型をしており、その左側に**費用**を記入し、右側に**収益**を記入します。そして、**収益**から**費用**を引いてもとめた**利益**を**費用の下**に記入します。

費用

収益

利益

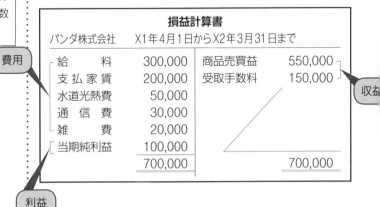

損益計算書

パンダ株式会社		X1年4月1日からX2年3月31日まで	
給 料	300,000	商品売買益	550,000
支払家賃	200,000	受取手数料	150,000
水道光熱費	50,000		
通 信 費	30,000		
雑 費	20,000		
当期純利益	100,000		
	700,000		700,000

おおまかには次のようなスタイルになります。

損益計算書

費用	収益
利益	

その結果、**損益計算書も左側の合計と右側の合計は、必ず等しくなります。**

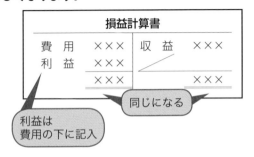

損益計算書

費 用	×××	収 益	×××
利 益	×××		
	×××		×××

同じになる

利益は
費用の下に記入

このことを式で示すと、

収益−費用＝利益

あるいは、

費用＋利益＝収益

となります。もちろん、意味は両方とも同じです。ちなみに、**損失**が発生した場合の**損益計算書は、収益の下に損失を記入する**ことになります。

吹き出し（先生）: 収益から費用を引いて利益を計算し、それを費用の下に書いているので、一致するのは当然ですね

吹き出し: 損失って簡単にいえば赤字のことね

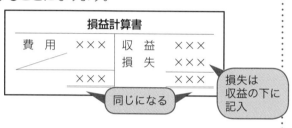

損益計算書			
費 用	×××	収 益	×××
		損 失	×××
	×××		×××

同じになる

損失は収益の下に記入

会計期間は1年間が普通

　損益計算書は、通常1年間を計算の対象としています。つまり、この1年間でどれくらい儲かったのか、あるいは、損をしたのかを**損益計算書**で明らかにするのです。

　そして、この1年間のことを<u>会計期間</u>といいます。また、会計期間の初めを<u>期首</u>、終わりを<u>期末</u>といいます。

　実際に、**損益計算書**を作成してみましょう。

ちょっと 一息

日本の会社の会計期間は、学校などと同じく4月1日から3月31日が多いようです。

ケース・スタディー❷

次の資料により、カモシカ株式会社のX1年4月1日からX2年3月31日における損益計算書を作成しなさい。

商品売買益	200,000円	受取手数料	50,000円
受取利息	3,000円	給　料	100,000円
支払家賃	50,000円	水道光熱費	20,000円
通信費	10,000円	雑　費	5,000円

《解答欄》

損益計算書

カモシカ株式会社　X1年4月1日からX2年3月31日まで

(	) (	)	(	) (	)
(	) (	)	(	) (	)
(	) (	)	(	) (	)
(	) (	)			
(	) (	)			
(	) (	)			
	(	)		(	)

用語解説
商品売買益
しょうひんばいばいえき
商品を買ってきた金額
と売った金額の差額で
ある儲けのこと。

用語解説
受取利息
うけとり り そく
預金を行ったり、お金
を貸すことによって、
受け取ることのできる
利息のこと。

用語解説
通信費
つうしん ひ
電話代やはがき・切手
代などのこと。

解答・解説

　問題文の項目のうち収益となるのは、**商品売買益**、**受取手数料**、**受取利息**ですので、これらを損益計算書の右側に記入します。費用となるのは、**給料**、**支払家賃**、**水道光熱費**、**通信費**、**雑費**ですから、この5つを損益計算書の左側に書きます。そして、収益の合計から費用の合計を引いて**当期純利益**をもとめます。収益の合計は253,000円（200,000円＋50,000円＋3,000円）、費用の合計は185,000円（100,000円＋50,000円＋20,000円＋10,000円＋5,000円）なので、利益は68,000円となります。これを費用の下に記入することによって、左側と右側の合計が一致するので、損益計算書が完成します。

損益計算書

カモシカ株式会社　X1年4月1日からX2年3月31日まで

給　　料	100,000	商品売買益	200,000
支払家賃	50,000	受取手数料	50,000
水道光熱費	20,000	受取利息	3,000
通信費	10,000		
雑　　費	5,000		
当期純利益	68,000		
	253,000		253,000

費用

収益

用語解説

雑費
その他の費用といった意味合いの費用のこと。

STEP3の
おさらい
問題

以下に示したライオン株式会社のX1年4月1日からX2年3月31日における収益と費用にもとづいて損益計算書を作成しなさい。

商品売買益	80,000円	受取手数料	12,000円	受取利息	8,000円
給　　料	30,000円	支払家賃	25,000円	水道光熱費	12,000円
通信費	7,000円	消耗品費	5,000円	雑　　費	1,000円

《解答欄》

損益計算書

ライオン株式会社　　　X1年4月1日からX2年3月31日まで

解答・解説

　損益計算書の右側に収益を記載し、左側に費用を記載します。そして、**収益の合計から費用の合計を差し引いて、当期純利益を計算します。**

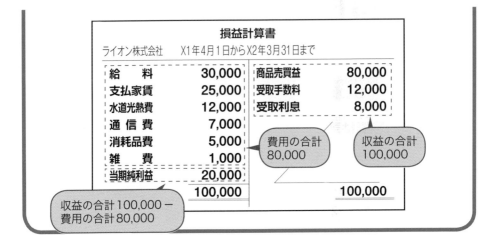

STEP 4 損益計算書の利益
――損益計算書の当期純利益と貸借対照表の関係

本テーマでの ポイント

▶ 損益計算書で計算された当期純利益は、
貸借対照表の繰越利益剰余金にもっていく

▶ 繰越利益剰余金は、会社が稼ぎ出した
利益を蓄えている勘定である

えっ！利益が
どこかに
いっちゃうの？

利益自体は
もちろん
なくなり
ませんよ！

損益計算書の利益は貸借対照表に行く

前のSTEPで、損益計算書において収益と費用を比較することによって、**当期純利益**が計算されることを学習しました。では、その**当期純利益**は、そのあとどこに行くのでしょうか？

損益計算書でもとめられた利益は、そのあと貸借対照表に行きます。貸借対照表の資本の一つである**繰越利益剰余金**に加算されます。

利益は損益計算書で
お終いってことじゃ
ないのね

繰越利益剰余金勘定は利益の貯金箱

繰越利益剰余金というのは、会社が過去に稼ぎ出した利益で、まだ配当等によって使われていない分のことでした。ですから、**繰越利益剰余金**は、利益の貯金箱のようなものとイメージすればよいでしょう。

繰越利益剰余金は、利益を稼ぎ出すことによって増加し、**配当**等で使うことによって減少するのです。

利益をたくさん稼ぎ出せば、それだけ**繰越利益剰余金**も

用語解説
配当
会社にお金を出してくれた株主に対して、会社が稼ぎ出した利益を支払うこと。

増えていくことになるわけです。

では、実際に問題を解いてみましょう。

ケース・スタディー ③

イヌワシ株式会社の○年12月31日現在の資産、負債の状況と、同年中の収益、費用の金額は次の通りであった。損益計算書と期末の貸借対照表を作成しなさい。

現金	66,000円	商品売買益	265,100円	給料	220,000円
普通預金	33,000円	受取手数料	25,300円	交通費	24,200円
売掛金	55,000円	買掛金	33,000円	通信費	6,600円
商品	77,000円	雑費	1,100円	借入金	66,000円
水道光熱費	2,200円	貸付金	11,000円	消耗品費	3,300円
資本金	110,000円				

難しいなぁ〜
ハチミツで栄養補給してじっくり考えてみるぞ〜

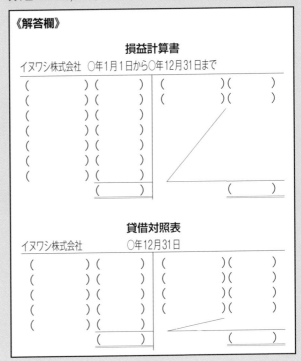

《解答欄》

損益計算書

イヌワシ株式会社　○年1月1日から○年12月31日まで

貸借対照表

イヌワシ株式会社　　　　○年12月31日

解答・解説

　まずは、問題の資産、負債及び収益、費用を判断します。損益計算書の右側に収益を、左側に費用を記入します。収益の合計から費用の合計を差し引いて利益（**当期純利益**）を計算します。これで損益計算書は完成します。

　その後、貸借対照表の左側に資産を、右側に負債と資本金を記入します。最後に損益計算書でもとめた**当期純利益**を**繰越利益剰余金**という名称にして、資本金の下に記入することによって、貸借対照表が完成します。

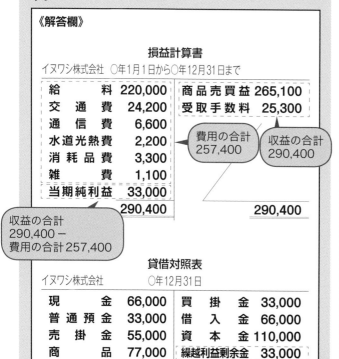

《解答欄》

損益計算書

イヌワシ株式会社　○年1月1日から○年12月31日まで

給　　　料	220,000	商品売買益	265,100
交　通　費	24,200	受取手数料	25,300
通　信　費	6,600		
水道光熱費	2,200		
消耗品費	3,300		
雑　　　費	1,100		
当期純利益	33,000		
	290,400		290,400

費用の合計 257,400
収益の合計 290,400
収益の合計 290,400 － 費用の合計 257,400

貸借対照表

イヌワシ株式会社　　　○年12月31日

現　　　金	66,000	買　掛　金	33,000
普通預金	33,000	借　入　金	66,000
売　掛　金	55,000	資　本　金	110,000
商　　　品	77,000	繰越利益剰余金	33,000
貸　付　金	11,000		
	242,000		242,000

損益計算書の当期純利益 33,000

用語解説

貸付金（かしつけきん）
お金を貸すこと。将来お金を返してもらえるので資産。

貸借対照表と損益計算書が作れるようになったわ！　簿記の勉強が楽しくなってきたわね！

33

ハヤブサ株式会社のX2年3月31日現在の資産、負債の状況と、同年中の収益、費用の金額は次の通りであった。損益計算書と期末の貸借対照表を作成しなさい。

現　　金	120,000円	商品売買益	650,000円	給　　料	230,000円
普通預金	270,000円	受取手数料	50,000円	支払家賃	170,000円
売 掛 金	180,000円	買 掛 金	150,000円	通 信 費	90,000円
商　　品	130,000円	雑　　費	40,000円	借 入 金	50,000円
水道光熱費	80,000円	貸 付 金	100,000円	消耗品費	60,000円
資 本 金	500,000円	繰越利益剰余金	70,000円		

《解答欄》

損益計算書

ハヤブサ株式会社　　　　　X1年4月1日からX2年3月31日まで

貸借対照表

ハヤブサ株式会社　　　　　X2年3月31日

解答・解説

損益計算書の右側に収益を、左側に費用を記載し、**その差額で当期純利益を計算**します。貸借対照表の左側に資産、右側に負債と資本を記載します。繰越利益剰余金は、元々70,000円あるので、そこに損益計算書で計算された当期純利益30,000円を加算して100,000円となります。

損益計算書
ハヤブサ株式会社　　X1年4月1日からX2年3月31日まで

給　　料	230,000	商品売買益	650,000
支 払 家 賃	170,000	受取手数料	50,000
通 信 費	90,000		
水道光熱費	80,000		
消 耗 品 費	60,000		
雑　　費	40,000		
当期純利益	30,000		
	700,000		700,000

貸借対照表
ハヤブサ株式会社　　　　X2年3月31日

現　　金	120,000	買 掛 金	150,000
普 通 預 金	270,000	借 入 金	50,000
売 掛 金	180,000	資 本 金	500,000
商　　品	130,000	繰越利益剰余金	100,000
貸 付 金	100,000		
	800,000		800,000

モっと詳しく!!

問題文の項目に**繰越利益剰余金**があれば、その金額に損益計算書でもとめた**当期純利益**を加えた金額を、期末の貸借対照表の**資本金**の下に**繰越利益剰余金**として計上します。

簿記の勉強と電卓

簿記の試験では、試験に電卓を持ち込むことが認められています（高度な機能が付いている電卓は不可）。電卓選びのポイントは大きさ。カード型のように小さいと打ちづらいですし、大き過ぎると打っていて疲れるので、手のひらにおさまるぐらいの大きさがちょうどよいでしょう。電卓に表示される桁数は3級ならば10桁でもいいですが、2級や1級に挑戦することを考えているなら、億単位の金額も計算できる12桁の電卓がお勧めです。

そして電卓は、鉛筆で書きながら打てるよう、利き手でない手で使えるようになってください。さらに、電卓を見ないで打てるようになるとよいでしょう。問題の数字から目を離す必要がなくなるので、時間を節約できるし、入力ミスを防ぐこともできるからです。

電卓を見ないで打つコツは、左手ならば薬指で左側のキーを、中指で真ん中のキーを、人差し指で右側のキーをたたくように決めておくことです。

第2章

簿記の流れ

すべての土台となる仕訳は
ガッチリと自分のものに
しておかないといけませんよ！

STEP
5

取引
──簿記でいうところの取引

> まずはこの章で、簿記の流れをざっと見ていきましょう

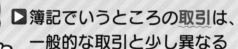

本テーマでの ポイント

▶ 簿記の流れは、<ruby>取引<rt>とりひき</rt></ruby>→<ruby>仕訳<rt>しわけ</rt></ruby>→<ruby>勘定<rt>かんじょう</rt></ruby>→
<ruby>試算表<rt>しさんひょう</rt></ruby>→<ruby>貸借対照表<rt>たいしゃくたいしょうひょう</rt></ruby>、<ruby>損益計算書<rt>そんえきけいさんしょ</rt></ruby>である

> 簿記の流れは頭に入れなきゃね

▶ 簿記でいうところの<u>取引</u>は、
一般的な取引と少し異なる

簿記の流れは 5 段階

　第1章でお話ししましたが、**簿記の目的は<ruby>貸借対照表<rt>たいしゃくたいしょうひょう</rt></ruby>と<ruby>損益計算書<rt>そんえきけいさんしょ</rt></ruby>を作成すること**にあります。

　貸借対照表と損益計算書にたどり着くまでに、どのような過程を経るのかというのが、下のイラストの流れです。

> この流れは、簿記の試験でも実務でも変わることはありません。簿記を理解する上でとても重要ですから、しっかりと頭に入れてください

簿記の流れ

❶取引

❷仕訳

❸勘定

▼

❹**試算表**の作成

▼

❺**貸借対照表**と**損益計算書**の作成

簡単にこの流れを説明すると、**取引**が発生したら**仕訳**というものを行い、今度はそれを**勘定**と呼ばれる表に書き写します。

そして、決算になったら、勘定を集計して**試算表**というものを作成し、**最終的に試算表から資産と負債と資本を抜き出して貸借対照表を作成し、収益と費用を抜き出して損益計算書を作成**します。正確にいうと、もっと細かいこともありますが、基本的かつ大きな流れは、上記の通りです。

このうち、**貸借対照表**と**損益計算書**については第1章で説明済みですから、この章では、それ以外のものについて説明していきます。

用語解説

決算（けっさん）

貸借対照表、損益計算書を作成するために行う作業のことやその時期を指す。

簿記上の取引の意義

簿記でいうところの取引とは、資産、負債、資本、収益、費用を変動させる事柄（事象）のことです。例えば、「備品50,000円を現金で購入した」というようなものが**取引**です。この場合、備品という資産が50,000円増加し、現金という資産が50,000円減少していますよね。

用語解説

備品（びひん）

会社で使う、机やイスなどのこと。売ればお金になるので、資産である。

取引で変動する事柄

備品50,000円を現金で購入した

備品50,000円が増加　　現金50,000円が減少

これが取引です

このように、資産、負債、資本、収益、費用を変化させ

るものが**取引**なのです。ちょっと難しいようであれば、このあとで勉強する**仕訳**の前提となるもののことと理解してもらえればいいです。

ただし、1つだけ注意すべき点があります。それは、**簿記でいうところの取引と、一般的に用いられる取引という用語は、多少、意味内容が異なる**という点です。例えば、「火災で建物が焼失した」という場合、一般的にはこのようなものは**取引**とはいいませんよね。しかし、簿記上は、火災が発生し、建物が焼失したのであれば、建物という資産が減少するので、**取引**となります。

あるいは逆に、「建物の賃貸借契約を結んだ」という場合、一般的にはこのような契約を交わす行為も**取引**といいますが、簿記上は、契約を交わした段階では、資産、負債、資本、収益、費用のいずれも変化しませんから、**取引**とはなりません。

では、実際に例題を使って簿記上の取引を考えてみましょう。

ケース・スタディー④

次の❶～❺の文章が、簿記上の取引に該当するか否かを答えなさい。

❶従業員を月給200,000円の契約で雇い入れた。
❷商品100,000円を掛けで購入した。
❸火災が発生し、建物2,000,000円が焼失した。
❹盗難にあい、現金20,000円の被害を受けた。
❺土地を月額150,000円の約束で借りることにした。

▼

解答・解説

❶該当しない

　単に契約を結んだだけの段階なので、簿記上の取引にはなりません。

❷該当する

　商品という資産が増加し、**買掛金**（かいかけきん）という負債が増加しているので、簿記上の取引となります。

❸該当する

　建物という資産が減少し、**火災損失**（かさいそんしつ）という費用が発生しているので、簿記上の取引となります。

❹該当する

　現金という資産が減少し、**盗難損失**（とうなんそんしつ）という費用が発生しているので、簿記上の取引となります。

❺該当しない

　単に契約を結んだだけの段階なので、簿記上の取引にはなりません。

掛けで購入するということは、お金をまだ支払っていない状態だったわよね

盗難でも資産がなくなれば取引になるのかぁ～

ふむふむ

次の事象のうち、簿記上の取引となるものには○、簿記上の取引とならないものには×をつけなさい。

❶通信費25,000円を現金で支払った。
❷備品を購入し、代金は来月末に支払う約束にした。
❸会社の業務に関連して、損害賠償請求額が3,000,000円の裁判を起こされた。
❹商品を70,000円で購入する売買契約を締結した。
❺店舗について、月額100,000円の賃貸借契約を結んだ。

解答・解説

❶　○

　通信費という費用が発生し、現金という資産が減少しています。

❷　○

　備品という資産が増加し、未払金という負債が増加しています。

❸　×

　裁判を起こされた段階なので、資産、負債、資本、収益、費用に変動はありません。したがって、取引ではありません。

❹　×

　契約を結んだ段階なので、資産、負債、資本、収益、費用に変動はありません。

❺　×

　契約を結んだ段階なので、資産、負債、資本、収益、費用に変動はないため、取引にはなりません。

用語解説

未払金
みばらいきん
商品以外のものを購入し、代金を支払っていない場合のこと。

もっと詳しく!!

このような問題が試験で出題されるわけではありません。試験では、このあと勉強する**仕訳**というものが多く出題されます。

STEP 6 仕訳（1）
──各項目の増減の記入方法

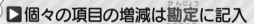

本テーマでの ポイント

さぁ、仕訳です。簿記で一番大切なところです

▶ 個々の項目の増減は勘定（かんじょう）に記入

勘定はＴ字型の表ね

▶ 資産と費用は増加したら左側、減少したら右側に記入し、負債と資本と収益は増加したら右側、減少したら左側に記入

現金の増減を記録する方法

　簿記の流れにおいて、取引が発生したら仕訳（しわけ）を行います。以下の例題を用いて仕訳の話を進めていきます。

ケース・スタディー 5

当社の会計期間は、X1年4月1日からX2年3月31日であり、期首の時点で現金が500,000円あり、期末の段階で現金が200,000円になっていたとします。理由が以下の通りであった場合における、現金の増減を記入しなさい。

6月12日　商品を250,000円で購入し、代金は現金で支払った。
9月18日　上記商品の一部を100,000円で販売し、代金は現金で受け取った。
1月25日　備品を150,000円で購入し、代金は現金で支払った。

《解答欄》

現　　金	

会社を経営していると、現金をはじめ、いろんなものが増えたり減ったりするんでしょうね

▼

Ｔ字型ということは貸借対照表や損益計算書と同じだなぁ

ココが大事

現金は増加したら左側、減少したら右側に記入します。

解答・解説

簿記では、**現金**の増減をＴ字型の表を書いて、そこに記入していきます。Ｔを書いて、その上に、タイトルを書きます。ここでは、現金の増減を書き込むので、タイトルには「現金」と書きます。これで、前ページの解答欄の表ができ上がります。

そして、現金の場合、増加したら左側に記入し、減少したら右側に記入します。その理由は、**現金**は**資産**なので貸借対照表（たいしゃくたいしょうひょう）の左側に書くためです。

増加	現　金	減少
＋		―

それでは、先ほどの例題を現金の表に書き込んでいきましょう。期首の500,000円は、もともとあるので左側に記入します。6月12日は現金が減少するので、右側に記入します。

9月18日は現金が増加するので、左側に記入します。1月25日は現金が減少するので、右側に記入します。実際に書き込むと、以下のようになります。

現　金			
4／1	500,000	6／12	250,000
9／18	100,000	1／25	150,000

その結果、左側の合計が600,000円（500,000円＋100,000円）となり、右側の合計が400,000円（250,000円＋150,000円）となります。

よって、左側のほうが200,000円大きくなり、これが現金の期末残高となるので、貸借対照表に現金200,000円と計上されることになるのです。

現金以外の増減を記録する

　現金以外の項目も、現金と同じようにＴ字型の表を書いて記録していきます。プラスマイナスを記入する位置は、以下の通りです。

もともと「存在する側」がプラスと考えればいいのね

資産、費用

| 増加 | ＋ | | − | 減少 |

負債、資本、収益

| 減少 | − | | ＋ | 増加 |

　結局のところ、**貸借対照表や損益計算書における居場所側がプラスになるということ**ですね。**資産**と**費用**は貸借対照表や損益計算書で左側に記入するので、増加したら左側、減少したら右側に記入します。

　また、**負債**と**資本**と**収益**は、貸借対照表や損益計算書で右側に記入するので、増加したら右側、減少したら左側に記入します。プラスの側に残高が生じるので、貸借対照表、損益計算書がこのようなフォームになっている以上、当たり前といえば当たり前の記入方法といえます。

ココが大事

資産、費用は増加したら左側、減少したら右側に記入します。負債、資本、収益は増加したら右側、減少したら左側に記入します。

Ｔ字型の表の正式名称

　各項目の増減を記録するＴ字型の表のことを**勘定**といいます。簿記の流れのなかで取引、仕訳のあとに出てくるものです。また、これまで現金や建物や商品などのことを「項目」といってきましたが、**簿記ではこれを勘定科目と呼びます。**勘定については、またあとでも説明しますが、例題を使って勘定について見ていきましょう。

次の取引について、勘定を記入しなさい。

4月1日　現金500,000円を出資して、小売店を開業した。
4月2日　営業に必要な備品を買い入れ、代金200,000円は現金で支払った。
4月3日　銀行から100,000円を借りて店の普通預金とした。

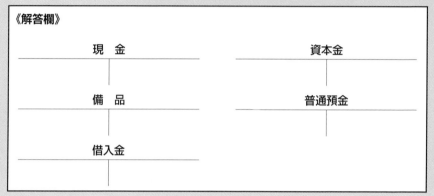

《解答欄》

現　金	資本金
備　品	普通預金
借入金	

もっと詳しく!!

第1章で**複式簿記**という言葉が出てきましたが、1つの取引を複数の勘定へ記入するからこそ、複式簿記というのです。

解答・解説

●**4月1日**

　現金という資産が500,000円増加しますので、現金勘定の左側に500,000円と記入し、**資本金**が500,000円増加しますので、資本金勘定の右側に500,000円と記入します。

●**4月2日**

　備品という資産が200,000円増加しますので、備品勘定の左側に200,000円と記入します。そして、**現金**という資産が200,000円減少します。よって、現金勘定の右側に200,000円と記入します。

●**4月3日**

　普通預金という資産が100,000円増加しますので、普通預金勘定の左側に100,000円と記入します。そ

して、**借入金**という負債が100,000円増加します。
よって、借入金勘定の右側に100,000円と記入します。

記入する**勘定**の場所は異なっても、必ず、左側と右側に同じ金額を記入します。

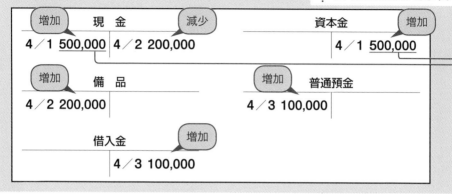

次の取引について、適切な勘定を設けて記入しなさい。

4月1日 現金2,000,000円、普通預金3,000,000円を出資して、卸売業を開業した。
4月2日 営業用の車を1,000,000円で買い入れ、代金は普通預金から支払った。
4月3日 営業用の備品を500,000円で買い入れ、代金は現金で支払った。
4月4日 普通預金から現金300,000円を払い戻した。
4月5日 取引銀行から4,000,000円を借り入れ、店の普通預金とした。

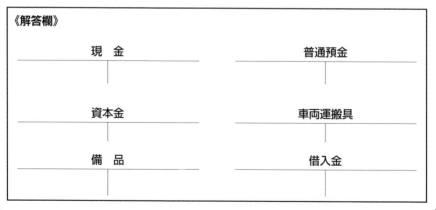

解答・解説

◉4月1日

現金という資産が2,000,000円、普通預金という資産が3,000,000円増加し、資本金という資本が5,000,000円増加します。

◉4月2日

車両運搬具という資産が1,000,000円増加し、普通預金という資産が1,000,000円減少します（車両運搬具＝車）。

◉4月3日

備品という資産が500,000円増加し、現金という資産が500,000円減少します。

◉4月4日

現金という資産が300,000円増加し、普通預金という資産が300,000円減少します。

◉4月5日

普通預金という資産が4,000,000円増加し、借入金という負債が4,000,000円増加します。

現　金		普通預金	
4／1 2,000,000	4／3　500,000	4／1 3,000,000	4／2 1,000,000
4／4　300,000		4／5 4,000,000	4／4　300,000

資本金		車両運搬具	
	4／1 5,000,000	4／2 1,000,000	

備　品		借入金	
4／3　500,000			4／5 4,000,000

STEP 7　仕訳（2）
──簿記は仕訳が大事

すぐに
覚えられますよ

本テーマでの ポ イ ン ト

▶**仕訳**とは、個々の増減を横1行でとらえることである

簿記では左側のことを**借方**、右側のことを**貸方**と呼ぶ

借方と貸方かぁ…。
どっちがどっちか
わからなく
なりそうだなぁ

仕訳なしでは簿記は語れない

　前項で、個々の項目の増減を、**勘定**と呼ばれる表に記入するといいましたが、実は簿記ではその前に行う作業があります。それが**仕訳**です。

　仕訳とは、**各項目の増減を勘定と呼ばれる表に記入する前に、横1行で各項目の増減を記録していくこと**です。例えば、前項の本文のケース・スタディーで、

> **6月12日に商品を250,000円で購入し、代金は現金で支払った。**

という取引がありました。これを**仕訳**してみましょう。まず、商品という資産が250,000円増加しています。資産は増加したら勘定の左側に記入しましたが、これは**仕訳**でも同じです。したがって、
左側に

資産の増加

商　品	250,000

と書きます。

簿記の試験でも、そのほとんどが、**仕訳**をする問題か、**仕訳**をしなければ答が出てこない問題ばかりです。実務でも多くの時間は、**仕訳**をするという作業です。そのため、簿記のなかで、最も基本的かつ重要なところといえます。

もちろん場合によっては仕訳が2行になることもあります

ちょっと 一息
書き写すだけ、集計するだけ、分けるだけ、といった作業はパソコンが最も得意とするものです。そんな事情もあって、最近は実務で会計ソフトを用いて経理業務を行う会社がほとんどです。

そして、ここでは現金という資産が250,000円減少しています。資産は減少したら勘定の右側に記入しましたが、**仕訳**でも同じなので、右側に

資産の減少 →	現　金	250,000

と書きます。

このように、まずは**横1行で左側と右側に個々の項目の増減をとらえること**、この作業が**仕訳**なのです。

商　品	250,000	現　金	250,000

取引が発生したら、まずこの**仕訳**を行います。そして、**仕訳**をしたあとで、前項で勉強した**勘定**と呼ばれる表に書き写していくのです。

簿記の流れのなかで、とにかくこの**仕訳**が一番重要です。**仕訳**さえ行えば、あとは自動的に行う作業ばかりなのです。**仕訳**から**勘定**へは書き写すだけ、**勘定**から**試算表**へは集計するだけ、**試算表**から**貸借対照表**、**損益計算書**へは分けるだけの作業なのです。ですから、**簿記の試験でも、実務でもこの仕訳が一番大切な作業**なのです。

借方と貸方の位置

ちょっと 一息
経理の仕事は、仕訳ができることが必要不可欠です。経理の仕事に就きたいと思っている人は、最低でも仕訳ができるようになっておくとよいでしょう。

これまで**勘定**や**仕訳**において、左側、右側といういい方をしてきましたが、実は、左側、右側という言葉も簿記上の専門用語があります。

簿記では左側のことを**借方**、右側のことを**貸方**といいます。一応、名前の由来はあるらしいのですが、今後の簿記の勉強に全く関係ないので、**左側＝借方、右側＝貸方**と覚えてください。

なお、左側＝**借方**、右側＝**貸方**について、良い覚え方があるので、紹介しておきます。**借方**（かりかた）と**貸方**（か

しかた）で異なるのは、『り』と『し』ですよね。『り』はその先が左側を向いているので**借方**が左と覚えます。また、『し』はその先が右側を向いているので**貸方**が右と覚えるのです。慣れれば、意識しなくてもわかるようになりますが、勉強したての頃は、混乱しやすいので、このような方法で覚えるといいでしょう。

左側が借方、右側が貸方かぁ

借方と貸方の覚え方

借方	貸方
商　品　250,000	現　金　250,000
覚え方「かり**かた**」 ←	覚え方「かし**かた**」 →

おもしろい覚え方ね。これなら覚えられそうだわ

それでは、実際に仕訳を行ってみましょう。

ケース・スタディー⑦

次の取引を仕訳しなさい。

4月1日　現金500,000円を出資して、小売店を開業した。
4月2日　営業に必要な備品を買い入れ、代金200,000円は現金で支払った。
4月3日　銀行から100,000円を借りて店の普通預金とした。

解答・解説

●4月1日

　現金という資産が500,000円増加しているので、借方に現金500,000円とします。そして**資本金**が500,000円増加します。よって、貸方に資本金500,000円とします。

借方科目	金額	貸方科目	金額
現　　金	500,000	資　本　金	500,000

もっと詳しく!!

人のやることですので、間違いはつきものです。**仕訳**でも、誤って**仕訳**してしまうことも考えられます。試験でも、間違ってしまった**仕訳**を正しく修正する「**訂正仕訳**」という問題が出されています。

勘定への記入方法と
同じ法則ね

各項目が借方か貸方
かをしっかり見極め
ましょう

●4月2日

備品という資産が200,000円増加しますので、借方に備品200,000円とします。そして、**現金**という資産が200,000円減少します。よって、貸方に現金200,000円とします。

借方科目	金額	貸方科目	金額
備　品	200,000	現　金	200,000

●4月3日

普通預金という資産が100,000円増加しますので、借方に普通預金100,000円とします。そして、**借入金**という負債が100,000円増加します。よって、貸方に借入金100,000円とします。

借方科目	金額	貸方科目	金額
普通預金	100,000	借　入　金	100,000

STEP7の
おさらい
問題

次の取引を仕訳しなさい。

4月1日 現金2,000,000円、普通預金3,000,000円を出資して、卸売業を開業した。
4月2日 営業用の車を1,000,000円で買い入れ、代金は普通預金から支払った。
4月3日 営業用の備品を500,000円で買い入れ、代金は現金で支払った。
4月4日 普通預金から現金300,000円を払い戻した。
4月5日 取引銀行から4,000,000円を借り入れ、店の普通預金とした。

解答・解説

●4月1日

現金という資産が2,000,000円、普通預金という資産が3,000,000円増加します。そして資本金という資本が5,000,000円増加します。

借方科目	金額	貸方科目	金額
現　金	2,000,000	資　本　金	5,000,000
普通預金	3,000,000		

◉4月2日

車両運搬具という資産が1,000,000円増加し、普通預金という資産が1,000,000円減少します。

借方科目	金額	貸方科目	金額
車両運搬具	1,000,000	普通預金	1,000,000

◉4月3日

備品という資産が500,000円増加し、現金という資産が500,000円減少します。

借方科目	金額	貸方科目	金額
備　　品	500,000	現　　金	500,000

◉4月4日

現金という資産が300,000円増加し、普通預金という資産が300,000円減少します。

借方科目	金額	貸方科目	金額
現　　金	300,000	普通預金	300,000

◉4月5日

普通預金という資産が4,000,000円増加し、借入金という負債が4,000,000円増加します。

借方科目	金額	貸方科目	金額
普通預金	4,000,000	借　入　金	4,000,000

もっと詳しく!!

仕訳の問題は、たくさんの問題を、繰り返し解くことが肝心です。**仕訳**は、やればやるほどスピードが速まり、正確さも身についてきます。同じ問題でもかまわないので、繰り返し解きましょう。

用語解説

車両運搬具（しゃりょううんぱんぐ）
簿記では、車のことを車両あるいは車両運搬具（しゃりょううんぱんぐ）といいます。

もう一度仕訳の問題を全部やってみるわ

STEP 8 勘定
——勘定に書き写す

「転記」という用語も
よく出てきますから
しっかり覚えて
おいてください

本テーマでの ポイント

▶ **勘定**とは、個々の項目の増減を
とらえるＴ字型の表のことである

▶ **仕訳**から勘定に
書き写すことを**転記**という

勘定について

　仕訳を行ったら、今度はこれを**勘定**に書き写します。**勘定**については、すでに前々項で説明していますが、知っておきたい細かいルールもいくつかありますから、この項で説明します。

　その前に、簡単に**勘定**についておさらいすると、**勘定とは、個々の項目の増減をとらえるＴ字型の表**でした。取引が発生したら仕訳をし、その後、仕訳を**勘定**に書き写すという順番でしたね。

　仕訳を**勘定**に書き写すことを、簿記の専門用語で**転記**といいます。例えば4月1日に以下の仕訳が行われたとします。これを**勘定**に転記すると、

| 商　品 | 250,000 | 現　金 | 250,000 |

商　品	
4／1　250,000	

現　金	
	4／1　250,000

となります。**仕訳を勘定に転記する際は、自動的に行えばよいのです。**仕訳で借方に書いたものは、その**勘定**の借方に、仕訳で貸方に書いたものは、その**勘定**の貸方に写すだけです。

金額だけでなく日付や相手勘定科目も書くのね

ただし、正確にはもう少し記入することがあります。それは、金額の前に、仕訳の際の<u>相手勘定科目</u>を記入するということです。

商　品	相手勘定科目	現　金
4/1 現金 250,000		4/1 商品 250,000

仕訳で借方商品の**相手勘定科目**は現金なので、商品勘定に転記した250,000円の前に「**現金**」と書きます。また、仕訳で貸方現金の**相手勘定科目**は商品なので、現金勘定に転記した250,000円の前に「**商品**」と書きます。<u>これは**備忘記録**といって、忘れないために記入するものです。大切なのは、金額の記入であると考えてください。</u>

仕訳の際の**相手勘定科目**を書くときに、例外的な書き方をすることもあります。それは、以下のように、仕訳が2行にまたがる場合です（4月1日に行われた仕訳とします）。

現　　金	2,000,000	資 本 金	5,000,000
普通預金	3,000,000		

まず、借方の現金と普通預金について、勘定に転記します。ただしこれは、今までと同じです。

現　金	
4/1 資本金 2,000,000	

普通預金	
4/1 資本金 3,000,000	

ココが大事

勘定記入で大切なことは、金額です。日付や相手勘定科目はおまけに過ぎません。

この場合、いずれも**相手勘定科目**は資本金だけですから、金額の前に**資本金**と書けばいいのです。

それに対して、貸方の資本金の**相手勘定科目**には、**現金**と**普通預金**の2つがあります。理屈通りにやるとすると、

諸口と書くほうが簡単だなぁ

ふむふむ

金額の前に２つとも書くべきなのでしょうが、金額の前に**相手勘定科目**を書くというのは、あくまでも忘れないようにする程度の意味しかないものです。ですから、このような場合、丁寧に２つ書くのではなく、**相手勘定科目は複数ありますよ、ということを意味する「諸口」と書けばよい**ことになっています。

資本金	
	4／1　諸口　5,000,000

主要簿と補助簿

もっと詳しく!!
正式な**仕訳帳**や**総勘定元帳**は以下のような形式をしていますが、試験などでもこれまで書いてきたような簡略化した形が多いですから、正式なフォームに関しては、何となくわかれば十分です。

　仕訳や**勘定**について学んできましたが、仕訳や**勘定**はどのような帳簿に記載されるか説明しておきます。**仕訳は仕訳帳**と呼ばれる帳簿に記入し、**勘定は総勘定元帳（略して元帳）**という帳簿が用いられます。

　仕訳帳と**総勘定元帳**は簿記の流れのなかで欠かすことのできない最も重要かつ主要な帳簿ということで、この**2つを主要簿**と呼んでいます。

　一方、**仕訳帳**と**総勘定元帳**以外の帳簿、例えば、**現金出**

		仕　訳　帳				5
○年		摘　　要	元丁	借　　方	貸　　方	
5	15	（現　　金）	1	100,000		
		（売 掛 金）			100,000	
		掛代金の回収				
	18	諸　口　　　（借 入 金）	12		3,000,000	
		（普通預金）		2,000,000		
		（現　　金）	1	1,000,000		
		東京銀行からの借り入れ				

総勘定元帳
現　金　1

○年		摘　要	仕丁	借　方	○年		摘　要	仕丁	貸　方
5	15	売掛金	5	100,000					
	18	借入金	〃	1,000,000					

借入金　12

○年		摘　要	仕丁	借　方	○年		摘　要	仕丁	貸　方
					5	18	諸　口	5	3,000,000

納帳、商品有高帳、得意先元帳、受取手形記入帳など（いずれもあとの章で説明します）も簿記では登場しますが、これらの帳簿は、簿記の目的である貸借対照表や損益計算書を作成する上で絶対になければならないというものではありません。単に**それぞれの勘定についてより詳細に管理したい場合などに作成されるものなので、補助簿と呼ばれています。**

それでは、実際に勘定に転記してみましょう。

ケース・スタディー❽

次の仕訳を勘定に転記しなさい。

4月5日	現　　金	80,000	売 掛 金	80,000
4月6日	商　　品	50,000	買 掛 金	50,000
4月7日	備　　品	70,000	普通預金	70,000

解答・解説

●4月5日

　仕訳で借方に**現金**80,000円としたので、現金勘定の借方に80,000円と転記します。そして、仕訳で貸

もっと詳しく!!

いずれの帳簿も、右上の数字は、その帳簿のページ数を表しています。また、**仕訳帳**の「**元丁**」とは**総勘定元帳**の何ページに転記したかを表しており、**総勘定元帳**の「**仕丁**」は**仕訳帳**の何ページからきたかを表しています。正式な**仕訳帳**、**総勘定元帳**も、これまで書いてきた簡略化したものをきれいに、丁寧に書いているだけで、そのしくみ自体に変わりはありません。

方に**売掛金**80,000円としたので、売掛金勘定の貸方に80,000円と転記します。

現　金	
4／5 売掛金 80,000	

売掛金	
	4／5 現金 80,000

●**4月6日**

　仕訳で借方に**商品**50,000円としたので、商品勘定の借方に50,000円と転記します。そして、仕訳で貸方に**買掛金**50,000円としたので、買掛金勘定の貸方に50,000円と転記します。

商　品	
4／6 買掛金 50,000	

買掛金	
	4／6 商品 50,000

●**4月7日**

　仕訳で借方に**備品**70,000円としたので、備品勘定の借方に70,000円と転記します。そして、仕訳で貸方に**普通預金**70,000円としたので普通預金勘定の貸方に70,000円と転記します。

備　品	
4／7 普通預金 70,000	

普通預金	
	4／7 備品 70,000

STEP8の **おさらい問題**

次の仕訳を勘定に転記しなさい。

4月8日	通 信 費	20,000	現　　　金	20,000
4月9日	商　　品	80,000	現　　　金 買 掛 金	30,000 50,000
4月10日	売 掛 金	90,000	商　　　品 商品売買益	60,000 30,000

解答・解説

● **4月8日**

通信費勘定の借方に20,000円、現金勘定の貸方に20,000円と転記します。

通信費	
4/8 現金 20,000	

現 金	
	4/8 通信費 20,000

● **4月9日**

商品勘定の借方に80,000円、現金勘定の貸方に30,000円、買掛金勘定の貸方に50,000円と転記します。なお、商品勘定の金額の前の相手勘定科目は複数あるので諸口と書きます。

商 品	
4/9 諸口 80,000	

現 金	
	4/9 商品 30,000

買掛金	
	4/9 商品 50,000

● **4月10日**

売掛金勘定の借方に90,000円、商品勘定の貸方に60,000円、商品売買益勘定の貸方に30,000円と転記します。売掛金勘定の金額の前の相手勘定科目は複数あるので諸口とします。

売掛金	
4/10 諸口 90,000	

商 品	
	4/10 売掛金 60,000

商品売買益	
	4/10 売掛金 30,000

もっと詳しく!!

転記の問題は、一度しくみを理解してしまえば、あとは同じなので、何度も何度も問題を解く必要はありません。

STEP 9

試算表
——勘定を集計して試算表を作る

ここからは
決算に
なってからの
お話です

本テーマでの ポイント

▶ **試算表**は、勘定を集計した表のこと

▶ **試算表**には、

▶ **合計試算表、残高試算表、合計残高試算表**の３つがある

試算表の意義

　１年に１回、**貸借対照表**と**損益計算書**を作成するために、**決算**を迎えます。**決算**になったら、まず、勘定を集計して**試算表**を作成します。**試算表とは、勘定を集計した表のこ**とです。

ちょっと一息
実務では１ヶ月に１回決算を行う月次決算もよく行われています。

もっと 詳しく!!
試算表を作成する問題は出されなくなりましたが、**貸借対照表・損益計算書**を作成する第３問では不可欠な論点になります。

試算表？
どうしてそんなもの
を作るの？

試しに計算するという
「試算」という言葉が
ポイントよ！

試算表の目的

　試算表を作成する目的は2つあります。まず、1つは、**試算表を作成することによって、これまでの作業に間違いがなかったかを確認することができます**。簿記の流れは、取引→仕訳→勘定でしたが、仕訳の段階で必ず、借方と貸方に同じ金額を記入し、それを勘定に転記するわけですから、勘定も書く場所は異なっても、必ず、借方と貸方は同じ金額が記入されているはずです。

　その勘定を集計して**試算表**が作られるわけですから、**試算表も借方と貸方の合計金額は必ず等しくならなければいけません**。もし、**試算表**を作成し、借方と貸方の合計金額が等しくならなかったら、それ以前の作業で間違いを犯したということになります。仕訳を間違えたとか、仕訳を勘定に転記する際に間違えたとかです。ですから、**試算表**を作成することによって、それまでの作業に間違いがなかったかを確認できるのです。

　試算表を作成するもう1つの目的は、**試算表**を作成することによって、その後の作業、すなわち、**貸借対照表や損益計算書を作成しやすくすることです**。**試算表**が作成できたら、そこから資産、負債、資本を抜き出すことによって、**貸借対照表**を作成することができ、収益、費用を抜き出すことによって、**損益計算書**を作成することができます。したがって、**試算表**を作成しなければ、**貸借対照表**、**損益計算書**を円滑に作成することはできないといえます。

モット詳しく!!

試算表を作成すれば、絶対に間違いを発見できるわけではありません。例えば、仕訳の際に借方と貸方の**勘定科目**を逆にしてしまったというような間違いなどは、**試算表**を作成しても発見できません。

ココが大事

試算表の目的は2つあります。
①それまでの作業に間違いがないか否かを確認。
②**貸借対照表**、**損益計算書**を作成しやすくします。

試算表の種類

　試算表は種類が3つあります。**合計試算表と残高試算表、合計残高試算表です**。それぞれの内容は以下の通りです。

①合計試算表

各勘定の借方、貸方のそれぞれを集計した**試算表**。

②残高試算表

各勘定の残高を集めた**試算表**。

③合計残高試算表

合計試算表と残高試算表を1つにまとめた**試算表**。

3つの**試算表**の違いを、以下の勘定を用いて説明します。

もっと詳しく!!

それぞれの**試算表**の意味をしっかり理解しておかなければいけません。なぜなら、**合計試算表**を作成する問題だったにもかかわらず、**残高試算表**を作ってしまうなどの間違いをしてしまうからです。

現　金	
200,000	40,000
100,000	20,000
50,000	10,000

借入金	
40,000	100,000

資本金	
	200,000

受取手数料	
	50,000

支払家賃	
20,000	

給　料	
10,000	

①合計試算表

合計試算表は、各勘定の借方、貸方のそれぞれの合計を出して、それを集計したものです。上記の現金勘定の場合、借方合計が350,000円（200,000円＋100,000円＋50,000円）であり、貸方合計が70,000円（40,000円＋20,000円＋10,000円）となるので、それを**合計試算表**に記していきます。

借入金勘定は、借方に40,000円、貸方に100,000円の記入しかありませんから、それがそのまま**合計試算表**にいくことになります。また、その他の勘定は、借方あるいは

貸方にそれぞれ1つしか記入がありませんから、その金額をそのまま**合計試算表**にもっていきます。

> どちらも記入されていることもある。片方のときもある

合計試算表

借方合計	勘定科目	貸方合計
350,000	現　　金	70,000
40,000	借　入　金	100,000
	資　本　金	200,000
	受取手数料	50,000
20,000	支 払 家 賃	
10,000	給　　料	
420,000		420,000

> 必ず等しくなる

> 勘定の合計を書いていくだけね

　試算表は各勘定の借方、貸方を集計したものなので、必ず、借方、貸方それぞれの合計金額は等しくなります。

②残高試算表

　次に、**残高試算表**は、各勘定の残高だけを集計したものなので、上記の現金勘定の場合、借方280,000円の残高（350,000円－70,000円）を**残高試算表**にもっていきます。借入金勘定の場合は、貸方60,000円の残高（100,000円－40,000円）を**残高試算表**にもっていきます。その他の勘定は、借方あるいは貸方にそれぞれ1つしか記入がありませんから、その金額がそのまま残高ということになるので、それを**残高試算表**にもっていきます。

> 用語解説
>
> ざんだか
> **残高**
> 残っている金額のこと。大きいほうの金額から小さいほうの金額を差し引くことによってもとめることができる。

> 借方、貸方の片方しか記入されない

残高試算表

借方残高	勘定科目	貸方残高
280,000	現　　金	
	借　入　金	60,000
	資　本　金	200,000
	受取手数料	50,000
20,000	支 払 家 賃	
10,000	給　　料	
310,000		310,000

> 必ず等しくなる

> 今度は残高を計算して集計していけばいいんだなぁ～

残高試算表は、各勘定の残高のみを集計するので、**同じ勘定で借方と貸方の両方に金額が記入されることはあり得ません**。なお、**残高試算表**も借方と貸方の合計金額は、必ず等しくなります。

③合計残高試算表

最後に、**合計残高試算表**ですが、これは**合計試算表と残高試算表を1つにまとめたもの**なので、借方、貸方それぞれで合計と残高を書く欄が設けられています。

この2つの例が残高試算表　　この2つの列が合計試算表

合計残高試算表

借方残高	借方合計	勘定科目	貸方合計	貸方残高
280,000	350,000	現　　　金	70,000	
	40,000	借　入　金	100,000	60,000
		資　本　金	200,000	200,000
		受取手数料	50,000	50,000
20,000	20,000	支 払 家 賃		
10,000	10,000	給　　　料		
310,000	420,000		420,000	310,000

必ず等しくなる　　必ず等しくなる

それでは、実際に**試算表**を作成してみましょう。

ケース・スタディー**9**

下記に示した期末（○年12月31日）の元帳の記入から、合計残高試算表を作成しなさい。

現　金	
420,000	42,000
120,000	180,000
12,000	27,600
	6,000
	2,400
	24,000

売掛金	
144,000	120,000
96,000	

商　品	
276,000	96,000
132,000	78,000

計算しなければならないことが多いな〜

備　品	
42,000	

買掛金	
180,000	276,000
	132,000

借入金	
24,000	120,000

資本金	
	300,000

商品売買益	
	48,000
	30,000

給　料	
27,600	

支払地代	
6,000	

支払利息	
2,400	

《解答欄》

合計残高試算表
○年12月31日

借方残高	借方合計	勘定科目	貸方合計	貸方残高
		現　　金		
		売 掛 金		
		商　　品		
		備　　品		
		買 掛 金		
		借 入 金		
		資 本 金		
		商品売買益		
		給　　料		
		支 払 地 代		
		支 払 利 息		

計算間違いさえしなければ、答えは必ず出ます

　各勘定の借方合計と貸方合計を計算します。現金勘定の場合、借方合計が552,000円、貸方合計が282,000円となるので、この金額を合計残高試算表の**借方合計欄**、**貸方合計欄**にもっていきます。そして、借方合計の552,000円から貸方合計の282,000円を引いて残高を270,000円ともとめます。

　この場合、借方のほうの金額が大きいので、借方残高となります。したがって、合計残高試算表の**借方残高欄**に、この金額をもっていきます。

　そして、他の勘定についても同様に集計し、最後に借方合計欄と貸方合計欄の合計金額を出し、その金額が一致することを確認します。同様に、借方残高欄と貸方残高欄の合計金額を出し、その金額が一致することを確認します。

合計残高試算表
○年12月31日

借方残高	借方合計	勘定科目	貸方合計	貸方残高
270,000	552,000	現　　金	282,000	
120,000	240,000	売 掛 金	120,000	
234,000	408,000	商　　品	174,000	
42,000	42,000	備　　品		
	180,000	買 掛 金	408,000	228,000
	24,000	借 入 金	120,000	96,000
		資 本 金	300,000	300,000
		商品売買益	78,000	78,000
27,600	27,600	給　　料		
6,000	6,000	支 払 地 代		
2,400	2,400	支 払 利 息		
702,000	1,482,000		1,482,000	702,000

下記に示した期末（○年12月31日）の元帳の記入から、合計残高試算表を作成しなさい。

現　金	
70,000	28,000
46,000	13,000
24,000	2,200
5,000	8,000

売掛金	
45,000	24,000
13,800	

商　品	
40,000	30,000
25,000	9,000

備　品	
30,000	

買掛金	
28,000	40,000
	25,000

借入金	
	46,000

資本金	
	100,000

商品売買益	
	15,000
	4,800

受取手数料	
	5,000

給　料	
13,000	

消耗品費	
8,000	

支払利息	
2,200	

《解答欄》

合計残高試算表
○年12月31日

借方残高	借方合計	勘定科目	貸方合計	貸方残高
		現　　金		
		売　掛　金		
		商　　品		
		備　　品		
		買　掛　金		
		借　入　金		
		資　本　金		
		商品売買益		
		受取手数料		
		給　　料		
		消耗品費		
		支払利息		

　各勘定の借方、貸方それぞれの合計を計算し、合計欄の記入を行います。その後、各勘定の残高を計算し、残高欄の記入を行います。

合計残高試算表
〇年12月31日

借方残高	借方合計	勘定科目	貸方合計	貸方残高
93,800	145,000	現　　金	51,200	
34,800	58,800	売 掛 金	24,000	
26,000	65,000	商　　品	39,000	
30,000	30,000	備　　品		
	28,000	買 掛 金	65,000	37,000
		借 入 金	46,000	46,000
		資 本 金	100,000	100,000
		商品売買益	19,800	19,800
		受取手数料	5,000	5,000
13,000	13,000	給　　料		
8,000	8,000	消耗品費		
2,200	2,200	支払利息		
207,800	350,000		350,000	207,800

STEP 10 精算表
—— 試算表、貸借対照表、損益計算書を1つの表にまとめる

本テーマでの ポイント

表どうしの関係を
しっかり覚えて
くださいね

なんだか
ややこしく
なってきたぞ

▶試算表から、
貸借対照表と損益計算書を作成

試算表と貸借対照表と損益計算書を
1つの表にまとめたものが精算表

試算表から貸借対照表、損益計算書を作る

　試算表には会計期間の資産、負債、資本、収益、費用の
金額が集計されています。ですから、**試算表**にのっている
資産と負債と資本を抜き出すことによって**貸借対照表**を作
成することができ、収益と費用を抜き出すことによって**損
益計算書**を作成することができます。

　試算表は前STEPで解説したように3種類ありますが、
貸借対照表と**損益計算書**作成の際は、残高のみが必要とな
ってくるため、一般的に**残高試算表**もしくは**合計残高試算
表**が用いられます。

　では、本当に**試算表**から**貸借対照表**、**損益計算書**が作成
できるかを確認するために、前STEPの一番最後のおさら
い問題で作成した**試算表**から、**貸借対照表**、**損益計算書**を
作成してみましょう。

試験でも、とても大
事な論点ですので、
しっかりとマスター
してください！

合計残高試算表
○年12月31日

借方残高	借方合計	勘定科目	貸方合計	貸方残高
93,800	145,000	現　　金	51,200	
34,800	58,800	売　掛　金	24,000	
26,000	65,000	商　　品	39,000	
30,000	30,000	備　　品		
	28,000	買　掛　金	65,000	37,000
		借　入　金	46,000	46,000
		資　本　金	100,000	100,000
		商品売買益	19,800	19,800
		受取手数料	5,000	5,000
13,000	13,000	給　　料		
8,000	8,000	消　耗　品　費		
2,200	2,200	支　払　利　息		
207,800	350,000		350,000	207,800

もっと詳しく!!

貸借対照表、損益計算書
には最終的な金額を載せ
るので、**残高試算表**の借
方残高か貸方残高の金額
をもってくることになり
ます。

本当だ！ 試算表か
ら貸借対照表と損益
計算書ができたぞ！

この**試算表**から、収益と費用を抜き出すと（■■部分）、
以下の**損益計算書**を作成することができます。

損益計算書
○年1月1日から○年12月31日まで

費用	金額	収益	金額
給　　料	13,000	商品売買益	19,800
消耗品費	8,000	受取手数料	5,000
支払利息	2,200		
当期純利益	1,600		
	24,800		24,800

収益－費用

当期純利益は、収益の合計から費用の合計を引くことに
よってもとめます。

　また、資産と負債と資本を抜き出すと（■■部分）、以
下の**貸借対照表**を作ることができます。

貸借対照表

○年12月31日

資産	金額	負債・純資産	金額
現　　金	93,800	買　掛　金	37,000
売　掛　金	34,800	借　入　金	46,000
商　　品	26,000	資　本　金	100,000
備　　品	30,000	繰越利益剰余金	1,600
	184,600		184,600

損益計算書の
当期純利益より

　繰越利益剰余金は**損益計算書**の**当期純利益**からもってきます。

精算表の意義

　このように、**試算表**から**貸借対照表**、**損益計算書**を作成することができますが、実は、**この3つの表を1つにまとめたもの**があります。それが**精算表**です。

　精算表は、左から**試算表**、**損益計算書**、**貸借対照表**の順で並んでおり、**試算表**の資産と負債と資本を**貸借対照表**に、収益と費用を**損益計算書**にもっていきます。そして、**損益計算書**に集められた収益の合計から費用の合計を差し引くことによって利益をまとめ、最後にそれを**貸借対照表**の**繰越利益剰余金**にもっていくことによって完成します。結局のところ、先に確認した、**試算表から貸借対照表、損益計算書を作成すること**と、何ら変わりはありません。

　それでは、**精算表**のつくり方をケース・スタディーでみてみましょう。

試験に出る!!

精算表の問題は、毎回ではないものの、よく試験に出題されています。

以下に示した精算表を完成させなさい。

《解答欄》

精 算 表

勘定科目	試算表		損益計算書		貸借対照表	
	借方	貸方	借方	貸方	借方	貸方
現　　　金	320,000					
普 通 預 金	220,000					
売 掛 金	546,000					
商　　　品	400,000					
備　　　品	600,000					
買 掛 金		400,000				
借 入 金		160,000				
資 本 金		1,400,000				
商品売買益		250,000				
受取手数料		76,000				
給　　　料	188,000					
通 信 費	6,000					
支 払 家 賃	4,000					
支 払 利 息	2,000					
当期純利益						
	2,286,000	2,286,000				

もっと詳しく!!

損益計算書で計算した**当期純利益**は資本の**繰越利益剰余金**となるものなので貸借対照表にもっていきます。

解答・解説

　資産である現金、普通預金、売掛金、商品、備品について、試算表の金額を貸借対照表の借方にもっていきます。次に、**負債**である買掛金、借入金及び**資本**である資本金について、試算表に記入されている金額を貸借対照表の貸方にもっていきます。そして、**収益**である商品売買益、受取手数料の金額を損益計算書の貸

方に、**費用**である給料、通信費、支払家賃、支払利息
の金額を損益計算書の借方にもっていきます。最後に
損益計算書の収益の合計から費用の合計を引き**当期純
利益**を出し、その金額を費用の一番下に書き込むとと
もに、貸借対照表の貸方にもっていきます。

精 算 表

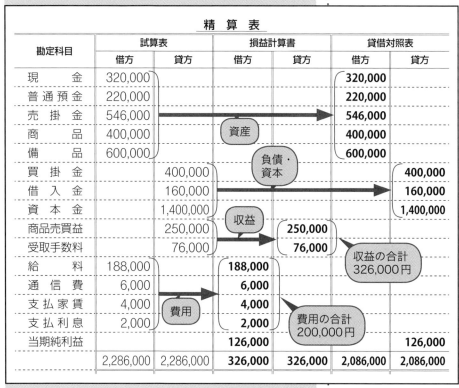

勘定科目	試算表		損益計算書		貸借対照表	
	借方	貸方	借方	貸方	借方	貸方
現　　　金	320,000				320,000	
普 通 預 金	220,000				220,000	
売 　掛　 金	546,000				546,000	
商　　　品	400,000				400,000	
備　　　品	600,000				600,000	
買 　掛　 金		400,000				400,000
借 　入　 金		160,000				160,000
資 　本　 金		1,400,000				1,400,000
商品売買益		250,000		250,000		
受取手数料		76,000		76,000		
給　　　料	188,000		188,000			
通 　信　 費	6,000		6,000			
支 払 家 賃	4,000		4,000			
支 払 利 息	2,000		2,000			
当期純利益			126,000			126,000
	2,286,000	2,286,000	326,000	326,000	2,086,000	2,086,000

資産

負債・資本

収益

費用

収益の合計
326,000円

費用の合計
200,000円

以下に示した精算表を完成させなさい。

《解答欄》

精 算 表

勘定科目	試算表		損益計算書		貸借対照表	
	借方	貸方	借方	貸方	借方	貸方
現　　金	242,100					
売 掛 金	207,000					
商　　品	257,400					
備　　品	333,000					
買 掛 金		171,000				
借 入 金		90,000				
資 本 金		720,000				
商品売買益		320,400				
受取手数料		31,500				
給　　料	157,500					
支払家賃	108,000					
雑　　費	22,500					
支払利息	5,400					
当期純利益						
	1,332,900	1,332,900				

解答・解説

　この問題で、資産は現金、売掛金、商品、備品なので、これらの金額を貸借
対照表の借方にもっていきます。また、負債の買掛金と借入金の金額と資本の
資本金の金額を、貸借対照表の貸方にもっていきます。

　そして、収益である商品売買益と受取手数料を損益計算書の貸方、費用であ
る給料、支払家賃、雑費、支払利息を損益計算書の借方にもっていきます。そ
の後、**損益計算書の収益の合計から費用の合計を差し引いて当期純利益を計算
し、それを損益計算書の借方に記入することによって、借方合計と貸方合計が**

一致するので、損益計算書が完成します。

最後に、損益計算書で計算した当期純利益を貸借対照表の貸方にもっていくことによって、貸借対照表も借方と貸方の合計金額が一致し、完成することになります。

精　算　表

勘定科目	試算表		損益計算書		貸借対照表	
	借方	貸方	借方	貸方	借方	貸方
現　　金	242,100				242,100	
売 掛 金	207,000				207,000	
商　　品	257,400				257,400	
備　　品	333,000				333,000	
買 掛 金		171,000				171,000
借 入 金		90,000				90,000
資 本 金		720,000				720,000
商品売買益		320,400		320,400		
受取手数料		31,500		31,500		
給　　料	157,500		157,500			
支払家賃	108,000		108,000			
雑　　費	22,500		22,500			
支払利息	5,400		5,400			
当期純利益			58,500			58,500
	1,332,900	1,332,900	351,900	351,900	1,039,500	1,039,500

収益－費用

精算表の作成って、思ったほどは難しくないわね

もっと 詳しく‼

ここで紹介した**精算表**は勘定科目を除いて縦（列）が6つあるので「6桁精算表」と呼ばれています。ですが試験では、これがもう少し細かくなって縦（列）が8つある「8桁精算表」が出題されます。8桁精算表については、第13章で学習します。しかし、基本的なしくみは、ここで勉強した**精算表**と何ら変わりはありません。

簿記の流れのまとめ

大事なところですのでしっかりおさらいしておきます

　ここまでで、簿記の流れに登場する内容の説明が終わりましたので、あらためて簿記の流れをまとめてみます。簿記の流れを図示すると、以下のようになります。

取　引 ⟶ 仕　訳 ⟶ 勘　定 ⟶ 試算表 〈 貸借対照表
　　　　　　　　　　　　　　　　　　 損益計算書

具体例をあげて、確認していきましょう。

簿記の流れのスタートは、**取引**です。

取　引

（例）備品50,000円を現金で購入した。

取引が発生したら、次に**仕訳**を行います。

仕訳を勘定に書き写すことを転記って言ったわね

仕　訳

（例）備　品　50,000　現　金　50,000

仕訳を行ったら、それを**勘定**に書き写します。

勘　定

（例）

備　品	
現金 50,000	

現　金	
	備品 50,000

決算になったら、勘定を集計して**試算表**を作成します。
（上記勘定に記入された金額以外にも記入があり、その他の勘定もあったとします）

試算表には、合計試算表と残高試算表と合計残高試算表の3つがありますが、ここでは、残高試算表を例にあげます

試算表

（例）

	残高試算表	
450,000	現　　　金	
50,000	備　　　品	
	借　入　金	170,000
	資　本　金	300,000
	受取手数料	100,000
50,000	支 払 家 賃	
20,000	給　　　料	
570,000		570,000

最後に試算表から資産と負債と資本を抜き出して**貸借対照表**、収益と費用を抜き出して**損益計算書**を作成します。

貸借対照表

&

損益計算書

（例）

貸借対照表			
現　金	450,000	借 入 金	170,000
備　品	50,000	資 本 金	300,000
		繰越利益剰余金	30,000
	500,000		500,000

（例）

損益計算書			
支払家賃	50,000	受取手数料	100,000
給　料	20,000		
当期純利益	30,000		
	100,000		100,000

なるほどねぇ～、こんなふうにつながってるんだね！

なお、**精算表**は、簿記の流れの最後に登場する3つの表、すなわち、試算表と貸借対照表と損益計算書を1つの表にまとめた表です。

精　算　表						
勘定科目	試算表		損益計算書		貸借対照表	
	借方	貸方	借方	貸方	借方	貸方
現　　　金	450,000				450,000	
備　　　品	50,000				50,000	
借　入　金		170,000				170,000
資　本　金		300,000				300,000
受 取 手 数 料		100,000		100,000		
支 払 家 賃	50,000		50,000			
給　　　料	20,000		20,000			
当 期 純 利 益			30,000			30,000
	570,000	570,000	100,000	100,000	500,000	500,000

STEP 11 帳簿の締切（収益、費用の締切）
―― 会計期間の期末に行う締切

本テーマでの ポイント

決算のときに
行う仕訳です

▶収益、費用勘定の残高を
そんえきかんじょう
損益勘定に振り替える

▶損益勘定にもとづいて、
そんえきけいさんしょ
損益計算書を作成

「損益勘定」
という
新しい勘定が
出てきたわ

正式な貸借対照表、損益計算書の作り方

もっと詳しく!!

簿記を勉強し始めの段階では、**帳簿の締切**は、ちょっと難しいと思いますので、ここでは、何となく理解できれば十分です。

　　し　さんひょう　　　　たいしゃくたいしょうひょう　　　そんえきけいさんしょ
試算表から**貸借対照表**、**損益計算書**を作成すると学んできましたが、正式な会計理論上は別の方法で**貸借対照表**や**損益計算書**を作成していきます。ただし、簿記の試験でも、実務でも、試算表から**貸借対照表**、**損益計算書**を作成するのはとても一般的なので、その流れで理解しても何ら問題はありません。正式なやり方も試験で出題されますので、本項ではそれについて説明していきます。

帳簿の締切

　　　　　　　　　　　　　　　　そうかんじょうもとちょう
　　正式な流れは、**総勘定元帳**を締め切って、その金額を集め、それをもとに**貸借対照表**や**損益計算書**を作るというものです。**締め切るとは、会計期間の区切りをつけるために、勘定の借方と貸方の合計を等しくさせ、二重線を引くこと**です。例えば、期中において現金勘定に以下のような記入が行われたとします。

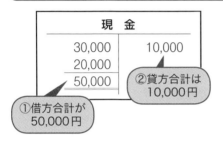

現	金
30,000	10,000
20,000	

　ここで会計期間の1年が終了したとします。もし、この
ままの状態で、翌年度の記入を行ってしまったら、どこま
でが今年の内容で、どこからが来年の内容なのかがわから
なくなってしまいます。そこで、1年の区切りをつけるた
めに、**締切**という作業を行うのです。

締め切るために、残高の
金額を残高とは逆の側に
記入し、**借方**と**貸方**の金
額を等しくさせます。

現	金
30,000	10,000
20,000	
50,000	

①借方合計が
50,000円

②貸方合計は
10,000円

①借方合計が50,000円。

②貸方合計は10,000円。

③借方合計の50,000円から貸方合計の10,000円を引い
　て、借方残高を40,000円ともとめる。

④借方残高の40,000円を借方とは逆の貸方に記入する。

⑤その結果、借方合計と貸方合計がいずれも50,000円で
　等しくなる。

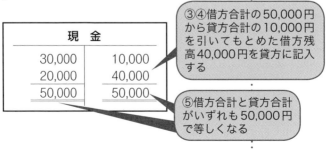

現	金
30,000	10,000
20,000	40,000
50,000	50,000

③④借方合計の50,000円
から貸方合計の10,000円
を引いてもとめた借方残
高40,000円を貸方に記入
する

⑤借方合計と貸方合計
がいずれも50,000円
で等しくなる

収益、費用と資産、負債、資本とでは締切のやり方が異なるのね

これが締め切るということです。これで1年の区切りをつけることができたので、翌年度は、二重線の下から記入を行っていくことになります。

ただし、この締め切るという作業は、収益、費用と資産、負債、資本とでは、方法が異なるので、まず収益、費用について説明します。

なお、帳簿の締切には2つの方法があり、1つが**英米式決算法**という方法で、もう1つが大陸式決算法という方法です。日商簿記検定の試験で出題されるのは**英米式決算法**なので、この章では**英米式決算法**について説明します。

収益、費用の締切方法

収益、費用の**締切**方法は、まず、**決算の段階で新たに損益勘定というものを作り、そこに収益、費用の残高を振り替えていきます。**

損益勘定は当期純利益を計算するために作成する勘定と思ってもらえればいいでしょう

例えば、決算において、商品売買益勘定と給料勘定と支払家賃勘定が以下のように記入されていたとします。なお、相手勘定は便宜的に現金としておきます。

商品売買益		
	現　金	40,000
	現　金	30,000

給　料		
現　金	20,000	

支払家賃		
現　金	10,000	

今、決算を迎えているので、ここで新たに**損益**勘定を作ります。

損 益	

　そして、この**損益**勘定に収益、費用勘定を締め切って、その残高を振り替えます。先ほども述べたように、締め切るというのは、借方と貸方の合計を等しくして、二重線を引くことです。ですから、前述の商品売買益勘定を締め切るためには、借方に70,000円（貸方の40,000円と30,000円の合計）と記入する必要があります。借方に70,000円を記入することができれば、借方と貸方の合計金額が等しくなりますからね。

　では、借方に70,000円を記入するためにはどうすればいいかというと、仕訳で借方に商品売買益70,000円とすればよいのです。なぜなら、**仕訳をしたら、必ず、勘定に転記することになるから**です。そして、帳簿を締め切る際の相手勘定科目に**損益**勘定をもってくるのです。これを仕訳の形で表すと、

商品売買益	70,000	損 益	70,000

となります。これを商品売買益勘定に転記すると、以下のようになります。

商品売買益			
損 益 70,000	現 金	40,000
	現 金	30,000

　これで、商品売買益勘定は、借方と貸方が同額となったので、合計を出して二重線を引いて締め切ることができます。

用語解説

振替（振り替え）
ふりかえ　ふ　か
ある勘定の金額を他の勘定にもっていくこと。

これまで収益が借方にくることはなかったので、ちょっと不思議だな！

収益も費用も、普段とは逆のほうに記入するから、借方と貸方を同額にすることができるのね

商品売買益

損	益	70,000	現	金	40,000
			現	金	30,000
		70,000			70,000

ココ が大事

借方と貸方の金額を同額にして、二重線を引くことを**締切**といいます。

これが、帳簿を締め切るということです。なお、**損益**勘定にも転記をしておきます。

損 益

	商品売買益 70,000

もっと 詳しく!!

収益の**締切**の仕訳は、いつもなら貸方にくる収益の勘定が逆の借方にくるので、戸惑ってしまうかもしれません。しかし、ここではあくまでも、借方と貸方の合計を等しくしたいがために、行っているのです。収益が増えたとか減ったという話ではなく、締め切るための技術論的な話なのです。

今度は、給料勘定と支払家賃勘定を締め切ってみましょう。やり方は、商品売買益勘定と同じです。今、給料勘定の借方に20,000円、支払家賃勘定の借方に10,000円が記入されているので、これを締め切るためには、それぞれ貸方に20,000円と10,000円を記入すればよいということになります。ですから仕訳で、

損　益	30,000		給　料	20,000
			支払家賃	10,000

とすることによって、給料勘定の貸方に20,000円、支払家賃勘定の貸方に10,000円を転記することができるようになります。

その結果、**借方と貸方の合計が一致するので、二重線を引いて締め切ることができます。**

給 料

現	金	20,000	損	益	20,000

支払家賃

現	金	10,000	損	益	10,000

これで、収益と費用の**締切**は完了したことになります。

次期になったら、二重線の下から記入していくことになります。この仕訳を**損益**勘定にも転記しておくと、次のようになります。

損 益		
給　　料　　20,000	商品売買益　　70,000
支払家賃　　10,000	

　この状態で、**損益**勘定の貸方には収益が、借方には費用が集計されたことになります。貸方の収益の70,000円から借方の費用の30,000円（20,000円＋10,000円）を差し引くと**当期純利益**が40,000円と計算することができます。仮に、この利益を借方の下に記入し、借方と貸方の合計を出して二重線を引くと、**損益計算書**そのものとなりますので、正式な会計理論上は、この**損益**勘定をきれいに清書して**損益計算書**を作ることになっています。

　話を元に戻します。この**損益**勘定**も最終的に締め切る作業を行います**。**損益**勘定は、40,000円の貸方残高（70,000円－20,000円－10,000円）となっているので、これを借方に記入することによって、締め切ることができます。仕訳では、借方に損益 40,000円とし、**損益**勘定を締め切る際の相手勘定科目は、**繰越利益剰余金**勘定となります。

損　　益　　40,000	繰越利益剰余金　　40,000

　損益勘定を締め切る際の相手勘定科目が繰越利益剰余金になるのは、そもそも**損益勘定の残高というのは当期純利益のこと**だからです。**当期純利益**は、繰越利益剰余金に貯えられるのでしたよね。ですから、**損益**勘定の残高を**繰越利益剰余金**勘定にもっていくのです。

　仕訳を**損益**勘定に転記し、締め切ると、

もっと詳しく!!

本来なら、仕訳で借方損益 30,000円としたので、**損益**勘定の借方に30,000円と転記し、相手勘定科目として、**諸口**と書くべきですが、**損益**勘定は**損益計算書**のベースとなるので、内容をしっかり明示しておく必要があります。ですから、給料と支払家賃に分けて記入します。

あっ、損益勘定の貸方に収益が、借方に費用が記入されているぞ！

もっと詳しく!!

収益、費用を**損益**勘定に振り替えるための仕訳が、試験で何度も出題されています。

損　益			
給　　料	20,000	商品売買益	70,000
支払家賃	10,000		
繰越利益剰余金	40,000		
	70,000		70,000

となります。**繰越利益剰余金**勘定にも転記しておくと、

繰越利益剰余金			
		前期繰越	500,000
		損　　益	40,000

となります。ここでは仮に、期首の**繰越利益剰余金**を
500,000円とすると、これに**当期純利益**の40,000円を加
えることによって、期末の**繰越利益剰余金**が540,000円
となるわけです。

　実際に帳簿の**締切**を行ってみましょう。

ケース・スタディー⑪

**以下の収益と費用の勘定を締め切るために必要な
仕訳を行うとともに、勘定を締め切りなさい。また、
損益勘定の締切も行うこと。**

給　　料	
60,000	

商品売買益	
	80,000
	70,000

支払家賃	
50,000	

受取手数料	
	40,000

解答・解説

まず、**収益**である**商品売買益**勘定と**受取手数料**勘定を締め切るためには、それぞれの借方に150,000円（80,000円＋70,000円）と40,000円を記入する必要があります。そのため、仕訳で借方に商品売買益150,000円と受取手数料40,000円とします。

そして、貸方は帳簿を締め切る際の相手勘定科目となる**損益**190,000円（150,000円＋40,000円）とします。

借方科目	金額	貸方科目	金額
商品売買益	150,000	損　　益	190,000
受取手数料	40,000		

次に、**費用**である**給料**勘定と**支払家賃**勘定を締め切るために、それぞれの貸方に60,000円と50,000円を記入する必要があります。そのため、仕訳で貸方に給料60,000円と支払家賃50,000円とします。

借方は、帳簿を締め切る際の相手勘定科目となる**損益**110,000円（60,000円＋50,000円）とします。

借方科目	金額	貸方科目	金額
損　　益	110,000	給　　料	60,000
		支払家賃	50,000

そして、以上の仕訳を各勘定に転記することによって、借方と貸方の合計が一致するので、二重線を引いて、締め切ります。

給　　料			
60,000	損益	60,000	

商品売買益			
損益	150,000		80,000
			70,000
	150,000		150,000

支払家賃			
50,000	損益	50,000	

受取手数料			
損益	40,000		40,000

解法テクニック
収益、費用の締切方法の解法手順
① 収益、費用の残高を**損益**勘定に振り替えます。
② 損益勘定の残高を**繰越利益剰余金**勘定に振り替えます。

解法手順通りにやれば問題も解けそうね

ちょっと一息

ここの内容は、多くの人が頭を抱えるところです。しかし、今は理解できなくても、今後、勉強を進めていけばわかるようになるので、何となくわかった程度で先に進んでもらってかまいません。とばして支障が出るわけでもないので、一度テキストを読み終わり再度復習する際に少しずつ理解すればよいでしょう。

第2章

STEP11 帳簿の締切（収益・費用の締切）

85

何となく、わかってきたよ～

　最後に、これらの仕訳を**損益**勘定に転記し、損益勘定の残高を繰越利益剰余金勘定にもっていくことによって締め切ります。

　損益勘定の残高は貸方合計の190,000円（150,000円＋40,000円）から借方合計110,000円（60,000円＋50,000円）を差し引いて80,000円とわかるので、以下のように仕訳を行い、それを損益勘定に転記し、締め切ります。

借方科目	金額	貸方科目	金額
損　　益	80,000	繰越利益剰余金	80,000

損　益			
給　　料	60,000	商品売買益	150,000
支払家賃	50,000	受取手数料	40,000
繰越利益剰余金	80,000		
	190,000		190,000

STEP11の **おさらい問題**

フクロウ株式会社の収益、費用の各勘定残高は下記の通りである。以下の各問に答えなさい。

❶収益の各勘定残高を損益勘定に振り替える仕訳を行いなさい。
❷費用の各勘定残高を損益勘定に振り替える仕訳を行いなさい。
❸当期純利益を繰越利益剰余金勘定に振り替える仕訳を行いなさい。

勘定残高
　商品売買益　　540,000円　　受取手数料　　36,000円　　給　　料　　400,000円
　支払地代　　　72,000円　　消耗品費　　　45,000円　　雑　　費　　12,000円

解答・解説

❶収益の残高を借方に記入し、貸方は損益とします。

借方科目	金額	貸方科目	金額
商品売買益	540,000	損　　益	576,000
受取手数料	36,000		

❷費用の残高を貸方に記入し、借方は損益とします。

借方科目	金額	貸方科目	金額
損　　益	529,000	給　　料	400,000
		支払地代	72,000
		消耗品費	45,000
		雑　　費	12,000

❸損益勘定の貸方576,000円から借方529,000円を引いて、当期純利益が47,000円と計算されるので、この金額を損益勘定の借方に記入し、貸方は繰越利益剰余金とします。

借方科目	金額	貸方科目	金額
損　　益	47,000	繰越利益剰余金	47,000

解法テクニック

損失が生じた場合は、

繰越利益剰余金 ××× 　損　益 ×××

という仕訳になります。

STEP 12 帳簿の締切（資産、負債、資本の締切）

——繰越試算表を作って、貸借対照表を作成する

本テーマでの ポイント

これも決算のときに
行う作業です

▶ **資産、負債、資本の**
残高を繰越試算表(くりこし し さんひょう)に集計

▶ **繰越試算表にもとづいて**
貸借対照表(たいしゃくた いしょうひょう)を作成

今後は
「繰越試算表」
というのを
作るのね

資産、負債、資本の締切方法

もっと詳しく!!

収益、**費用**の締切は、多
少難しいですが、**資産**、
負債、**資本**は、そうでも
ありませんから、ここで
しっかり理解してくださ
い。

今度は、資産、負債、
資本の締切です

英米式決算法(えいべいしきけっさんほう)において、**資産**、**負債**、**資本**の締切方法は、
まず、**決算の段階で**繰越試算表(くりこし し さんひょう)**という表を作り**、そこに**資**
産、負債、資本の残高をもっていきます。

例えば、決算において、現金勘定と借入金勘定が以下の
ように記入されていたとします（ここでは相手勘定科目は
重要ではないので省略します）。

現　金	
40,000	20,000
30,000	

借入金	
	10,000

現金勘定を締め切るためには、貸方に50,000円（40,000
円＋30,000円－20,000円）の記入を行う必要があります。
原則的には、きちんと仕訳(し わけ)を行って勘定(かんじょう)に転記(てん き)すべきな
のですが、**英米式決算法**では、仕訳を行わず、ダイレクト

に現金勘定の貸方に50,000円と記入します。よって、**英米式決算法**は簡便的な方法といえます。

金額の前には「**次期繰越**（じ　き　くりこし）」と記入します。また、借方（かりかた）と貸方（かしかた）の金額を一致させ、二重線を引いて締め切ったあと、次期繰越と逆の側、つまりここでは借方に前期繰越（ぜん　き　くりこし）50,000円と記入します。**資産**、**負債**、**資本**の場合、ここまでやって締め切ったことになります。

英米式決算法における資産、負債、資本は、仕訳を行わずに締め切っていきます。

現　金			
	40,000		20,000
	30,000	次期繰越	50,000
	70,000		70,000
前期繰越	50,000		

借入金勘定も同様に締め切ると、以下のようになります。

借入金			
次期繰越	10,000		10,000
		前期繰越	10,000

繰越試算表の作成

資産、**負債**、**資本**の場合、最終的に**貸借対照表**（たいしゃくたいしょうひょう）を作成する必要があります。そこで、**資産**、**負債**、**資本**の残高を集計して繰越試算表を作ります。

繰越試算表は、ほとんど**貸借対照表**と同じなので、正式な会計理論では**繰越試算表**をきれいに清書し**貸借対照表**を作成することになっています。**繰越試算表**は以前は3級で出題されていましたが、試験範囲の改定で2019年度の試験から出題されないことになりました。しかし、帳簿の締切を理解する上では大事な論点でもあるため、ここで簡単に説明しておきます。

英米式決算法においては、**貸借対照表**を作成するために、**繰越試算表**を作成します。

繰越試算表		
借方	勘定科目	貸方
50,000	現　　金	
×××	売　掛　金	
×××	商　　品	
×××	備　　品	
	買　掛　金	×××
	借　入　金	10,000
	資　本　金	×××
	繰越利益剰余金	×××
×××		×××

それでは、実際に帳簿の**締切**を行ってみましょう。

ケース・スタディー⑫

以下の資産、負債の勘定を締め切りなさい。

売掛金	
120,000	60,000
40,000	

買掛金	
50,000	100,000
	30,000

解答・解説

　売掛金勘定を締め切るために、売掛金勘定の借方残高100,000円を貸方に記入し、金額の前に**次期繰越**と記入します。そして、借方、貸方の合計を一致させて二重線を引いたあと、借方に**前期繰越**100,000円と記入します。

売掛金			
	120,000		60,000
	40,000	次期繰越	100,000
	160,000		160,000
前期繰越	100,000		

資産、負債、資本は必ず、前期繰越まで記入するようにしてください

モっと 詳しく**!!**

売掛金勘定の借方残高100,000円は、120,000円＋40,000円－60,000円から、もとめられます。

買掛金勘定の締切も売掛金勘定同様に、買掛金勘定の貸方残高80,000円（100,000円＋30,000円－50,000円）を借方に記入し、金額の前に次期繰越と記入します。そして、借方、貸方の合計を一致させて二重線を引いたあと、貸方に前期繰越80,000円と記入します。

買掛金			
	50,000		100,000
次期繰越	**80,000**		30,000
	130,000		**130,000**
		前期繰越	**80,000**

資産、負債、資本はボクもわかったぞ！

次期繰越を記入するのも忘れてはダメね

それではおさらい問題に進みましょう！

以下の資産、負債、資本の各勘定を締め切りなさい。

現　　金			
前期繰越	120,000	諸　　口	50,000
諸　　口	80,000		

借　入　金			
		前期繰越	200,000

備　　品			
前期繰越	300,000		

繰越利益剰余金			
		前期繰越	60,000
		損　　益	40,000

解答・解説

　各勘定の残高を貸借逆の側に記入して、金額の前に次期繰越と記入します。そして、借方と貸方の合計金額を出して締め切ります。最後に、**次期繰越と記入した逆の側に前期繰越と記入し、残高を書きます。**

現　　金			
前期繰越	120,000	諸　　口	50,000
諸　　口	80,000	**次期繰越**	**150,000**
	200,000		200,000
前期繰越	**150,000**		

借　入　金			
次期繰越	**200,000**	前期繰越	200,000
		前期繰越	**200,000**

備　　品			
前期繰越	300,000	**次期繰越**	**300,000**
前期繰越	**300,000**		

繰越利益剰余金			
次期繰越	**100,000**	前期繰越	60,000
		損　　益	40,000
	100,000		100,000
		前期繰越	**100,000**

第3章

現金・預金

身近な現金といっても、
簿記では他人振出小切手、郵便為替証書、
送金小切手など、耳慣れないものも
含まれます。
預金だって、私たちが使う普通口座とは
違うものがありますよ

現金の範囲
——お金以外の現金もある

簿記でいう
「現金」とは
何かを覚えて
おきましょう

本テーマでの ポイント

▶ 銀行や郵便局ですぐに
お金に換えてもらえるものは**現金**

「現金」=「お金」
じゃないの？

▶ 簿記上、現金として処理するものは
通貨の他に**5つ**ある

現金って一万円札や500円玉のことじゃないの？

500円玉や千円札と
いった通貨の他にも
現金になるものがあ
るのね

　「**現金**」は、知っての通り千円札や一万円札といった紙幣や500円玉や100円玉などの硬貨のことです。紙幣や硬貨のことを通貨というので、**通貨が現金の代表例**といえます。

　現金は資産そのものですから、仕訳や勘定では、増加したら借方、減少したら貸方に記入することになります。

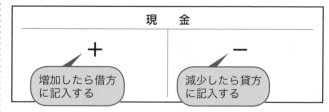

現　　金

＋
増加したら借方
に記入する

－
減少したら貸方
に記入する

現金として処理されるものは通貨だけじゃない！

　しかし、簿記上、**現金**として処理されるものは、通貨だけではありません。簿記では、**郵便局や銀行に持って行けばすぐに現金に換えてくれるもの**も現金として処理します。

具体例として、他人振出小切手、郵便為替証書、送金小切手、株式配当金領収証、期限の到来した公社債の利札があります。

郵便局や銀行に持って行くとすぐに現金に換えてくれるもののことを通貨代用証券といいます。

5つの現金の種類

他人振出
小切手

郵便
為替証書

送金
小切手

株式配当金
領収証

期限の到来した
公社債の利札 → 2級で学習

株式配当金領収証と期限の到来した公社債の利札は2級で勉強します。

ここでは、**郵便為替証書**と**送金小切手**について説明します。

郵便為替証書とは、郵便局で扱っている簡易で確実な送金手段のことであり、**郵便為替証書**を受け取った側は、それを郵便局に持っていくと**現金**に換えてもらうことができます。**郵便為替証書**があれば、いつでも**現金**に換えてもらうことができるので、**簿記上は現金として処理**するのです。

また、**送金小切手**は**郵便為替証書の銀行版**と思ってもらえればよいでしょう。

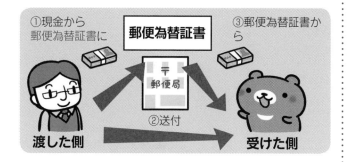

①現金から郵便為替証書に

郵便為替証書

③郵便為替証書から

〒郵便局

②送付

渡した側

受けた側

それでは、実際に仕訳を行ってみましょう。

現金の範囲はすべて覚えておきましょう

第3章

STEP13 現金の範囲

商品を購入したときに商品勘定を用いる方法を**分記法**といいます。なお、それ以外の方法もあるのですが、それについては第4章STEP19で学びます。

用語解説

売掛金
うりかけきん
商品を売って、まだお金をもらっていない場合のこと。

ケース・スタディー⑬

商品50,000円を仕入れ、代金は現金で支払った。

▼

解答・解説

　まず、商品を仕入れたのだから、**商品**という資産が50,000円増えます。よって、借方は商品50,000円となります。その代金は現金で支払ったので、**現金**という資産が50,000円減り、貸方は現金50,000円となります。

借方科目	金額	貸方科目	金額
商　　品	50,000	現　　金	50,000

ケース・スタディー⑭

ペンギン株式会社から売掛代金として郵便為替証書30,000円を受け取った。

▼

解答・解説

　売掛金を回収したのだから、**売掛金**という資産が30,000円減少します。よって、貸方は売掛金30,000円となります。そして、郵便為替証書を受け取ったのであれば、郵便局に持っていくといつでも現金に換えてもらうことができるので、現金として処理します。よって、ここでは**現金**という資産が30,000円増えることになるので、借方は現金30,000円となります。

借方科目	金額	貸方科目	金額
現　　金	30,000	売　掛　金	30,000

次の取引を仕訳しなさい。

❶商品40,000円を仕入れ、代金は現金で支払った。
❷売掛代金として送金小切手80,000円を受け取った。
❸切手とはがきを買い入れ、代金10,000円を現金で支払った。
❹50,000円で仕入れた商品を60,000円で販売し、代金のうち40,000円は現金で
受け取り、残額は掛けとした。

解答・解説

❶商品という資産が増加し、現金という資産が減少したことになります。

借方科目	金額	貸方科目	金額
商　　品	40,000	現　　金	40,000

❷現金という資産が増加し、売掛金という資産が減少したことになります。

借方科目	金額	貸方科目	金額
現　　金	80,000	売 掛 金	80,000

❸通信費という費用が発生し、現金という資産が減少したことになります。

借方科目	金額	貸方科目	金額
通 信 費	10,000	現　　金	10,000

❹商品という資産が減少しています。そして50,000円の商品を60,000円で
販売しているので、差額10,000円だけ商品売買益という収益が発生してい
ます。また、現金と売掛金という資産が増加しています。

借方科目	金額	貸方科目	金額
現　　金	40,000	商　　品	50,000
売 掛 金	20,000	商品売買益	10,000

STEP 14 当座預金
—— 当座預金と小切手のしくみ

本テーマでの ポイント

小切手を
どう仕訳するのかを
覚えましょう

▶ 小切手の振出しは、
当座預金の減少とする

▶ 小切手の受取りは、
現金の増加とする

小切手かぁ。
使ったことないなぁ

当座預金、小切手を知る

小切手と当座預金の
関係はよく頭に入れ
ておいてくださいね

用語解説

小切手を振出す
小切手を作成して、相手に渡すこと。

　当座預金というのは、決済用の口座すなわちお金を貯めるための口座ではなく、商品代金などの支払いの際に用いられる口座です。ですから、普通預金や定期預金のように**利息が付くということはありません**。

　小切手は、当座預金口座から**お金を引き出す際に用いられる紙切れ**のことです。その関係は以下のようなものです。

　イラストでは、A社がB社に商品を販売し、B社は代金の支払いとして**小切手**をA社に渡しています。**小切手**をもらったA社は、それを銀行に持っていくと、銀行はA社に**小切手に書かれている金額のお金を渡して**くれます。

　では、銀行はどこからそのお金を支払ったのでしょうか？実は銀行は**B社の当座預金口座からお金を支払った**のです。つまり、B社の**当座預金**からA社にお金を支払ったということです。

小切手をやり取りした際の処理

　まずは、**小切手**を振り出したＢ社から考えていきましょう。Ｂ社は**小切手**を振り出すと、**小切手**を受け取ったＡ社は遅かれ早かれこの**小切手**を銀行に持っていって現金に換えてしまいます。Ａ社が銀行に持っていって現金に換えると、Ｂ社の**当座預金**は減少してしまいます。

　つまり、Ｂ社からしてみると、**小切手**を振り出すといずれは**当座預金**が減少するので、簿記上では**小切手を振り出したときに当座預金を減少**させます。

　今度は、**小切手**を受け取ったＡ社です。Ａ社はＢ社から**小切手**を受け取ったら、これを銀行に持っていくことによって、いつでも現金に換えてもらうことができます。よって、**小切手を受け取った場合は、現金の増加として処理**します。

本当はまだ当座預金は減っていないけれども、前もって減らしておこうということなのね

小切手の使われ方

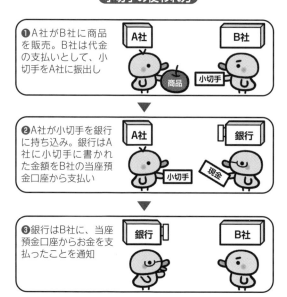

❶Ａ社がＢ社に商品を販売。Ｂ社は代金の支払いとして、小切手をＡ社に振出し

Ａ社　Ｂ社　商品　小切手

❷Ａ社が小切手を銀行に持ち込み。銀行はＡ社に小切手に書かれた金額をＢ社の当座預金口座から支払い

Ａ社　銀行　小切手　現金

❸銀行はＢ社に、当座預金口座からお金を支払ったことを通知

銀行　Ｂ社

小切手って、結構便利そうだね！　ボクも欲しいなぁ

ふむふむ

小切手は世の中を回る！

このことからも、小切手をもらったら現金として処理するということがわかりますね

前記の例で、**小切手**を受け取ったＡ社は、**小切手**を銀行に持っていって現金に換えるといいましたが、必ずしもそうしなければならないわけではありません。例えば、今度はＡ社がＣ社から商品を仕入れて、その代金の支払いとしてＢ社からもらった**小切手**を渡すこともできます。つまり、**小切手**は、**現金と全く同じような役割を果たす**わけです。

小切手を振り出したＢ社からしてみれば、Ａ社ではないにせよ、誰かが銀行に**小切手**を持っていけば、自分の会社の**当座預金**は減少するので、<u>**当座預金の減少**</u>という処理は変わりません。

自分が振り出した小切手が戻ってくる？

試験に出る!!
自分が振り出した小切手は、頻繁に出題されているわけではありませんが、難しめの仕訳問題として出題されることがあります。

このようなケースは、問題ではありますが、実際の経済活動ではあまりありません！

ただし、１つだけ例外があります。それは、Ｂ社が振り出した**小切手**がＡ社→Ｃ社→……と、世の中をぐるっと回って自分の手元に返ってくる場合です。つまり、自分が振り出した**小切手**を自分が受け取ったというケースです。この場合、どのように処理すべきでしょうか？

このケースでは、Ｂ社が**小切手**を振り出したものの、誰も銀行に持っていかなかったわけですから、Ｂ社の**当座預金**は減少しなかったことになります。Ｂ社はもともと**小切手**を振り出した際に、誰かが銀行に持っていくと思って**当座預金**を減らしています。ですから、減らした**当座預金**を元に戻す必要があります。つまり、**自己振出小切手の受取りは当座預金の増加として処理**しなければならないのです。

それでは、実際に仕訳を行ってみましょう。

ケース・スタディー⑮

商品50,000円を仕入れ、代金は小切手を振り出して支払った。

▼

解答・解説

　商品を仕入れたのだから、**商品**という資産が50,000円増えます。よって、借方は商品50,000円となります。そして、その代金は小切手を振り出して支払ったので、**当座預金**の減少となります。

　つまり、当座預金という資産が50,000円減ることになるので、貸方は当座預金50,000円となります。

借方科目	金額	貸方科目	金額
商　　品	50,000	当座預金	50,000

ケース・スタディー⑯

コグマ株式会社は原価50,000円の商品を60,000円でキリン株式会社に販売し、代金はキリン株式会社振出しの小切手で受け取った。

▼

解答・解説

　まず、商品を販売したのだから、**商品**という資産が50,000円減少します。よって、貸方は商品50,000円となります。そして、50,000円の商品を60,000円で販売しているので、**商品売買益**という収益が差額10,000円発生しています。よって、貸方に商品売買益10,000円とします。

　さらに、小切手を受け取ったのであれば、銀行に持っていくとすぐに現金に換えてもらえるので、**現金**の増加として処理します。したがって、借方は現金

小切手を受け取ったら現金だったっけ？間違って当座預金にしちゃったよ！

もっと詳しく!!

商品売買益勘定は、**商品販売益**勘定ということもあります。

60,000円となります。

借方科目	金額	貸方科目	金額
現　　金	60,000	商　　品	50,000
		商品売買益	10,000

ケース・スタディー 17

カモメ株式会社は、原価40,000円の商品を60,000円でヤギ株式会社に販売し、代金は以前当社が振り出した自己振出小切手を受け取った。

解答・解説

　まず、商品を販売したのだから、**商品**という資産が40,000円減少します。よって、貸方は商品40,000円となります。そして、40,000円の商品を60,000円で販売しているので、**商品売買益**という収益が差額20,000円発生しています。よって、貸方に商品売買益20,000円とします。

　最後に借方は、自己振出しの小切手を受け取っているので、**当座預金**という資産が60,000円増加します。よって、借方に当座預金60,000円を持ってきます。

自分が振り出した小切手が戻ってくるケースだな

借方科目	金額	貸方科目	金額
当座預金	60,000	商　　品	40,000
		商品売買益	20,000

60,000円の販売価格から原価を引いた額

STEP14の
おさらい問題

次の取引を仕訳しなさい。

❶キジバト株式会社は商品70,000円をイタチ株式会社より仕入れ、代金は小切手を振り出して支払った。

❷ミミズク株式会社はスカンク株式会社に原価30,000円の商品を50,000円で販売し、

代金は同社振出しの小切手で受け取った。

❸ジャッカル株式会社から売掛代金として、以前に当社がキリン株式会社へ振り出した小切手60,000円を受け取った。

❹トキ株式会社は、メジロ株式会社から商品80,000円を仕入れた。代金は、以前シカ株式会社から受け取っていたシカ株式会社振出しの小切手で支払った。

解答・解説

❶商品という資産が増加し、当座預金という資産が減少したことになります。

借方科目	金額	貸方科目	金額
商　品	70,000	当座預金	70,000

❷商品という資産が減少しています。そして30,000円の商品を50,000円で販売しているので、差額20,000円だけ商品売買益という収益が発生しています。また、受け取った小切手は現金扱いなので、現金という資産が増加しています。

借方科目	金額	貸方科目	金額
現　金	50,000	商　品	30,000
		商品売買益	20,000

❸売掛金という資産が減少し、当座預金という資産が増加したことになります。

借方科目	金額	貸方科目	金額
当座預金	60,000	売掛金	60,000

❹商品という資産が増加し、現金という資産が減少したことになります。

借方科目	金額	貸方科目	金額
商　品	80,000	現　金	80,000

もっと詳しく!!

普通預金勘定や**当座預金**勘定は、銀行名を組み合わせた使い方をすることもあります。
(例)普通預金バッタ銀行
　　当座預金カマキリ銀行

❸は自己振出小切手の受取りね。この場合は当座預金の増加として処理するんだったわね

103

STEP 15 当座借越
―― 当座借越の意味と仕訳方法

本テーマでの ポイント

銀行の残高が
足りなかった
ときのお話です

▶ **当座借越**（とうざかりこし）の実態は
銀行からの借入である

それは困って
しまうな…

▶ 決算時に当座預金勘定が貸方残高になっていたら、
当座借越勘定あるいは**借入金**勘定に振り替える

当座預金口座にお金がなかったら？

　前項でA社はB社が振り出した小切手を銀行に持っていくと、銀行がB社の**当座預金**（とうざよきん）からA社にお金を払ってくれるといいましたが、それはB社の**当座預金口座に残高がある場合**です。

お金がなかったら信
用問題にもなってく
るわね…

　もし、B社の**当座預金**にお金がなかったら、または小切手の額面に見合う残高がなかったならば、A社が小切手を持ってきたとしても銀行はお金を支払うことはしません。

　しかし、たまたまB社の残高がわずかばかり不足していただけで、支払いができなかったのであれば非常に不便な話です。A社はB社に行って事情を話してお金をもらわなければいけないし、B社もお詫びしなければならないでしょうからね。

不便さを解消するための当座借越契約！

　そこで、このような不便さを解消するために、B社の**当座預金口座の残高が足りなくても銀行が代わりにお金を払**

ってくれるという契約があります。この契約を当座借越契約といいます。

　当座借越契約では、例えば、あらかじめ100万円までなら銀行が代わりにお金を払いましょうという約束にしておくのです。だから、銀行と当座借越契約を結ぶと、もし自分の会社の当座預金の残高が不足していても、銀行が代わりにお金を払ってくれます。

　しかし、あくまでも銀行は代わりに払ってくれているに過ぎませんから、あとで銀行にお金を返す必要があります。つまり、当座借越の実態は銀行に対する借入金となるのです。よって当座借越は負債の勘定となります。

銀行が代わりに払ってくれるんだぁ～。それは良いサービスね

ちょっと一息
当座貸越という言葉もあります。これは当座借越を、お金を貸す銀行側から表現した言葉です。

当座借越を仕訳する

　当座借越の仕訳方法を、以下の例で説明します。

　今、B社は当座預金の残高が20万円しかありませんが、50万円の商品を仕入れた際に同額の小切手を振り出しています。

　この取引を仕訳すると、まず商品を仕入れているので、借方は商品50万円となります。そして貸方は、今、50万円の小切手を振り出しているので当座預金50万円とします。

　その結果、当座預金勘定は30万円の貸方残高となりますが、この貸方残高が当座借越を表しています。

借方科目	金額	貸方科目	金額
商　　品	500,000	当座預金	500,000

これでA社もB社も、余計な手間がかからなくなるね

もっと詳しく!!

当座預金勘定は、借方残高の場合は当座預金という資産を表し、貸方残高の場合には、当座借越という負債を表すことになります。

当 座 預 金	
当座預金	当座借越

当座借越は負債になるのね。あとで銀行にお金を払わなければならないので当然ね

もっと詳しく!!

貸借対照表上は、当座借越は借入金に含めます。当座借越の実態は借入金だからです。

◉ **決算時にともなう仕訳**

決算時に**当座預金**勘定が貸方勘定になっていれば、その分だけ**当座借越**という負債が生じていることになります。よって、**当座預金**の貸方残高も**当座借越**勘定あるいは**借入金**勘定に振り替える仕訳が必要になります。

先ほどの例で、**当座預金**勘定が30万円の貸方残高のまま決算を迎えたとすると、以下のような仕訳を行うことになります。

借方科目	金額	貸方科目	金額
当座預金	300,000	当座借越	300,000

それでは、実際に仕訳を行ってみましょう。

ケース・スタディー⑱

❶商品600,000円を仕入れ、代金は小切手を振り出して支払った。当座預金の残高は400,000円であるが、銀行と1,000,000円を限度とする当座借越契約を結んでいる。

❷決算を迎えたので、当座預金の貸方残高を当座借越に振り替えた。

解答・解説

❶まず、商品を仕入れたのだから、**商品**という資産が600,000円増えます。よって、借方は商品600,000円となります。そして、その代金は小切手を振り出して支払ったので、**当座預金**の減少となります。よって、貸方は当座預金600,000円となります。

借方科目	金額	貸方科目	金額
商　　品	600,000	当座預金	600,000

❷ ❶の仕訳の結果、当座預金勘定は200,000円の貸方残高（400,000円－600,000円＝△200,000円）となっています。当座預金の貸方残高の実態は当座借越なので、これを当座借越勘定に振り替えます。当座預金勘定の残高をゼロとするために貸方残高200,000円を**当座預金**の借方に計上します。そして当座借越を200,000円計上するために**当座借越**の貸方に計上します。

借方科目	金額	貸方科目	金額
当座預金	**200,000**	**当座借越**	**200,000**

最終的に当座借越があるということは、当座預金の残高はゼロということになるので、決算で当座預金勘定をゼロにするために、当座預金の借方に貸方残高を計上します

STEP15の **おさらい問題**

次の連続した取引を仕訳しなさい。

❶ヤマネコ株式会社は商品300,000円をカモシカ株式会社より仕入れ、代金は小切手を振り出して支払った。なお、当座預金の残高は200,000円だったが、銀行と1,000,000円を限度とする当座借越契約を結んでいる。
❷ヤマネコ株式会社は当座預金口座に現金40,000円を入金した。
❸決算にあたり当座預金勘定の貸方残高を当座借越勘定に振り替えた。

[解答・解説]

❶商品という資産が300,000円増加します。そして、当座預金を貸方に300,000円計上します。

借方科目	金額	貸方科目	金額
商　　品	300,000	当座預金	300,000

❷現金という資産が40,000円減少しています。そして、当座預金という資産が40,000円増加することになります。

107

借方科目	金額	貸方科目	金額
当座預金	40,000	現　　金	40,000

❸❷の仕訳が終わった段階で、当座預金勘定は60,000円の貸方残高（200,000円－300,000円＋40,000円）なので、**これを当座預金勘定の借方に計上するとともに当座借越の貸方に計上します。**

借方科目	金額	貸方科目	金額
当座預金	60,000	当座借越	60,000

もっと詳しく!!

当座預金勘定を作成することによって**当座預金**の貸方残高を明らかにすることができます。おさらい問題の内容で**当座預金**勘定を作成すると以下のようになります。

当座預金

元々の残高 200,000	❶	300,000
❷　　　　　 40,000		

借方合計240,000円　貸方合計300,000円
∴300,000円－240,000円＝60,000円

STEP 16 現金過不足
── お金が合わなくなった場合の処理

本テーマでの ポイント

お金が合わなく
なったときの
仕訳もあるんです

▶ お金が合わなくなったら、
現金過不足勘定で処理

▶ 調査しても原因が明らかにならなかった
現金過不足は雑損、雑益として処理

みんな、
おっちょこちょい
だな

お金が合わなくなっちゃった！

　帳簿上の現金（帳簿有高）と実際の現金（実際有高）とが合わなくなることはよくあります。そのような場合、簿記上、どのような処理をするかというと、まずは帳簿の金額を実際の金額に合わせるために仕訳します。実際の金額が増えていたのであれば、（借方）現金とし、実際の金額が減っていたのであれば、（貸方）現金とします。

　そして、その際の**相手勘定科目には「現金過不足勘定」**を用います。

お金が合わなくて原因を調べるために、会社から帰るのが遅くなったという話をよく聞くわ

どうしても原因がわからない！

　現金過不足が生じたら、その後、原因を明らかにするために調べます。その結果、原因が明らかになった場合は、**現金過不足**勘定を適切な勘定に振り替えてあげます。

　しかし、どんなに調べても決算日までに明らかにならなかった場合は、**現金過不足**をいつまでもそのままにしておくわけにはいきませんから**雑損**勘定や**雑益**勘定に振り替え

もっと詳しく!!

現金過不足勘定は現金の差額を調整するための一時的な勘定なのです。

ます。

　お金が減っていたのであれば、理由はわからないけれど損をしたことになるので**雑損**勘定へ、お金が増えていたのであれば、理由はわからないけれど儲かったことになるので**雑益**勘定に振り替えるというわけです。

　それでは、実際に仕訳を行ってみましょう。

一時的な勘定ということは、資産、負債、資本、収益、費用のいずれにも属さないってことだね

ふむふむ

「現金過不足」があったら決算日に別の勘定に振り替えるんだね

増えていれば雑益勘定減っていれば雑損勘定です

ケース・スタディー⑲

現金の実際有高を調査したところ85,000円であった。一方、帳簿残高は88,000円であった。これらを仕訳しなさい。

解答・解説

　帳簿残高と実際有高が異なっているので、帳簿残高を実際有高に合わせるための仕訳を行います。ここでは実際有高が3,000円少ないので、帳簿残高を3,000円減らすために、貸方に**現金**3,000円とします。そして、帳簿残高と実際有高の差額は現金過不足勘定で処理するので、借方に**現金過不足**3,000円とします。

借方科目	金額	貸方科目	金額
現金過不足	3,000	現　　金	3,000

ケース・スタディー⑳

ケース・スタディー⑲の現金過不足の原因を調査した結果、電話代を支払った際に2,000円の記入漏れがあることが判明した。これらを仕訳しなさい。

▼

解答・解説

　現金過不足の原因が電話代を支払った際の**通信費**の記入漏れということがわかったので、借方に通信費2,000円とします。そして、**現金過不足**の原因が判明したので、現金過不足をなくすために、貸方に現金過不足2,000円とします。

借方科目	金額	貸方科目	金額
通 信 費	2,000	現金過不足	2,000

ケース・スタディー㉑

決算を迎えたが、ケース・スタディー⑳で判明した以外はケース・スタディー⑲の現金過不足の原因が明らかにならなかったので、残額を雑損勘定に振り替えることにした。これらを仕訳しなさい。

▼

解答・解説

　原因不明の**現金過不足**の残高は1,000円なので、貸方に現金過不足1,000円とします。この場合、お金が減ってしまったので、損をしたということになり、借方に**雑損**1,000円とします。

借方科目	金額	貸方科目	金額
雑　　損	1,000	現金過不足	1,000

用語解説

雑損（ざっそん）

内容的に重要性が低かったり、金額が僅少な損失が発生した際に用いられる勘定のこと。

用語解説

雑益（ざつえき）

内容的に重要性が低かったり、金額が僅少な収益が発生した際に用いられる勘定のこと。

もっと詳しく!!

現金過不足の原因が判明した際の仕訳では、**現金**勘定は動きません。なぜなら、**現金過不足**を計上した際に、すでに**現金**は正しい金額に合わせてあるからです。

最後まで原因が明らかにならなかったらやむをえないので、雑損か雑益に振り替えます

次の取引を仕訳しなさい。

❶ すでに計上されている現金過不足について調査したところ、水道光熱費8,000円を二重計上していることがわかった。

❷ 決算において、実際有高が帳簿残高よりも5,000円少ないことが判明した。

❸ 現金の実際有高が帳簿残高より38,000円不足していたので、現金過不足勘定で処理しておいたが、その後、原因を調査したところ、交通費の支払額11,000円、配達運賃の支払額4,000円及び手数料の受取額9,000円が記帳漏れとなっていた。残りは原因不明につき、雑損として処理することとした。

解答・解説

❶ 水道光熱費を二重計上しているので、それを修正するために、貸方に水道光熱費8,000円とします。そして、現金過不足の原因が判明したので、現金過不足をなくすために借方に現金過不足8,000円とします。

借方科目	金額	貸方科目	金額
現金過不足	8,000	水道光熱費	8,000

❷ 実際有高が帳簿残高よりも5,000円少ないので、現金を減らすために、貸方に現金5,000円とします。そして、決算時に判明した現金過不足なので、そのまま雑損勘定に計上します。よって、借方に雑損5,000円とします。

借方科目	金額	貸方科目	金額
雑　損	5,000	現　金	5,000

❸ まず、交通費、支払運賃、受取手数料が記帳漏れだったので、適正に計上します。つまり、借方に交通費11,000円、支払運賃4,000円を計上し、貸方に受取手数料9,000円を計上します。

そして、現金過不足をすべてなくすために、貸方に現金過不足を38,000円もっていき、最後に借方と貸方との差額32,000円を、借方に雑損として計上します。

借方科目	金額	貸方科目	金額
交 通 費	11,000	受取手数料	9,000
支払運賃	4,000	現金過不足	38,000
雑 損	32,000		

もっと 詳しく!!

　1つ1つ**現金過不足**をなくしていき、最終的な現金過不足の残高を**雑損**にもっていってもかまいません。しかし、最終的には**現金過不足**はすべてなくなるので、解答のように差額で**雑損**を出すことができます。

用語解説

二重計上
に　じゅうけいじょう

同じ仕訳を2回、行ってしまったこと。

第3章

STEP16 現金過不足

113

STEP
17
小口現金
——小額支払いのための現金処理

「小口現金」は会社で
働いている人なら
「あぁ、あれね」と
思うでしょう

本テーマでの ポイント

▶ 小額の支払いに備えた現金は
小口現金（こぐちげんきん）勘定で処理

▶ 小口現金は一定期間ごとに支払
報告し、使用した分を補充する

あぁ、あれね
（棒読み）

部署ごとに小口現金を設ける

社員が何千人もいる
ような会社だと確か
に大変なことになる
だろうなぁ

　会社では、日々の業務において小額の支払いが必要です。従業員は支払いが生じるたびに、経理の担当者のところに行ってお金をもらわなければなりません。

　小さな会社であれば、そのつど経理担当者のところにお金をもらいに行ってもそれほど大きな問題はありません。しかし、大きな会社では、大勢の従業員がお金をもらいに行くとなると、経理の担当者ももらいに行く人も大変な労力となります。

　そのため、**各部署ごとに小額の支払いに備えて現金を用意し、その現金を管理する担当者を設けておきます**。簿記では、その小額の現金を小口現金（こぐちげんきん）勘定として処理します。

一定期間ごとに使った分だけ補充

　小口現金は、ある一定期間、例えば1週間や1ヶ月間などの初めに、その期間で使用すると思われる金額より少し多いぐらいの額を、経理の担当者から各部署の担当者に渡

しておきます。

　そして、その部署で小額の支払いが生じた場合は、あらかじめもらっておいたお金から支払いを行います。その後、ある一定期間が終了したら、**小口現金**の担当者は経理の担当者に報告するため、一定期間において何にいくら使ったのかがわかる**「支払報告書」を作成**します。

　経理の担当者は、この報告を受けてはじめて何にいくら使ったのかを知ることができるので、この時点で支払った内容について仕訳を行います。そして、次の一定期間に備えて、使用した額と同額を、その部署の**小口現金**に補充するのです。したがって、一定期間の初めには、常に同じ金額が用意されることになります。

各部署というのは営業部や人事部などのことです

経理からまとめて
小口現金を渡しますよ

小口現金

支払報告書

各部署の担当者

経理の担当者

鉛筆買ったから
お金ちょうだい！

社員

現金

領収書

小口現金の中から
払っておけばいいのね

　それでは、実際に仕訳を行ってみましょう。

ケース・スタディー 22

定額資金前渡法を採用しており、10月分の小口現金80,000円を、小切手を振り出して担当者に渡した。これらを仕訳しなさい。

もっと詳しく!!

このような小口現金の管理方法のことを**定額資金前渡法**あるいは**インプレスト・システム**といいます。試験でも「**インプレスト・システム**を採用している」というように出題されることがあるので、**インプレスト・システム**という言葉も覚えておく必要があります。

経理では、一定期間の終わりにまとめて仕訳します

第3章

STEP17 小口現金

▼

解答・解説

　小口現金の補充を行っているので、**小口現金**という資産が80,000円増えます。したがって、借方に小口現金80,000円とします。

　そして、小切手を振り出しているので、担当者が銀行に行って現金に換えることによって当座預金が減少します。よって、**当座預金**という資産が80,000円減少するので、貸方に当座預金80,000円とします。

借方科目	金額	貸方科目	金額
小口現金	80,000	当座預金	80,000

小口現金の仕訳は、そんなに難しくはないなぁ

ケース・スタディー㉓

ケース・スタディー㉒の小口現金について、担当者から10月中の支払報告があった。支払内容は、交通費30,000円、消耗品費10,000円、通信費20,000円、雑費10,000円である。報告とともに支払額と同額を、小切手を振り出して補給した。これらを仕訳しなさい。

▼

解答・解説

　支払報告を受けて、月初めに補給した小口現金の支払内容が明らかになったので、それぞれ借方に費用計上します。

　つまり、借方に**交通費**30,000円、**消耗品費**10,000円、**通信費**20,000円、**雑費**10,000円とします。そして、使用した分だけ**小口現金**という資産が減少します。よって、貸方は小口現金70,000円とします。

　さらに、ここでは、使用した額と同額だけ小口現金を補充しているので、**小口現金**という資産が70,000

もっと詳しく!!

小口現金の仕訳問題は、第1問で出題されます。

円増えています。そこで、借方に小口現金70,000円とします。

　また、小切手を振り出して補充しているということは、**当座預金**という資産が70,000円減少したということです。したがって、貸方は当座預金70,000円となります。

借方科目	金額	貸方科目	金額
交 通 費	30,000	小口現金	70,000
消耗品費	10,000		
通 信 費	20,000		
雑　　費	10,000		
小口現金	70,000	当座預金	70,000

　なお、上記の仕訳のうち、小口現金勘定については、借方、貸方とも同額の70,000円となっているので、小口現金を**相殺**（そうさい）して仕訳することも認められます。別解としての仕訳を示しておくと、以下のようになります。

借方科目	金額	貸方科目	金額
交 通 費	30,000	当座預金	70,000
消耗品費	10,000		
通 信 費	20,000		
雑　　費	10,000		

STEP17の
おさらい問題

次の取引を仕訳しなさい。

❶当月より、小口現金について定額資金前渡法を採用することにしたので、営業の担当者に100,000円を、小切手を振り出して渡した。

❷月末に営業の小口現金担当者より支払報告があり、交通費として50,000円、消耗品費として40,000円使用したことがわかった。なお、使用金額と同額の小切手を振り出して小口現金を補給した。

解答・解説

❶ 小口現金という資産が100,000円増えていますので、借方に小口現金100,000円とします。そして、当座預金という資産が100,000円減少しているので、貸方に当座預金100,000円とします。

借方科目	金額	貸方科目	金額
小口現金	100,000	当座預金	100,000

❷ 小口現金の使用内容が交通費50,000円、消耗品費40,000円と明らかになったので、借方に交通費50,000円、消耗品費40,000円とします。そして、合計の90,000円だけ小口現金という資産が減少したことになるので、貸方に小口現金90,000円とします。

さらに、使用金額と同額を小口現金に補充しているので、小口現金という資産が90,000円増えています。よって、借方に小口現金90,000円とします。そして、小切手の振出しにより、当座預金という資産が90,000円減少していますので、貸方に当座預金90,000円とします。

借方科目	金額	貸方科目	金額
交 通 費	50,000	小口現金	90,000
消耗品費	40,000		
小口現金	90,000	当座預金	90,000

解答は小口現金を相殺しない仕訳になっているけど、相殺してはいけないの？

問題文で指示がなければ、どちらの方法で仕訳してもかまいません

STEP
18
現金預金の補助簿
―― 現金預金の補助簿の作成

本テーマでの ポイント

「補助簿」って
いうのが
あるんだね

何のために
つくるのかしら

▶ 現金預金の補助簿は、現金出納帳、
当座預金出納帳、小口現金出納帳の3つ

▶ 小口現金出納帳は、
使用明細ごとに記入する

現金預金の補助簿の種類

　それぞれの項目をしっかり管理するために、現金については**現金出納帳**、当座預金については**当座預金出納帳**、小口現金については**小口現金出納帳**という補助簿が作成されます。

補助簿には
いろいろあるのね

> ### 用語解説
> **補助簿**
> 特定の勘定を詳細に管理するために設けられる帳簿のこと。

　このうち、**現金出納帳**と**当座預金出納帳**はほとんど同じしくみですが、**小口現金出納帳**は若干、フォームが異なるので注意が必要です。

現金出納帳のフォーム

現金出納帳のフォームは以下の通りです。

取引を記入

収入はプラス
支出はマイナス

現金出納帳

○年		摘　要	収　入	支　出	残　高
7	1	前月繰越	200,000		200,000
	5	トナカイ商事へ売上小切手受領	100,000		300,000
	7	シマウマ株式会社へ仕入代金支払い		80,000	220,000
	14	ラッコ株式会社から売掛金回収	120,000		340,000
	23	消耗品の購入		20,000	320,000
	31	次月繰越		320,000	
			420,000	420,000	
8	1	前月繰越	320,000		320,000

同じ金額

一致する

月末に次月へ繰り越す

一致する

モっと 詳しく!!

摘要欄は「このように書かなければいけない！」という決まりごとはありません。取引の内容を簡潔に説明した言葉があれば、どのように書いてもかまいません。

　簡単にしくみを説明すると、お金が入ってきたら収入欄に記入し、お金が出ていったら支出欄に記入します。そして、収入だったら加算、支出だったら減算して残高をもとめていきます。月末に、残高を次月繰越として支出欄に記入し、収入欄と支出欄の合計を一致させます。

　その後、**前月繰越として収入欄と残高欄に同額の金額を記入**することになります。最後の流れは、以前勉強した帳簿の締切と同じですね。

当座預金出納帳のフォーム

　当座預金出納帳について説明します。

　現金出納帳と同じように、当座預金口座にお金が入ってきたら預入欄に記入し、当座預金口座からお金を引き出したら引出欄に記入します。

　現金出納帳と異なる点は、「借または貸」という欄が設けられていることで、これは残高が借方か貸方かを表しま

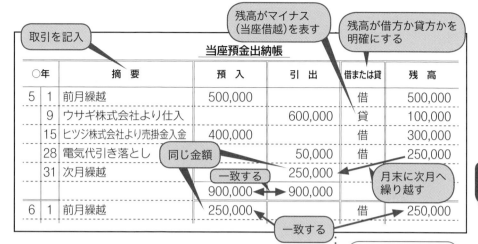

当座預金出納帳

○年		摘　要	預　入	引　出	借または貸	残　高
5	1	前月繰越	500,000		借	500,000
	9	ウサギ株式会社より仕入		600,000	貸	100,000
	15	ヒツジ株式会社より売掛金入金	400,000		借	300,000
	28	電気代引き落とし		50,000	借	250,000
	31	次月繰越		250,000		
			900,000	900,000		
6	1	前月繰越	250,000		借	250,000

図内の吹き出し：
- 取引を記入
- 残高がマイナス（当座借越）を表す
- 残高が借方か貸方かを明確にする
- 同じ金額
- 一致する
- 月末に次月へ繰り越す
- 一致する

す。**現金出納帳**の場合、必ず借方に残高があるので、このようなことを書く必要はありませんが、**当座預金出納帳**の場合、**当座借越**の存在があるため、残高が貸方にくることもありえます。だから、残高が借方か貸方かを明らかにする必要があるのです。

預入ならプラス、引出ならマイナスして残高をもとめます。最後の締切の流れも現金出納帳と同じです

小口現金出納帳のフォーム

　小口現金出納帳は、**現金出納帳**や**当座預金出納帳**と比べて、ちょっとそのフォームが異なります。

　小口現金出納帳は、日付と摘要欄を真ん中とすると、その左側に受入欄がきて、その右側に支払欄がきます。そして、支払欄の右側にその内訳を書いていきます。つまり、その支払いがどのような費用項目なのかを明らかにしていくのです。ですから、**支払欄に書いた金額と同額を内訳の該当する勘定のところに記入**することになります。

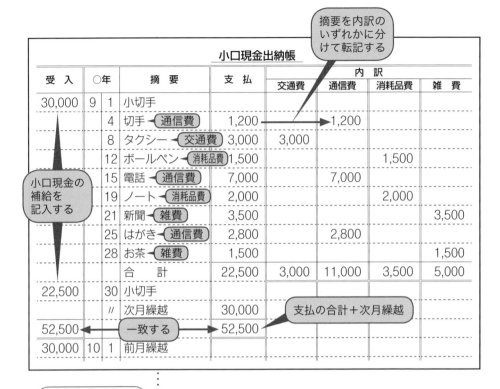

小口現金出納帳

受　入	○年		摘　要	支　払	内　訳			
					交通費	通信費	消耗品費	雑　費
30,000	9	1	小切手					
		4	切手 ◀ 通信費	1,200 ──────────▶		1,200		
		8	タクシー ◀ 交通費	3,000	3,000			
		12	ボールペン ◀ 消耗品費	1,500			1,500	
		15	電話 ◀ 通信費	7,000		7,000		
		19	ノート ◀ 消耗品費	2,000			2,000	
		21	新聞 ◀ 雑費	3,500				3,500
		25	はがき ◀ 通信費	2,800		2,800		
		28	お茶 ◀ 雑費	1,500				1,500
			合　　計	22,500	3,000	11,000	3,500	5,000
22,500		30	小切手					
		〃	次月繰越	30,000				
52,500				52,500				
30,000	10	1	前月繰越					

> 摘要を内訳のいずれかに分けて転記する

> 小口現金の補給を記入する

> 支払の合計＋次月繰越

> 一致する

それでは、**小口現金出納帳**を作成してみましょう。

小口現金出納帳は支払いの内訳を各勘定ごとに分けて明らかにしていくのね

ケース・スタディー24

次の取引を小口現金出納帳に記入し、あわせて小口現金の補給及び月末における締切に関する記入を行いなさい。なお、6月1日より定額資金前渡法を採用し、小口現金として40,000円の小切手を受け取っている。また、小口現金の補給は小切手により月末に行われている。

6/5	タクシー	6,000円
11	新聞	4,000円
14	はがき	2,500円
16	ノート	1,800円
19	電話	6,400円
22	お茶	3,200円
27	ボールペン	2,200円
28	切手	5,200円

《解答欄》

小口現金出納帳

受　入	○年		摘　要	支　払	内　訳			
					交通費	通信費	消耗品費	雑　費
	6	1	小切手					
		5	タクシー					
		11	新聞					
		14	はがき					
		16	ノート					
		19	電話					
		22	お茶					
		27	ボールペン					
		28	切手					
			合　　計					
		30	小切手					
		〃	次月繰越					
	7	1	前月繰越					

解答・解説

　まずは、6月1日に受入れた40,000円を受入欄に記入します。支出額を各日付ごとに支払欄に記入し、それぞれの内訳に同額を書きます。

　その後、支払欄の合計とそれぞれの内訳の合計を計算し、内訳の合計を合わせたものが支払欄の合計額と

小口現金出納帳の作成もそんなに難しくなさそうだなぁ

一致していることを確かめます。

最後に支払額と同額を受入欄に記入し、**締切**の作業を行います。

小口現金出納帳

受　入	○年		摘　要	支　払	内　訳			
					交通費	通信費	消耗品費	雑　費
40,000	6	1	小切手					
		5	タクシー	6,000	6,000			
		11	新聞	4,000				4,000
		14	はがき	2,500		2,500		
		16	ノート	1,800			1,800	
		19	電話	6,400		6,400		
		22	お茶	3,200				3,200
		27	ボールペン	2,200			2,200	
		28	切手	5,200		5,200		
			合　　計	31,300	6,000	14,100	4,000	7,200
31,300		30	小切手					
		〃	次月繰越	40,000				
71,300				71,300				
40,000	7	1	前月繰越					

次の小口現金出納帳にもとづいて、❶支払明細報告時と、❷月末の補給時の仕訳を行いなさい。

小口現金出納帳

受　入	○年		摘　要	支　払	内　訳			
					交通費	通信費	消耗品費	雑　費
80,000	11	1	小切手					
		5	お茶	4,000				4,000
		11	タクシー	18,000	18,000			
		14	はがき	6,500		6,500		
		16	ボールペン	2,500			2,500	
		19	ノート	4,800			4,800	
		22	新聞	10,000				10,000
		27	電話	28,000		28,000		
		28	切手	3,000		3,000		
			合　計	76,800	18,000	37,500	7,300	14,000
76,800		30	小切手					
		〃	次月繰越	80,000				
156,800				156,800				
80,000	12	1	前月繰越					

解答・解説

❶小口現金出納帳の支払内訳の合計欄から交通費18,000円、通信費37,500円、消耗品費7,300円、雑費14,000円が発生したことがわかりますので、借方にこれらを計上します。その分だけ小口現金という資産が減少したわけですから、貸方に小口現金76,800円とします。

借方科目	金額	貸方科目	金額
交　通　費	18,000	小口現金	76,800
通　信　費	37,500		
消耗品費	7,300		
雑　　費	14,000		

❷使用した分だけ小口現金を補給しているので、小口現金という資産が76,800円増加します。したがって、借方に小口現金76,800円とします。
このケースでは、**小切手を振り出して補給を行っているので、当座預金という資産が76,800円減少します**。よって、貸方に当座預金76,800円とします。

借方科目	金額	貸方科目	金額
小口現金	76,800	当座預金	76,800

この問題は、**支払明細報告時と補給時の仕訳を別々に解答することになって**
いるので、小口現金を相殺する方法の仕訳で解答することはできません。

それぞれのフォームの
特徴をしっかりと押さ
えておきましょう

ずいぶんたくさんの
現金預金の補助簿の
フォームがあるんだね

第 4 章

商品売買

商品を扱っていれば、
原価を計算したり、発送費を考えたり、
ときには商品が戻ってきたり、管理がたいへん。
商品売買の補助簿である商品有高帳は
作成できるようにしていてくださいね

STEP 19　分記法
—商品売買の基本をおさえる

商品を売買したときの仕訳の方法は2つあります

本テーマでの ポイント

▶商品売買の代表的な仕訳方法は、
分記法と3分法の2つ

▶分記法は原価と利益を分けて
仕訳する方法

どっちがよく使われるのかしら

商品売買の仕訳方法の種類

もっと詳しく!!

歴史的には、**分記法**⇒総記法⇒**3分法**の順で登場したのですが、総記法は、実務でも試験でもほとんど出てきません。

　商品売買の仕訳方法には、**分記法**、**3分法**、総記法などの方法があります。最も基本的な方法が**分記法**であり、最も一般的な方法が**3分法**です。以下、**分記法**について説明していきます。なお、分記法は出題区分表の改定により試験では出なくなりましたが、試験で出される3分法を理解する上で必要な論点なのでしっかり学んでおきましょう。

分記法

分記法は、原価と利益を分けて記入することから、このような名前になっているのです

　分記法とは、**商品を販売した際に原価と利益を分けて書く方法**です。

お店が売るために仕入れた金額が原価になるのよ

おまんじゅうにも原価ってあるのかな？

商品を購入した際は、**商品**という資産が増えるので、借方に商品をもってきます。貸方は現金で支払ったのであれば現金、掛けとしたのであれば**買掛金**となります。

一方、商品を販売した際は、商品を販売したことによって商品という資産がなくなるので、貸方に商品をもっていきます。

通常、商品を販売すると**商品売買益**という収益が発生します。例えば原価が50,000円の商品を60,000円で販売したのであれば10,000円の儲けが生じるので、これも商品売買益として貸方に計上します。借方は現金で販売したのであれば現金、掛けとしたのであれば**売掛金**となります。

確かに分記法は、とてもわかりやすいわ

| 現　　金 | 60,000 | 商　　品 | 50,000 |
| | | 商品売買益 | 10,000 |

掛けならば
売掛金となる

分記法の長所と短所

分記法は、歴史的に一番最初に登場した商品売買の仕訳方法です。その分、イメージしやすいですし、わかりやすい方法といえます。

また、**分記法は、いつの時点でも、これまでにいくら分の商品を販売したか、これまでに利益がいくら生じているかがすぐにわかります**。これが**分記法**の最大の長所です。

しかし、**分記法**での仕訳は、面倒くさいという短所があります。商品を販売するたびに、その商品の原価を調べ、その結果、利益がいくらになるかを計算してからでないと仕訳ができないからです。**スーパーやデパートのように、多くの種類の商品を大量に販売している業種では、分記法で仕訳をすることはほとんど不可能**といえるでしょう。

それでは、実際に仕訳を行ってみましょう。

モっと詳しく!!

近年、小売業においてPOSシステムなどのコンピュータ化が進んできているので、**分記法**で仕訳することが、不可能であるとはいえなくなっています。

第4章

STEP19　分記法

129

モっと詳しく!!

商品売買に関して、試験で**分記法**が出題されることはありません。しかし、建物や備品などの売買は、商品売買における**分記法**と同じ考え方で仕訳するので、**分記法**の処理方法も理解しておきましょう。

仕入時の仕訳はめんどうではないわね

でも、販売時は原価と利益を分けて書くので、少しめんどうだなぁ〜

ケース・スタディー㉕

商品30,000円を仕入れ、代金は掛けとした。この取引を仕訳しなさい。

▼

解答・解説

　まず、商品を仕入れたのだから、**商品**という資産が30,000円増えます。よって、借方は商品30,000円となります。

　そして、その代金は掛けとしたので、**買掛金**という負債が30,000円増えています。ですから、貸方は買掛金30,000円となります。

借方科目	金額	貸方科目	金額
商　品	30,000	買掛金	30,000

ケース・スタディー㉖

原価30,000円の商品を50,000円で販売し、代金は掛けとした。この取引を仕訳しなさい。

▼

解答・解説

　原価30,000円の商品を販売したということは、**商品**という資産が30,000円減少します。ですから、貸方に商品30,000円とします。

　また、この商品を50,000円で販売しているので、原価との差額である20,000円だけ**商品売買益**という収益が発生しています。よって、貸方に商品売買益20,000円とします。

　そして、販売代金の50,000円は掛けとしたので、**売掛金**という資産が50,000円増加しています。ですから、借方は売掛金50,000円となります。

借方科目	金額	貸方科目	金額
売 掛 金	50,000	商　　品	30,000
		商品売買益	20,000

STEP19の **おさらい問題**

次の連続した取引を仕訳しなさい。

❶ラッコ株式会社は商品70,000円をコアラ株式会社より仕入れ、代金は小切手を振り出して支払った。

❷ラッコ株式会社は❶の商品を得意先のシマウマ株式会社に80,000円で販売した。なお、代金は掛けとした。

解答・解説

❶商品という資産が70,000円増加します。そして、当座預金という資産が70,000円減少します。

借方科目	金額	貸方科目	金額
商　　品	70,000	当座預金	70,000

❷商品という資産が70,000円減少し、商品売買益という収益が10,000円発生します。また、売掛金という資産が80,000円増加します。

借方科目	金額	貸方科目	金額
売 掛 金	80,000	商　　品	70,000
		商品売買益	10,000

ちょっと 一息

実務でも試験でも一般的に商品売買の仕訳方法として用いられているのは3分法です。

STEP 20 3分法
—— 通常の商品売買の仕訳方法

本テーマでの ポイント

3分法が試験で
出るんだね！
分記法は
忘れちゃおう！

▶ 商品売買の仕訳は、
試験でも実務でも**3分法**が一般的

▶ 3分法は、商品を購入したときには**仕入**勘定、
販売したときには**売上**勘定で仕訳する

3分法を理解する
ためにも、分記法も
理解しておいてください

3分法が登場した背景

分記法は商品を売上
げたときの仕訳が、
ちょっとめんどうな
んだよなぁ〜

　前項で述べたように、商品売買の仕訳方法としては、ま
ず初めに**分記法**が登場したのですが、いろいろな種類の商
品を大量に販売している会社では適用することが困難であ
るという短所がありました。

　そこで、総記法という方法が登場しましたが、総記法に
も大きな欠点があったので、最終的にこれからお話しする
3分法に落ち着いたのです。

3分法

ココが大事

販売時に売上勘定で仕訳
すると、**分記法**のように
原価と利益を分ける必要
がないのです。その分、
仕訳が簡単になるわけで
す。

　3分法は、その名称のごとく商品売買を3つの勘定、す
なわち、**仕入**勘定、**売上**勘定、**繰越商品**勘定の3つを用い
て仕訳していきます。

　仕入勘定は、商品を仕入れたときに用いる勘定で、費用
に属します。

　売上勘定は、商品を売上げたときに用いる勘定で、収益
に属します。

繰越商品勘定は、期末の商品を次期に繰り越す際に用いられる勘定で、資産に属します。

なぜ仕入勘定が費用なのか？

　3分法における3つの勘定のうち、**売上**勘定と**繰越商品**勘定については、なんとなくイメージできると思います。しかし、**仕入**勘定については、なぜ商品を購入したときに、費用になるのか疑問を持つ人がいるかもしれません。商品を購入したら、商品という資産が増えるわけですからね。

　では、なぜ商品を購入した際に仕入という費用勘定で処理するかというと、**商品は販売したら売上原価という費用になる**からです。

　つまり、仕入れた商品というものは、基本的には販売され、**売上原価**となるわけですから、それならば最初から費用として計上しようというわけです。

ここは少し難しめの話なのでなんとなく理解しておけばよいでしょう

売れ残ったものは繰越商品勘定で！

　繰越商品については、**3分法**では商品を仕入れた際に、**仕入**勘定という費用項目で処理します。しかし、期末の段階で商品が売れ残っているのであれば、**費用ではなく商品という資産**になります。

　ですから、期末の段階で売れ残った商品を次期に繰り越すための勘定が**繰越商品**勘定なのです。

商品を売上げたときの仕訳は簡単になったけど、ちょっと話が難しくなってきたわね

指示がなければ3分法

　これまで本書では、商品売買の仕訳を分記法で行ってきましたが、原則的な方法は**3分法**なので、今後は**3分法**で仕訳していきます。

それでは、実際に仕訳を行ってみましょう。

ケース・スタディー㉗

商品70,000円を仕入れ、代金は掛けとした。この取引を仕訳しなさい。

▼

解答・解説

　まず、商品を仕入れたのだから、**仕入**という費用が70,000円増えます。よって、借方は仕入70,000円となります。

　そして、その代金は掛_かけとしたので、**買掛金**_{かいかけきん}という負債が70,000円増えます。ですから、貸方は買掛金70,000円となります

借方科目	金額	貸方科目	金額
仕　　入	70,000	買 掛 金	70,000

試験に出る!!

試験では、商品売買の仕訳はすべて3分法です。ですから、3分法は試験で絶対に出題される論点といえます。

ケース・スタディー㉘

原価70,000円の商品を100,000円で販売し、代金は掛けとした。この取引を仕訳しなさい。

▼

解答・解説

　まず、商品を売上げたので、**売上**という収益が100,000円増えます。よって、貸方は売上100,000円となります。

　そして、その代金は掛けとしたので、**売掛金**_{うりかけきん}という資産が100,000円増加します。ですから、借方は売掛金100,000円となります。

借方科目	金額	貸方科目	金額
売 掛 金	100,000	売　　上	100,000

3分法も仕訳は難しくないなぁ〜

次の連続した取引を仕訳しなさい。

❶ マングース株式会社は商品40,000円をアライグマ株式会社より仕入れ、代金は小切手を振り出して支払った。

❷ マングース株式会社は❶の商品を得意先のキツツキ株式会社に60,000円で販売した。なお、代金は掛けとした。

解答・解説

❶仕入という費用が40,000円発生します。そして、当座預金という資産が40,000円減少します。

借方科目	金額	貸方科目	金額
仕　　入	40,000	当座預金	40,000

❷売上という収益が60,000円発生します。そして、売掛金という資産が60,000円増加します。

借方科目	金額	貸方科目	金額
売　掛　金	60,000	売　　上	60,000

3分法の仕訳にはもう少し論点があるんだって！　がんばらなくっちゃ

もっと詳しく**!!**

3分法では、商品の購入時や販売時は仕訳が簡単になりますが、**決算**において特別な仕訳を行う必要があります。それについては、STEP23で説明します。

第4章

STEP20　3分法

仕入諸掛や発送費
STEP **21**
──商品売買時に生じる費用

ものを売る
ときにもお金が
かかりますよね

本テーマでの **ポ イ ン ト**

▶ **商品を仕入れたときに発生した費用は、仕入に加える**

▶ **商品を売上げたときに発生した費用は、発送費**(はっそうひ)**として処理**

宅配便など
のことね

商品を購入した際に費用が発生！

もっと 詳しく**!!**

費用収益対応の原則については、1級会計学で学びます。

1級かぁ〜私もがんばって1級まで勉強してみようかなぁ〜

　商品を購入した際には、引取運賃(ひきとりうんちん)などの費用が発生することがあります。このように、**商品を購入した際に発生する費用のことを仕入諸掛**(しいれしょがかり)といいます。

　仕入諸掛が発生した場合は、すべて仕入に含めて処理します。その理由は、費用収益対応の原則(ひようしゅうえきたいおう)という、ちょっと難しい原則にもとづく処理です。そこで、とりあえずは**仕入諸掛を仕入に含めるのは簿記の大原則**と思ってもらえればいいです。

　なお、このことは商品の購入時だけではなく、建物や備品などを購入したときも同じです。

商品を販売した際に費用が発生！

ココが大事

商品を販売したときに発生する費用は、**発送費**として処理します。

　商品を販売した際にも**発送費**(はっそうひ)などの費用が発生する場合があります。

　この場合、**発送費という費用項目で処理**します。仕入の場合と違って、売上から控除することはしないので注意し

てください。

それでは、実際に仕訳を行ってみましょう。

ケース・スタディー❷⑨

商品を 70,000 円で購入し、代金は掛けとした。なお、引取運賃 5,000 円を現金で支払った。この取引を仕訳しなさい。

▼

解答・解説

　まず、商品を 70,000 円で仕入れているので仕入が 70,000 円発生します。その際、**仕入諸掛**が 5,000 円生じているので、これも仕入に加えます。よって、借方の**仕入**は 75,000 円となります。

　そして、商品代金の 70,000 円は掛けとしているので、**買掛金**という負債が 70,000 円増加します。よって貸方に買掛金 70,000 円とします。さらに、**仕入諸掛**を現金で支払っているので、**現金**という資産が 5,000 円減少します。よって、貸方に現金 5,000 円とします。

借方科目	金額	貸方科目	金額
仕　　入	75,000	買 掛 金 現　　金	70,000 5,000

ケース・スタディー❸⓪

商品を 120,000 円で販売し、代金は掛けとした。なお、発送費 3,000 円を現金で支払った。この取引を仕訳しなさい。

▼

引取運賃は、仕入諸掛だよね！

試験に出る!!

仕入諸掛は、試験でよく出題されています。

商品を売った際の費用は普通に発送費として計上すればいいだけなんだなぁ～

解答・解説

　まず、商品を120,000円で販売しているので**売上**が120,000円発生します。よって、貸方に売上120,000円とします。そして、代金の120,000円は掛けとしているので、**売掛金**という資産が120,000円増加します。よって、借方に売掛金120,000円とします。

　さらに、**発送費**という費用が3,000円生じているので、借方に発送費3,000円とします。発送費は現金で支払っているので、**現金**という資産が3,000円減少しています。ですから、貸方に現金3,000円とします。

借方科目	金額	貸方科目	金額
売　掛　金	120,000	売　　　上	120,000
発　送　費	3,000	現　　　金	3,000

STEP21の **おさらい問題**

次の取引を仕訳しなさい。

❶アザラシ株式会社は仕入先であるシャチ株式会社より商品を40,000円で購入し、代金は小切手を振り出して支払った。なお、引取運賃5,000円を現金で支払った。

❷カワウソ株式会社は得意先であるアライグマ株式会社に商品を85,000円で販売し、代金はアライグマ株式会社振出しの小切手を受け取った。なお、発送費4,000円を現金で支払った。

解答・解説

❶仕入という費用が、商品代金分40,000円と仕入諸掛分5,000円の合計45,000円発生します。また、当座預金という資産が40,000円と現金という資産が5,000円減少します。

借方科目	金額	貸方科目	金額
仕　　　入	45,000	当座預金	40,000
		現　　　金	5,000

❷売上という収益が85,000円発生し、小切手を受け取ったので、現金という資産が85,000円増加します。また、発送費という費用が4,000円発生し、現金という資産が4,000円減少します。

借方科目	金額	貸方科目	金額
現　　金	85,000	売　　上	85,000
発 送 費	4,000	現　　金	4,000

他人振出小切手の受取りは現金の増加だったなぁ

ふむふむ

STEP 22　戻り
——商品の返品があった場合

本テーマでの ポイント

▶ 商品を返品した場合は、
　 仕入を減少させる

▶ 商品が返品された場合は、
　 売上を減少させる。

なんで返品し
たのかな？

仕入戻し

用語解説

品違い（しなちがい）
自分が注文していた商
品とは違う商品だった
ということ。

品違い（しなちが）を理由として、購入した商品を返品することがあります。これを**仕入戻し**（しいれもどし）といいます。

　仕入戻しを行った場合、手許から商品がなくなるので、貸方に商品をもってきます。ただし、3分法の場合、商品は仕入勘定で処理しているので、貸方に仕入をもってきます。

　商品を返品したならば、代金を支払う必要がなくなるので、購入時に掛けとして、代金を未だ支払っていない場合は、借方に**買掛金**（かいかけきん）をもってきます。これを仕訳すると、

買 掛 金	×××	仕 　 入	×××

となります。購入時には、

仕 　 入	×××	買 掛 金	×××

と仕訳をしているので、結局のところ、購入したときと逆の仕訳をすればよいことになります。

もっと 詳しく!!

もしも、**掛代金**をすでに支払っているとか、**現金**で購入した場合などは、お金が返ってくるでしょうから、借方に**現金**をもってきます。

売上戻り

品違いを理由として、**販売した商品が返品されることがあります。これを売上戻りといいます。**

売上戻りを受けた場合も、結局は商品を販売しなかったということになるので、売ったときと逆の仕訳をすることになります。

それでは、実際に仕訳を行ってみましょう。

ケース・スタディー 31

掛けで購入した50,000円の商品が品違いだったため、仕入先に返品した。この取引を仕訳しなさい。

▼

解答・解説

購入した商品を返品しているので、手許から商品がなくなります。ですから、貸方に**仕入**50,000円とします。

そして、この商品は掛けで購入しているので、商品を返品したのであれば掛代金は支払わなくてもすむため、**買掛金**という負債が50,000円減少します。よって、借方に買掛金50,000円とします。

借方科目	金額	貸方科目	金額
買 掛 金	50,000	仕 入	50,000

ケース・スタディー 32

掛けで販売した商品のうち、20,000円が品違いのため返品されてきた。この取引を仕訳しなさい。

▼

商品を売った場合の戻りも買ったときと同じように、売ったときと逆の仕訳をすればいいのね

とにかく、返品は、基本的に商品売買時と逆の仕訳をすればいいのね

解答・解説

　販売した商品が戻ってきたということは、**売上**という収益がなくなってしまうことになります。ですから、借方に売上20,000円とします。そして、**売掛金**という資産も20,000円減少しますので、貸方に売掛金20,000円とします。

借方科目	金額	貸方科目	金額
売　　上	20,000	売 掛 金	20,000

STEP 22の
おさらい
問題

次の取引を仕訳しなさい。

❶ クジラ株式会社は、仕入先であるツル株式会社より商品を30,000円で購入し代金は掛けとしていたが、この商品が品違いだったため返品した。

❷ パンダ株式会社は、得意先であるキツネ株式会社に商品を70,000円で販売し、代金は掛けとしていたが、この商品の一部に品違いがあったため、20,000円分が返品されてきた。

解答・解説

❶ 仕入が30,000円減少し、買掛金という負債が30,000円減少します。

借方科目	金額	貸方科目	金額
買 掛 金	30,000	仕　　入	30,000

❷ 売上が20,000円減少し、売掛金という資産が20,000円減少します。

借方科目	金額	貸方科目	金額
売　　上	20,000	売 掛 金	20,000

STEP 23 売上原価の計算
—— 売上原価を計算する

本テーマでの ポイント

用語をしっかり
理解して
ください

▶ 期首商品に当期の仕入を加算して、
期末商品を差し引くことで**売上原価**を計算

▶ 3分法における売上原価の計算は
仕入勘定で行う

ちょっと
難しいね

売上原価をもとめるわけ

売上原価とは、売った商品の原価部分のことです。50,000円で買ってきた商品を80,000円で売ったのであれば、50,000円が売上原価となります。

商売をしていく上で、経営者が大きな関心を持つ利益に**売上総利益**があります。**売上総利益は、売上から売上原価を差し引くことによってもとめる**ことができます。例えば、50,000円の商品を80,000円で売ったのであれば、**売上総利益**は30,000円ということになります。

ある商品を売って、そこからいくらの利益が得られるのかが**売上総利益**なので、経営者が重要視するのは当然ですね。**この売上総利益をもとめるために、売上原価を計算する必要があるのです。**

●売上原価計算の落とし穴

分記法では、特に**売上原価**を計算する必要はありません。仕訳の段階で**売上原価**を（貸方）商品としているので、1年間の**売上原価**は商品勘定の貸方を集計するだけで明らかになるからです。

ここで学ぶ内容は簿記3級で最も難しいところです。だから1度で理解しようと思わないでください

ココが大事

売上総利益＝売上高−売上原価

もっと詳しく!!

売上総利益とは、分記法の**商品売買益**と同じことです。

しかし、3分法（ぶんぽう）の場合は、商品を売るたびに**売上原価**を明らかにするということはしませんから、**決算整理（けっさんせいり）において計算する必要**があります。

ここで、仕入勘定を集計すれば**売上原価**になるのではないかと、安易に考えがちです。たしかに**売上原価**と仕入は近い関係にありますが、**イコールではない**ことに注意しましょう。

数量と金額で売上原価の計算をする

まずは、**売上原価**の計算を数量で考えてみましょう。例えば、期首に商品が10個あり、当期中に商品を50個買ってきたとします。この段階で合計60個ですね。そして期末に商品が20個残っていたとします。この場合、商品を何個売ったのかというと、<u>期首の10個＋**当期仕入（とうきしいれ）**の50個－期末の20個＝40個</u>となりますよね。

この計算の仕方は、金額でも同じです。期首に100,000円分の商品があり、当期中に500,000円分の商品を買ってきたとします。そして、期末に200,000円分の商品が残っていたならば、期首100,000円＋**当期仕入**500,000円－期末200,000円＝400,000円という具合に**売上原価**を計算することができます。

このことから、**売上原価**の計算には、**期首商品と当期仕入と期末商品**の金額が明らかになれば良いということになります。

売上原価を計算するための仕訳

いよいよ**売上原価**を計算するための仕訳です。**期首商品**100,000円、**当期仕入**500,000円、**期末商品**200,000円

として説明していきます。

　売上原価の計算は、前述したように「**期首商品＋当期仕入－期末商品＝売上原価**」と計算されますが、仕訳上は**仕入**勘定の借方に**当期仕入**が記入されているので、そこに**期首商品を加え、期末商品を控除することによって計算**します。

　まず、**期首商品**を当期仕入に加えるために、

仕　　入	100,000	繰越商品	100,000

と仕訳します。これを**仕入**勘定に転記すると、次のようになります。

仕　入		
当期仕入	500,000	
繰越商品	100,000	

　100,000円という金額の前の**繰越商品**というのは、もちろん仕訳の際の相手勘定科目です。500,000円という金額の前の当期仕入は、本当は買掛金や現金などいろいろくるのでしょうが、ここでは便宜的にまとめて、**当期仕入**としています。

　そして、**期末商品**を**当期仕入**から抜くために、

繰越商品	200,000	仕　　入	200,000

と仕訳します。これを**仕入**勘定に転記すると、次のようになります。

仕　入			
当期仕入	500,000	繰越商品	200,000
繰越商品	100,000		

なるほど！　このように仕訳することが大事なのね

へぇ〜

試験に出る!!

この論点や仕訳は、必ず試験で出題されるといえる大切なところです。

簿記の試験では期末の商品は問題文に、×××円であると書かれています

仕入勘定の残高が売上原価となる

モっと詳しく!!

売上原価を計算するための仕訳を、仕訳の最初の言葉を集めて、「**仕・繰・繰・仕**」と覚える方法があります。

仕　入100,000　繰越商品100,000
繰越商品200,000　仕　入200,000

この方法で覚えてもかまいませんが、しくみそのものも必ず理解してください。

解法テクニック

期首商品を**仕入**勘定に加えるための仕訳

仕　入 ×××　繰越商品 ×××

期末商品を**仕入**勘定から抜くための仕訳

繰越商品 ×××　仕　入 ×××

その結果、**仕入**勘定の残高は、借方の500,000円と100,000円を足して600,000円、貸方は200,000円なので、400,000円となります。この400,000円こそが、**期首商品＋当期仕入－期末商品**として出てきた金額なので、**売上原価**ということになります。

それでは、実際に仕訳を行ってみましょう。

ケース・スタディー㉝

決算につき、売上原価の計算を行う。繰越商品勘定の残高は220,000円であり、期末商品有高は250,000円である。

解答・解説

まず、**期首商品**を繰越商品勘定から仕入勘定にもっていくために、**仕入**を220,000円増やして、**繰越商品**を220,000円減らします。そして、**期末商品**を仕入勘定から繰越商品勘定にもっていきます。つまり、**繰越商品**を250,000円増やして、**仕入**を250,000円減らすことになります。

借方科目	金額	貸方科目	金額
仕　　入	220,000	繰越商品	220,000
繰越商品	250,000	仕　　入	250,000

STEP23のおさらい問題　次の商品売買にかかる各勘定残高にもとづいて、決算整理仕訳をし、各勘定に転記しなさい。また、売上高、売上原価、売上総利益を計算しなさい。なお、決算日における商品の在庫である期末商品棚卸高は470,000円であった。

繰越商品	
前期繰越　430,000	

仕　入	
諸　口　1,263,000	

売　上	
	諸　口　1,847,000

▼

解答・解説

●決算整理仕訳

　期首商品は繰越商品勘定の前期繰越より430,000円とわかるので、これを繰越商品勘定から仕入勘定にもっていきます。

　また、期末商品は問題文より470,000円とわかるので、これを仕入勘定から繰越商品勘定にもっていきます。

借方科目	金額	貸方科目	金額
仕　　入	430,000	繰越商品	430,000
繰越商品	470,000	仕　　入	470,000

●各勘定への転記

　上記の仕訳を仕入勘定と繰越商品勘定に転記します。

繰越商品	
前期繰越　　430,000	仕　　入　430,000
仕　　入　470,000	

仕　入	
諸　　口　1,263,000	繰越商品　470,000
繰越商品　430,000	

　仕入勘定の残高1,223,000円（1,263,000円＋430,000円－470,000円）が売上原価となり、売上1,847,000円－売上原価1,223,000円＝624,000円が売上総利益となります。

売上高　　　**1,847,000円**

売上原価　　**1,223,000円**

売上総利益　**624,000円**

STEP 24　商品売買の補助簿
――仕入帳・売上帳のしくみ

試験に出やすい
ですが、わかりやすい
テーマです

本テーマでの ポイント

▶商品売買の補助簿は、仕入帳、売上帳、商品有高帳（しょうひんありだかちょう）の3種類

▶仕入帳、売上帳は、仕入や売上の明細を記入する帳簿

商品売買の補助簿の種類

用語解説
在庫（ざいこ）
会社の倉庫に残っている商品のこと。

仕入帳はそんなに難しくなさそうね

　商品売買の補助簿には、仕入帳、売上帳、商品有高帳（しょうひんありだかちょう）があります。

　仕入帳とは、仕入の明細を記入する帳簿のことであり、売上帳とは、売上の明細を記入する帳簿のことです。

　商品有高帳は、商品の在庫状況を明らかにするための帳簿のことです。

　このうち、仕入帳と売上帳についてはこの項で説明し、商品有高帳については次項で説明します。

仕入帳のしくみ

用語解説
総仕入高（そうしいれだか）
戻しを控除する前の仕入金額のこと。

　仕入帳は、左から日付、摘要、内訳、金額を記入します。

　摘要欄には、仕入先名、支払手段、商品名、数量、単価などを書きます。

　内訳欄には数量に単価をかけてもとめられる金額を記入します。そして、金額欄に仕入諸掛を含む仕入金額の合計を書き込みます。なお、戻しのように仕入が減少するもの

は、日付や摘要や金額をカッコでくくることによって、マイナスを表現します。

　締切の際は、まず、戻しを控除する前の総仕入高（そう し いれだか）を記入し、そこから戻しを控除して、最終的に**純仕入高**を記入します。

用語解説

純仕入高（じゅん し いれだか）
戻しを控除したあとの仕入金額のこと。

仕入先名、支払手段、商品名、数量、単価など取引の内容

仕入金額の合計

単価が100円ということ

仕 入 帳

○年		摘　　要		内　訳	金　額
1	5	パンダ株式会社	掛		
		ボールペン　500本　@100円		50,000	
		引取運賃小切手振出し		1,000	51,000
	13	アヒル商事	掛		
		鉛筆　　　　800本　@30円		24,000	
		消しゴム　　200個　@50円		10,000	
		引取運賃現金払い		800	34,800
	(17)	（アヒル商事）　　　　　（掛戻し）			
		（消しゴム　　20個　@50円）			(1,000)
	31	総仕入高			85,800
	(〃)	（仕入戻し高）			(1,000)
		純仕入高			84,800

返品の取引はカッコで表現

返品の合計

総仕入高から仕入戻し高を引いた金額

仕入金額の合計

第4章

STEP24　商品売買の補助簿

売上帳のしくみ

売上帳は、次のような形式です。書き方は**仕入帳**と同じです。

売上帳

○年		摘　　要	内　訳	金　額
4	6	コアラ商事　　　　　　　　　　　掛		
		消しゴム　　50個　@100円		5,000
	14	カワウソ商事　　　　　　　　　　掛		
		ボールペン　300本　@180円	54,000	
		鉛筆　　　　500本　@70円	35,000	89,000
	(26)	（カワウソ商事）　　　　　　（掛戻り）		
		（鉛筆　　　100本　@70円）		(7,000)
	30	総売上高		94,000
	(〃)	（売上戻り高）		(7,000)
		純売上高		87,000

（吹き出し）取引の内容

（吹き出し）単価が100円ということ

（吹き出し）売掛金での取引ということ

（吹き出し）返品の取引はカッコで表現

それでは、実際に問題を解いてみましょう。

売上帳も、結構簡単そうね！

ケース・スタディー 34

先ほどの仕入帳に記入された1月5日と1月17日の内容を仕訳しなさい。

解答・解説

◉1月5日

　商品のボールペンを50,000円で購入しているので、仕入という費用が50,000円発生します。その際、**仕入諸掛**が1,000円生じているので、この分も仕入が増加します。よって、借方の**仕入**は51,000円となります。

　また、商品代金は掛けとしているので、買掛金（かいかけきん）という負債が50,000円増加するため、貸方は買掛金

50,000円となります。

そして、仕入諸掛は小切手を振り出しているので、**当座預金**という資産が1,000円減少します。そのため、貸方にもう１つ当座預金1,000円とします。

借方科目	金額	貸方科目	金額
仕　　入	51,000	買 掛 金 当座預金	50,000 1,000

◉1月17日

先に掛けで仕入れた商品について返品をしているので、**仕入**という費用と**買掛金**という負債がそれぞれ1,000円減少します。

そのため、貸方は仕入1,000円となり、借方は買掛金1,000円となります。

借方科目	金額	貸方科目	金額
買 掛 金	1,000	仕　　入	1,000

（ケース・スタディー**35**）

先ほどの売上帳に記入された4月6日の内容を仕訳しなさい。

▼

解答・解説

商品の消しゴムを5,000円で販売しているので、**売上**という収益が5,000円発生します。よって、貸方に売上5,000円とします。

商品代金は掛けとしているので、**売掛金**（うりかけきん）という資産が5,000円増加します。そのため、借方に売掛金5,000円とします。

借方科目	金額	貸方科目	金額
売 掛 金	5,000	売　　上	5,000

モっと詳しく!!

試験では、**仕入帳**や**売上帳**を作成する問題はあまり出題されません。**仕入帳**や**売上帳**は、その記入内容を仕訳したり、**商品有高帳**を作成する際の資料として用いられます。

仕入帳や売上帳はしっかり読めるようになることが大切ですよ！

先ほどの仕入帳、売上帳に記入された以下の各日付の内容を仕訳しなさい。

❶仕入帳1月13日　　❷売上帳4月14日
❸売上帳4月26日

解答・解説

❶仕入という費用が34,800円発生し、買掛金という負債が34,000円増加します。また、現金という資産が800円減少します。

借方科目	金額	貸方科目	金額
仕　　入	34,800	買 掛 金 現　　金	34,000 800

❷売上という収益が89,000円発生し、売掛金という資産が89,000円増加します。

借方科目	金額	貸方科目	金額
売 掛 金	89,000	売　　上	89,000

❸売上という収益が7,000円減少し、売掛金という資産が7,000円減少します。

借方科目	金額	貸方科目	金額
売　　上	7,000	売 掛 金	7,000

戻しの場合は、仕入は貸方になるのね

売上帳の戻りも、売上は通常とは逆の借方に記入することになります

STEP
25

商品有高帳
——商品有高帳を作成する

本テーマでの ポイント

「商品有高帳」では
商品がいま何個
あるかがわかります

へぇ〜、倉庫に行って
商品を数えなくても
いいんだ♪

▶ 商品有高帳（しょうひんありだかちょう）を作成することで
商品の期末有高（きまつありだか）や売上原価（うりあげげんか）が明らかに

▶ 商品有高帳の作成方法には、
先入先出法（さきいれさきだしほう）や移動平均法（いどうへいきんほう）がある

商品有高帳の利点

　商品有高帳（しょうひんありだかちょう）とは、**商品の在庫状況を明らかにするための帳簿**です。**商品有高帳**を作成することによって、例えば、期末の時点でいくら在庫があるか（期末有高）を、いちいち倉庫に行くことなく明らかにすることができます。

　また、**商品有高帳**には、販売した商品の原価も記入していくので、これを集計することによって**売上原価を明らかにする**こともできます。

用語解説
期末有高（きまつありだか）
帳簿や棚卸しで確定する期末にある在庫のこと。

仕入原価が80円
のものと100円
のものがあるね

この商品有高帳
を見れば、倉庫
に行かなくても
それぞれ何個あ
るのかわかるわ

商品有高帳のしくみ

商品有高帳は、いくらで
売ったのかを記入するの
ではなく、いくらの商品
が払い出されたのかを記
入します。原価を記入しな
いと在庫金額がわからな
くなってしまうからです。

　　商品有高帳は、左から日付、摘要、受入、払出、残高を
記入します。商品を仕入れたら受入欄に記入し、商品を売
上げたら払出欄に記入するわけです。その結果、残高がい
くらになったのかまで記入します。ただし、1つだけ注意
すべき点があります。それは、商品を払い出したときに払
出欄に記入しますが、そこに記入するのはあくまでも**商品
の原価**ということです。

売上げた商品

先入先出法の場合は残高は単
価別に記し、カッコでくくる

仕入れた商品

商品有高帳

(先入先出法)

○年		摘　要	受　入			払　出			残　高		
			数量	単価	金額	数量	単価	金額	数量	単価	金額
7	1	前月繰越	100	500	50,000				(100	500	50,000
	5	仕　　入	300	520	156,000				(300	520	156,000
	13	売　　上				(100	500	50,000			
						(200	520	104,000	(100	520	52,000
	15	仕　　入	400	510	204,000				(400	510	204,000
	22	売　　上				(100	520	52,000			
						(300	510	153,000	100	510	51,000
	31	次月繰越				100	510	51,000			
			800		410,000	800		410,000			
8	1	前月繰越	100	510	51,000				100	510	51,000

商品有高帳の作成方法

総平均法は2級で勉強し
ます。

　　商品有高帳は作成方法がいくつかあります。個別法、**先
入先出法**、**移動平均法**、**総平均法**などです。このうち、**3
級の試験範囲は先入先出法と移動平均法の2つ**なので、
この2つの方法について説明していきます。

●**先入先出法**

　先入先出法とは、**先に購入した商品から先に払い出され**

るものと仮定して**商品有高帳を作成**する方法です。なぜ、このような仮定をおくかというと、通常、会社というのは、仕入れた商品の単価ごとに細かく倉庫に保管するということはしません。多少、仕入単価が異なってもまとめて保管します。

そのため、払い出した商品がいくらで買ってきたものかがわからなくなっているのです。しかし、このままだと**商品有高帳**に記帳できませんから、ある一定の仮定のもと、記録していく必要があるのです。

◉移動平均法

移動平均法とは、**商品を仕入れたつど、直前の残高との平均単価を計算して、それをその後の払出単価として用いる**方法です。

説明だけだとわかりづらいので、このあとの**商品有高帳**を作成する問題を使って理解してください。

もっと詳しく!!

仕入れた金額が1個あたり10円や20円ぐらい異なるからといって、別々に保管すると、商品の管理に膨大な手間がかかってしまいます。

用語解説

単価
（たんか）
商品1個あたりの金額のこと。

商品有高帳には「先入先出法」と「移動平均法」の2つがあるのね

2つだけなら覚えられそう

ふむふむ

それでは、実際に**商品有高帳**を作成してみましょう。

以下の資料にもとづき、先入先出法によって、商品有高帳を作成しなさい。なお、帳簿の締切も行うこと。

			数量	単価	金額
5／1	前月繰越		200個	@200円	40,000円
7	仕 入		400個	@260円	104,000円
11	売 上		500個	@320円	160,000円
18	仕 入		600個	@275円	165,000円
27	売 上		500個	@360円	180,000円

《解答欄》

(先入先出法)　　　　　　　　　　商品有高帳

○年		摘　　要	受　入			払　出			残　高		
			数量	単価	金額	数量	単価	金額	数量	単価	金額
5	1	前月繰越									

解答・解説

　まず、前月繰越の数量、単価、金額を受入欄に記入し、そのまま残高欄にもっていきます。

　7日は**仕入**を行っているので、受入欄に記入し、そのまま残高欄に記入します。この段階で残高は、前月繰越分と7日に仕入れた分の2つがあるので、この2つの残高をカッコでくくります。

11日は商品を**売上**げているので、払出欄に記入します。その際、単価は問題文にあるものを使ってはいけません。問題文にある単価は売価であって、原価ではないからです。**原価は、先入先出法を採用しているとあるので、自分で先入先出法で計算してもとめます。**

　ここでは、直前の残高が、200円の商品が200個と260円の商品が400個あります。先に仕入れたのは200円の商品なので、これを払い出します。

　しかし、売上数量は500個なので、300個足りません。そのため、今度は260円の商品を300個払い出します。この2つをカッコでくくり、払出欄に記入します。その結果、260円の商品が100個だけ残るので、それを残高欄に記入します。

　18日は**仕入**を行っているので、受入欄に記入し、そのまま残高欄にもっていきます。そして、その前の残高とともにカッコでくくって、この段階における残高を明らかにします。

　27日は商品を500個**売上**げているので、直前の残高のうち、先に仕入を行っている260円の商品100個をまずは払い出します。しかし、400個足りないので、次に仕入れた275円の商品を400個払い出します。その結果、275円の商品が200個だけ残るので、それを残高欄に記入します。

　最後に、締切作業は、**残高を払出欄に記入し、受入欄と払出欄の数量と金額を一致させます。その後、翌月の最初の日付で前月繰越を記入し、残高の金額を受入欄と残高欄に記入します。**

先に入ってきたものを、先に出していけばよいだけのことですね！

先入先出法って簡単だね！

締切方法は、第2章で勉強した帳簿の締切と全く同じですからね

商品有高帳

○年		摘　要	受　入			払　出			残　高		
			数量	単価	金額	数量	単価	金額	数量	単価	金額
5	1	前月繰越	200	200	40,000				200	200	40,000
	7	仕　入	400	260	104,000				400	260	104,000
	11	売　上				200	200	40,000			
						300	260	78,000	100	260	26,000
	18	仕　入	600	275	165,000				600	275	165,000
	27	売　上				100	260	26,000			
						400	275	110,000	200	275	55,000
	31	次月繰越				200	275	55,000			
			1,200		309,000	1,200		309,000			
6	1	前月繰越	200	275	55,000				200	275	55,000

ケース・スタディー37

以下の資料にもとづき、移動平均法によって、商品有高帳を作成しなさい。なお、帳簿の締切も行うこと。

			数量	単価	金額
5／1		前月繰越	200個	@200円	40,000円
7		仕　入	400個	@260円	104,000円
11		売　上	500個	@320円	160,000円
18		仕　入	600個	@275円	165,000円
27		売　上	500個	@360円	180,000円

《解答欄》

(移動平均法)

商品有高帳

○年		摘　要	受　入			払　出			残　高		
			数量	単価	金額	数量	単価	金額	数量	単価	金額
5	1	前月繰越									

▼

解答・解説

　まず、前月繰越の数量、単価、金額を受入欄に記入し、そのまま残高欄にもっていきます。

　7日は**仕入**を行っているので、受入欄に記入します。そして、直前の残高の数量200個と金額40,000円に今回の仕入の400個と金額104,000円を加えたもの、すなわち600個と金額144,000円を残高欄に記入します。その後、金額の144,000円を600個で割って平均単価240円をもとめます。その結果、ここでは残高の600個すべてが1個あたり240円になったと考えます。

　11日には商品を500個**売上**げていますが、ここではすべての商品が1個あたり240円なので、それを払出単価とします。500個払い出した結果、残高は数量が100個で金額が24,000円となります。

　18日には1個あたり275円の商品を600個**仕入**れています。ですから、この数字を受入欄に記入し、残

移動平均法は確かに平均単価の計算が必要だけど、払出単価は1つですむので慣れればラクね

へぇ～

もっと詳しく!!

先入先出法と**移動平均法**とでは、最後の残高の金額が異なってきますが、これは違う方法で作成しているので当然のことです。

高欄には7日と同じように数量と金額の合計額を記入し、それにもとづいて平均単価270円を計算します。

27日は商品を500個**売上**げています。単価は270円なので、それらを払出欄に記入し、直前の残高から今回の払出分を差し引いて、残高をもとめます。最後の締切作業は、先ほどの先入先出法と同じように行えばいいです。

商品有高帳

(移動平均法)

○年		摘　要	受　入			払　出			残　高		
			数量	単価	金額	数量	単価	金額	数量	単価	金額
5	1	前月繰越	200	200	40,000				200	200	40,000
	7	仕　入	400	260	104,000				600	240	144,000
	11	売　上				500	240	120,000	100	240	24,000
	18	仕　入	600	275	165,000				700	270	189,000
	27	売　上				500	270	135,000	200	270	54,000
	31	次月繰越				200	270	54,000			
			1,200		309,000	1,200		309,000			
6	1	前月繰越	200	270	54,000				200	270	54,000

次の仕入帳と売上帳にもとづいて、①先入先出法によって商品有高帳に記入し、②9月中の売上高、売上原価及び売上総利益を計算しなさい。なお、前月繰越は数量15本、単価7,400円である。

仕　入　帳

○年		摘　要	金　額
9	5	カモメ株式会社　ネクタイ　30本　@6,500円	195,000
	23	クジラ株式会社　ネクタイ　40本　@5,500円	220,000

売 上 帳

○年		摘 要	金 額
9	7	タヌキ株式会社　ネクタイ　20本　@9,000円	180,000
	27	モグラ株式会社　ネクタイ　55本　@8,600円	473,000

《解答欄》

(先入先出法)

商品有高帳

○年		摘　要	受　入			払　出			残　高		
			数量	単価	金額	数量	単価	金額	数量	単価	金額
9	1	前月繰越									

解答・解説

❶まず、前月繰越を記入し、その後、日付順に、仕入帳に記入されている内容を受入欄に記入し、売上帳に記入されている内容を払出欄に記入していきます。ただし、払出欄の単価は先入先出法により計算します。

（先入先出法）	商品有高帳										
○年	摘 要	受 入			払 出			残 高		
		数量	単価	金額	数量	単価	金額	数量	単価	金額
9 1	前月繰越	15	7,400	111,000				15	7,400	111,000
5	仕　入	30	6,500	195,000				30	6,500	195,000
7	売　上				15	7,400	111,000			
					5	6,500	32,500	25	6,500	162,500
23	仕　入	40	5,500	220,000				40	5,500	220,000
27	売　上				25	6,500	162,500			
					30	5,500	165,000	10	5,500	55,000
30	次月繰越				10	5,500	55,000			
		85		526,000	85		526,000			
10 1	前月繰越	10	5,500	55,000				10	5,500	55,000

❷商品有高帳は、すべて原価で記入するので、売上の金額は商品有高帳からは明らかになりません。したがって、売上高は問題の売上帳の金額を集計してもとめます。

売上原価は、いくらの商品を売ったのかということなので、払出欄の金額を合計すると、もとめることができます。もちろん、次月繰越の金額は含みません。

売上総利益は、売上高から売上原価を差し引くことによってもとめることができます。

売 上 高	653,000円
売 上 原 価	471,000円
売上総利益	182,000円

第5章

売掛金と買掛金

日常生活ではあまり聞き慣れないですが、
簿記ではこれら用語はとてもよく出てきます。
売掛金と買掛金、
あいまいに覚えていると
あとでとっても困りますよ

STEP 26 売掛金・買掛金と人名勘定
——取引先の会社名で仕訳する

誰にもらってないか、払ってないかを明らかにするのが「人名勘定」です

本テーマでの ポイント

▶ 売掛金や買掛金は取引先ごとの残高を明らかにする必要がある

▶ 人名勘定を用いることによって、取引先ごとの残高が明らかになる

「売掛金」は資産の勘定、「買掛金」は負債の勘定！

売掛金と買掛金の違い

試験に出る!!

通常、一般的な会社は商品売買を現金ではなく、掛けで行います。ですから、売掛金と買掛金は試験で最も多く登場する勘定の1つといえます。

　売掛金と買掛金について、あらためてここで確認しておきましょう。

　売掛金とは、商品を販売したけれども、お金は後日もらうというものでした。あとでお金が入ってくるわけですから、資産の勘定になります。

　買掛金とは、商品を購入したけれども、お金は後日支払うというものでした。

　買掛金は、あとでお金を支払わなければならないので、負債の勘定になります。

取引先名で仕訳する意味

もっと詳しく!!

売掛金や買掛金は、俗っぽい言葉でいうところの「つけ」のことです。

　ただし、売掛金と買掛金については、取引先ごとの残高を明らかにしておく必要があります。売掛金であれば、「いつまでにいくらお金をください」という請求書を作成する必要があるし、買掛金であれば逆に、請求書を渡されるでしょうから、その金額に間違いがないか確認する必要があ

るからです。

　もしも、**仕訳帳**や**総勘定元帳**で**売掛金**勘定や**買掛金**勘定
のみで処理していると、取引先ごとの残高を明らかにする
ことができなくなってしまいます。そこで、登場したのが
人名勘定です。

取引先の名称を使う人名勘定

　人名勘定とは、**売掛金**勘定、**買掛金**勘定の代わりに、取
引先の名称を勘定名として用いるものです。

　人名勘定を使って仕訳をし、総勘定元帳に転記すること
によって、**取引先ごとの明細や残高を知ることができる**よ
うになります。具体的な流れを示すと、以下の①～③のよ
うになります。

①取引

・ラクダ株式会社に商品を80,000円で販売し、代金は
　掛けとした。

・ラクダ株式会社より、**売掛金**のうち50,000円を現金
　で回収した。

②仕訳

ラクダ株式会社	80,000	売　　　上	80,000
現　　金	50,000	ラクダ株式会社	50,000

③勘定

ラクダ株式会社			
売上	80,000	現金	50,000

　ラクダ株式会社勘定の残高は30,000円なので、この金
額をラクダ株式会社に請求してお金を支払ってもらうこと
になります。

ふーん。これなら誰
に売ったかとかが、
すぐわかるね！

簿記の流れは取引→
仕訳→勘定でしたね

第5章

STEP26　売掛金・買掛金と人名勘定

会社の名前で仕訳するって、なんだかおもしろいわね

それでは、実際に仕訳を行ってみましょう。

ケース・スタディー 38

カンガルー株式会社より商品40,000円を仕入れ、代金は掛けとした。人名勘定を用いて仕訳しなさい。

▼

解答・解説

　まず、商品を仕入れたのだから、**仕入**という費用が40,000円発生します。よって、借方は仕入40,000円となります。そして、その代金は掛けとしたので、買掛金という負債が40,000円増えています。

　ただし、ここでは**人名勘定**を用いて仕訳するので、<u>貸方は買掛金ではなく会社名である**カンガルー株式会社**40,000円となります。</u>

借方科目	金額	貸方科目	金額
仕　入	40,000	カンガルー株式会社	40,000

ココが大事

人名勘定のところでは、**人名勘定**を売掛金や買掛金の代わりではなく、売上や仕入の代わりに使うという間違いをする人が多いので、気をつけてください。もし迷ったら、**人名勘定**を用いる目的を思い出しましょう。

ケース・スタディー 39

シャチ株式会社に対する買掛金20,000円を小切手を振り出して支払った。人名勘定を用いて仕訳しなさい。

▼

解答・解説

　買掛金を支払ったので、**買掛金**という負債が20,000円減少します。

　しかし、ここでは**人名勘定**で仕訳するので、借方は**シャチ株式会社**20,000円となります。

　そして、代金は小切手を振り出しているので、**当座預金**という資産が20,000円減少します。したがって、

貸方は当座預金20,000円とします。

借方科目	金額	貸方科目	金額
シャチ株式会社	20,000	当座預金	20,000

STEP26の
おさらい
問題

次の取引を仕訳しなさい。なお、人名勘定を用いて仕訳しなさい。

❶イヌ株式会社は、サイ株式会社より商品150,000円を仕入れ、代金は掛けとした。
❷ヒグマ株式会社は、カモシカ株式会社に商品を200,000円で売却し、代金は掛けとした。

解答・解説

❶仕入という費用が150,000円発生します。そして、買掛金の代わりにサイ株式会社という人名勘定が150,000円増加します。

借方科目	金額	貸方科目	金額
仕　　入	150,000	サイ株式会社	150,000

❷売上という収益が200,000円発生します。そして、売掛金の代わりにカモシカ株式会社という人名勘定が200,000円増加します。

借方科目	金額	貸方科目	金額
カモシカ株式会社	200,000	売　　上	200,000

もっと 詳しく!!

「**人名勘定**で仕訳しなさい」という指示があれば、**人名勘定**で仕訳してください。そのような指示がなければ、通常通り、**売掛金**勘定、**買掛金**勘定で仕訳してください。

STEP 27 売掛金と買掛金の補助簿
—— 取引先の会社名の補助簿

「人名勘定」を使うと、便利そうですが、実は不都合なことが多いんです

本テーマでの ポイント

▶ 売掛金の補助簿は**得意先元帳**、
買掛金の補助簿は**仕入先元帳**

▶ 得意先元帳、仕入先元帳により、
取引先ごとの**残高**を明らかにする

え、じゃあ、どうすればいいのかな？

人名勘定で仕訳を行うことの欠点

人名勘定が多いと、総勘定元帳から試算表を作成する際も時間がかかってしまうものね

　前項で、**人名勘定**を用いて仕訳することによって、取引先ごとの残高を明らかにすることができると話しましたが、**人名勘定**を用いて仕訳することの欠点もあります。それは、**人名勘定**で仕訳し、**総勘定元帳**に転記することによって、**勘定科目数が膨大となり、事務作業に多大な手間がかかってしまう**ということです。会社の規模にもよりますが、仕入先、得意先が数百社という会社もたくさんあると思います。

　そのような会社が、**人名勘定**で仕訳すると、**総勘定元帳**のページも勘定科目の数だけ用意しなければなりませんし、その後、試算表を作成する際の集計作業も大変な手間がかかってしまいます。そのため、一般的には**人名勘定**を用いて仕訳することは少ないのが現実です。

取引先ごとの残高を明らかにする方法

　人名勘定を用いなければ、取引先ごとの残高を明らかにすることはできませんが、**人名勘定**を用いて仕訳すると、

事務作業が膨大となり非常に手間がかかってしまいます。

　では、どうすればよいのでしょうか？　答えは、仕訳から**総勘定元帳**へは、これまで通り売掛金勘定、買掛金勘定で行い、**人名勘定は売掛金勘定、買掛金勘定の補助簿である得意先元帳、仕入先元帳を用いればよい**のです。

　そうすることで、**総勘定元帳**の勘定科目数を減らすことができますし、取引先ごとの残高も明らかにすることができます。

●総勘定元帳

売掛金				
前月繰越	80,000	現　　金	20,000
売　　上	30,000		
売　　上	10,000		

内訳は

●得意先元帳

A株式会社		
前月繰越	40,000	
売　　上	30,000	

B株式会社			
前月繰越	30,000	現　　金	20,000

C株式会社		
前月繰越	10,000	
売　　上	10,000	

モっと 詳しく!!

得意先元帳の別名を**売掛金元帳（うりかけきんもとちょう）**といいます。また、**仕入先元帳**の別名を**買掛金元帳（かいかけきんもとちょう）**といいます。

ココ が大事

仕訳は売掛金勘定、買掛金勘定で、**人名勘定は得意先元帳、仕入先元帳**で用います。

こうすれば取引先ごとの残高もわかるし、総勘定元帳もすっきりするね

得意先元帳と仕入先元帳のしくみ

● **得意先元帳**

得意先元帳の正式なフォームは以下の通りです。

売掛金が増加あるいは減少した原因

増加、減少した金額を記入

残高が借方か貸方かを示す

得意先元帳
(タイガー株式会社)

○年		摘　　要	借　方	貸　方	借または貸	残　高
7	1	前月繰越	430,000		借	430,000
	13	売　　上	280,000		〃	710,000
	18	売　　上	210,000		〃	920,000
	22	返　　品		50,000	〃	870,000
	28	入　　金		450,000	〃	420,000
	31	次月繰越		420,000		
			920,000	920,000		
8	1	前月繰越	420,000		借	420,000

得意先元帳や仕入先元帳は、基本的なしくみはＴ字のフォームと同じです

　得意先元帳というタイトルの下にタイガー株式会社と書かれているので、これは**得意先のタイガー株式会社に対する売掛金を明らかにするための得意先元帳**ということがわかります。

　摘要欄には**売掛金**が増加あるいは減少した原因を書きます。借方欄、貸方欄には、増加、減少した金額を記入します。残高の手前の「借または貸」は残高が借方か貸方かを示します。締切作業は、商品有高帳（しょうひんありだかちょう）と同じように、残高を記入して借方と貸方の合計を一致させます。そして前月繰越まで記入します。

◉仕入先元帳

今度は**仕入先元帳**のフォームです。基本的に**得意先元帳**と同じしくみです。

買掛金が増加あるいは減少した原因

増加、減少した金額を記入

残高が借方か貸方かを示す

仕入先元帳
(ライオン株式会社)

○年		摘　　要	借　　方	貸　　方	借または貸	残　　高
10	1	前月繰越		380,000	貸	380,000
	11	仕　　入		270,000	〃	650,000
	15	返　　品	40,000		〃	610,000
	20	仕　　入		190,000	〃	800,000
	24	支　　払	410,000		〃	390,000
	31	次月繰越	390,000			
			840,000	840,000		
11	1	前月繰越		390,000	貸	390,000

実際に**得意先元帳**を作成してみましょう。

ケース・スタディー④

次の取引を得意先元帳（アシカ株式会社）に記入し、6月30日付で締め切りなさい。

6/1　アシカ株式会社に対する売掛金の前月繰越高は550,000円である。

6/12　アシカ株式会社へ商品210,000円を売上げ、代金は掛けとした。

6/19　アシカ株式会社より470,000円が売掛金の回収分として当座預金口座に振り込まれた。

6/23　12日に売上げた商品に、品違いがあり、10,000円分の商品が返品された。なお、返品額は売掛金から控除する。

6/28　アシカ株式会社へ商品160,000円を売上げ、代金は掛けとした。

💡*解法テクニック*

普通に仕訳して転記すればいいのですが、問題によっては取引先がたくさん出てくることがあります。そういう場合は、仕訳の際に、**売掛金**勘定や**買掛金**勘定の下に取引先名もメモ書き程度で書いておくと、転記しやすくなります。

第5章

STEP27 売掛金と買掛金の補助簿

171

得意先元帳
(アシカ株式会社)

○年	摘　要	借　方	貸　方	借または貸	残　高

普通に売掛金勘定を作っているのと、あまり変わりないわね

試験に出る!!

得意先元帳、仕入先元帳は第2問で出題されます。

解答・解説

〈6/1〉

前月繰越の550,000円を借方欄に記入し、残高欄にもっていき、借または貸欄に借と記入します。

〈6/12〉

商品を掛けで**売上**げたので、**売掛金**が210,000円増加します。金額を借方欄に記入し、直前の残高との合計額である760,000円を残高欄に記入します。

〈6/19〉

売掛金が回収されたので、**売掛金**が470,000円減少します。その金額を貸方欄に記入し、直前の残高から差し引いた額の290,000円を残高欄に記入します。

〈6/23〉

返品があったので、**売掛金**が10,000円減少します。その金額を貸方欄に記入し、直前の残高から差し引いた額の280,000円を残高欄に記入します。

〈6/28〉

　売掛金が160,000円増加します。また、直前の残高との合計額440,000円を残高欄に記入します。

〈6/30〉

　直前の残高である440,000円を貸方欄に記入し、借方欄と貸方欄の合計を一致させ締め切ります。その後、次月最初の日付で**前月繰越**と記入し、借方欄及び残高欄に前月末の残高である440,000円を記入し、借または貸欄に借と記入します。

得意先元帳
（アシカ株式会社）

○年		摘　　要	借　　方	貸　　方	借または貸	残　　高
6	1	前月繰越	550,000		借	550,000
	12	売　　上	210,000		〃	760,000
	19	入　　金		470,000	〃	290,000
	23	返　　品		10,000	〃	280,000
	28	売　　上	160,000		〃	440,000
	30	次月繰越		440,000		
			920,000	920,000		
7	1	前月繰越	440,000		借	440,000

STEP27の
**おさらい
問題**

次の取引を仕入先元帳（ラクダ株式会社）に記入し、9月30日付で締め切りなさい。

9/1　ラクダ株式会社に対する買掛金の前月繰越高は360,000円である。

9/7　ラクダ株式会社より商品260,000円を仕入れ、代金は掛けとした。

9/12　ラクダ株式会社へ買掛金の支払いのため300,000円を小切手を振り出して支払った。

9/23　7日に仕入れた商品に品違いがあり、50,000円分の商品を返品した。
　　　　なお、返品額は買掛金から控除する。

9/28　ラクダ株式会社より商品100,000円を仕入れ、代金は掛けとした。

《解答欄》

仕入先元帳
（ラクダ株式会社）

○年	摘　要	借　方	貸　方	借または貸	残　高

▼

解答・解説

　買掛金の増加は、仕入先元帳の貸方に記入し、買掛金の減少は、仕入先元帳の借方に記入します。締切まで行うこと、と指示があるので、次月最初の日付で、前月繰越まで記入します。

仕入先元帳
（ラクダ株式会社）

○年		摘　要	借　方	貸　方	借または貸	残　高
9	1	前月繰越		360,000	貸	360,000
	7	仕　入		260,000	〃	620,000
	12	支　払	300,000		〃	320,000
	23	返　品	50,000		〃	270,000
	28	仕　入		100,000	〃	370,000
	30	次月繰越	370,000			
			720,000	720,000		
10	1	前月繰越		370,000	貸	370,000

STEP
28

クレジット売掛金
——顧客がクレジットカードを利用した際の処理

キャッシュレス
時代に欠かせない
クレジットの
話です

本テーマでの ポイント

▶ クレジット売掛金はクレジット会社（信販会社）から将来もらえる金額である

▶ クレジット会社に対する手数料は
支払手数料（しはらいてすうりょう）として処理する

クレジット売掛金

　最近は、現金ではなくクレジットカードで買い物をする人も増えています。顧客がクレジットカードで買い物をすると、店舗側は商品は顧客に渡しますが、**お金はクレジット会社（信販会社）から後日入ってくる**ことになります。

　ただし、店舗はクレジット会社に対して手数料を支払う必要があるので、顧客に販売した金額よりも少ない金額しか手にすることができません。店舗と顧客とクレジット会社の関係を図で表すと、次のようになります。

ボクもクレジット
カード欲しいなぁ～

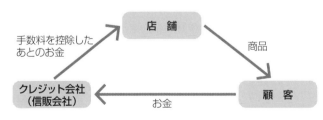

手数料を控除した
あとのお金

店 舗

商品

クレジット会社
（信販会社）

顧 客

お金

　例えば、商品を50,000円で販売し、代金はクレジット払いだったとします。またクレジット会社に対するクレジット手数料は2％とし、販売時に**認識**する場合、仕訳する

ココが大事

認識とは、いつ計上するかということです。

と以下のようになります。

クレジット売掛金	49,000	売	上	50,000
支 払 手 数 料	1,000			

その後、**クレジット売掛金**が当座預金口座に入金された場合は、以下のような仕訳になります。

当 座 預 金	49,000	クレジット売掛金	49,000

それでは、実際に仕訳してみましょう。

ケース・スタディー㊑

次の内容を仕訳しなさい。

❶商品70,000円をクレジット払いの条件で販売した。なお、信販会社へのクレジット手数料（販売代金の1％）を販売時に認識する。

❷信販会社より❶のクレジット売掛金が当座預金口座に入金された。

クレジットカードってこんなしくみになっているんだ…

ふむふむ

解答・解説

❶商品を70,000円で販売しているので、貸方に**売上**を計上します。そして代金はクレジット払いなので、販売代金の70,000円に1％を乗じた700円が信販会社に対する手数料となるので、これを**支払手数料**の借方に計上します。また、販売代金70,000円から信販会社に対する手数料700円を控除した69,300円を**クレジット売掛金**の借方に計上します。

借方科目	金額	貸方科目		金額
クレジット売掛金	69,300	売	上	70,000
支 払 手 数 料	700			

クレジット売掛金という勘定科目が出てくるのよね！

❷クレジット売掛金69,300円が当座預金口座に入金されたので69,300円**当座預金**が増加し、**クレジット売掛金**が減少します。よって当座預金の借方とクレジット売掛金の貸方に69,300円を計上します。

借方科目	金額	貸方科目	金額
当 座 預 金	69,300	クレジット売掛金	69,300

STEP28の **おさらい問題**

次の取引を仕訳しなさい。

❶商品80,000円をクレジット払いの条件で販売した。なお、信販会社へのクレジット手数料は販売代金の5％であり、販売時に認識する。
❷信販会社より❶のクレジット売掛金が普通預金口座に入金された。

解答・解説

❶販売代金の80,000円を売上に計上します。また販売代金80,000円に5％を乗じた4,000円を支払手数料に計上します。そして販売代金80,000円から支払手数料4,000円を控除した76,000円をクレジット売掛金に計上します。

借方科目	金額	貸方科目	金額
クレジット売掛金	76,000	売　　　上	80,000
支 払 手 数 料	4,000		

❷普通預金の借方とクレジット売掛金の貸方に76,000円を計上します。

借方科目	金額	貸方科目	金額
普 通 預 金	76,000	クレジット売掛金	76,000

STEP
29

貸倒引当金
―― 売掛金が回収できなくなった場合

本テーマでのポイント

そんなときに
使う仕訳です

商品を売っても
お金を払って
もらえなかったら…？

▶売掛金が回収できなくなった場合は、
貸倒損失(かしだおれそんしつ)として処理

▶将来の貸倒れに備えて、
貸倒引当金(かしだおれひきあてきん)を設定

売掛金が回収できなくなった！

試験に出る!!

貸倒引当金は、簿記3級の3大重要論点の1つです。ですから、試験で必ず出題されます。

　得意先の倒産などの理由により、**売掛金を回収することができなくなる**ことがあります。このようなケースのことを、**貸倒れ**(かしだお)といいます。

　貸倒れが生じた場合は、売掛金という資産がなくなってしまうわけですから、貸方に売掛金をもっていきます。そして、貸倒れが生じたということは、損をしたということになるので、費用項目である**貸倒損失**(かしだおれそんしつ)勘定で処理します。したがって、借方に**貸倒損失**をもってきます。例えば、50,000円の売掛金が貸倒れになった場合を仕訳すると、

| 貸倒損失 | 50,000 | 売 掛 金 | 50,000 |

となります。

貸倒れが発生したタイミングに注意！

　上記の仕訳は、当期に計上した売掛金が**貸倒れ**になった場合は問題ありませんが、当期に計上した売掛金が次期に

貸倒れになった場合には、ちょっと問題があります。

　なぜなら、売掛金が計上されるということは、同時に売上も計上されているので、売掛金が回収できなくなれば、同時に計上された売上も消滅してしまうことになります。そこで、**売上という収益を打ち消すために、貸倒損失という費用を計上**するのです。

　まずは当期に計上した売掛金が**貸倒れ**になった場合の利益計算を見てみましょう。

売掛金計上時（当期）			
売　掛　金	50,000	売　　上	50,000

貸倒れの発生（当期）			
貸倒損失	50,000	売　掛　金	50,000

◉利益計算
収益（売上）50,000円－
　費用（貸倒損失）50,000円＝利益0円

　しかし、売掛金の計上が当期で、**貸倒れ**の発生が次期の場合は、当期の売上という収益を打ち消すために計上される**貸倒損失**という費用は、次期に計上されることになります。すでに勉強したように、損益計算書というものは、毎年作成するものですから、このような処理をしてしまうと、売上を打ち消すことができなくなってしまうのです。

　それどころか、売上という収益は当期に計上され、**貸倒損失**という費用は次期に計上されるので、その分だけ利益が入り繰ってしまい、正しい利益の計算ができなくなってしまいます。この場合の利益計算も見てみましょう。

売掛金計上時（当期）			
売　掛　金	50,000	売　　上	50,000

売掛金が回収できなくなるなら利益は生じないもんね。だから売上を打ち消す必要があるのか

ふむふむ

ここからの説明が、とても大切なところです

簿記では毎年毎年の利益の計算がとても重要だったわね

貸倒れの発生（次期）			
貸倒損失	50,000	売　掛　金	50,000

●利益計算
当期：収益（売上）50,000円－
　　　費用（貸倒損失）0円＝利益50,000円
次期：収益（売上）0円－
　　　費用（貸倒損失）50,000円＝損失50,000円

貸倒引当金の計上で問題解決！

もっと 詳しく!!
貸倒引当金繰入は、**貸倒損失**を前倒しで計上したと思っておけばよいでしょう。

　上記のような問題を解決するための方法が、**貸倒引当金**の計上です。あらかじめ、当期に計上した売掛金が**貸倒れ**になりそうならば、**売上を打ち消すための費用を前倒しで計上**しておくのです。

　例えば、当期に計上した売掛金50,000円が、次期に**貸倒れ**の危険が高いと判断したとします。その場合、決算で、

貸倒引当金繰入	50,000	貸倒引当金	50,000

と仕訳します。借方の**貸倒引当金繰入**は費用の勘定です。貸方の**貸倒引当金**は、ちょっと特殊な勘定で、売掛金のマイナスを表しています。

もっと 詳しく!!
過年度において貸倒れ処理した売掛金が回収される場合、**償却債権取立益**という収益の勘定を用いて処理します。例えば、前期において売掛金50,000円を貸倒れ処理し、それが当期になって現金で回収できた場合の仕訳は以下の通りです。

現金 50,000　償却債権取立益 50,000

　貸倒引当金のように、何かのマイナスを表す勘定のことを**評価勘定**といいます。売掛金を直接減らさないで、**貸倒引当金**という売掛金のマイナスの勘定を使う理由は、この段階ではまだ実際に得意先が倒産したわけではないからです。

　当期の決算時にこのような仕訳をしておけば、次期になって、実際に**貸倒れ**が生じた際に、

貸倒引当金	50,000	売　掛　金	50,000

と仕訳することになります。その結果、

> 当期：収益（売上）50,000円－
> 　　　費用（貸倒引当金繰入）50,000円＝利益0円
> 次期：収益0円－費用0円＝0円

となり、当期に計上した売上という収益を、**貸倒引当金繰入**という費用によって、打ち消すことが可能になります。また、次期においても、収益、費用は動かないので、利益計算に影響を及ぼすことを防ぐことができます。

　それでは、実際に仕訳してみましょう。

ケース・スタディー 42

次の連続した取引を仕訳しなさい。

❶第1期末の売掛金残高1,000,000円に対して、<u>3％の貸倒引当金を設定する。</u>
❷第2期になって、売掛金10,000円が貸倒れとなった。
❸第2期末の売掛金残高1,200,000円に対して、3％の貸倒引当金を設定する。なお、貸倒引当金の設定方法は、差額補充法によること。
❹第3期になって、売掛金40,000円が貸倒れとなった。

解答・解説

❶売掛金残高1,000,000円に3％を乗じると30,000円となるので、借方は**貸倒引当金繰入**30,000円となり、貸方は**貸倒引当金**30,000円となります。

借方科目	金額	貸方科目	金額
貸倒引当金繰入	**30,000**	貸倒引当金	**30,000**

❷売掛金10,000円について貸倒れが生じているので、**売掛金**という資産が10,000円減少します。ですから、貸方は売掛金10,000円とします。また、ここでは**貸倒引当金**を設定しているので、借方は貸倒引当金10,000円とします。

もっと 詳しく!!

評価勘定は、3級の試験範囲では、**貸倒引当金**の他にもう1つあります。それは今後の章で登場します。

貸倒引当金ってすごいしくみね！　これで正しい利益の計算ができるのね

ココが大事

通常、**貸倒引当金**の設定は、期末の売掛金残高に対して、過去の貸倒れの発生率を乗じて計算します。これを、**貸倒実績率法**（かしだおれじっせきりつほう）といいます。なお、2級以上になると、他の方法も登場します。

借方科目	金額	貸方科目	金額
貸倒引当金	10,000	売 掛 金	10,000

❸売掛金残高1,200,000円に3％を乗じると36,000円になります。しかし、ここでは貸倒引当金が❶の30,000円から❷の10,000円を差し引いた20,000円が残高として残っているので、貸倒引当金を36,000円にするには、差額の16,000円だけを計上すればよいということになります。

このように、今回設定したい貸倒引当金の金額と、その時点における貸倒引当金の残高との差額を繰入れる方法を**差額補充法（さがくほじゅうほう）**といいます。よって、ここでは、借方は**貸倒引当金繰入**16,000円とし、貸方は**貸倒引当金**16,000円とします。

借方科目	金額	貸方科目	金額
貸倒引当金繰入	16,000	貸倒引当金	16,000

❹売掛金40,000円について貸倒れが生じ、**売掛金**という資産が40,000円減少するため、貸方は売掛金40,000円とします。この段階では貸倒引当金は36,000円しか設定していないので、減らすことのできる貸倒引当金は36,000円となります。ですから、借方は**貸倒引当金**36,000円とします。結果的に4,000円不足しますが、このような場合は致し方ないので、貸倒損失を用いて処理し、もう1つ借方に**貸倒損失**4,000円とします。

借方科目	金額	貸方科目	金額
貸倒引当金 貸倒損失	36,000 4,000	売 掛 金	40,000

解法テクニック

この問題は連続した取引なので、それぞれの仕訳が終わったつど**貸倒引当金**の残高を明らかにしておく必要があります。そして、その後の仕訳は、直前の**貸倒引当金**の残高を参考にして行ってください。

ちょっと難しいですが、貸倒引当金は試験でも実務でもとても大切なところです

試験に出る!!

貸倒引当金の論点は、難易度も3級で最も高いところだと思います。時間をかけてかまわないので、理解できるまで何度も復習してください。

次の取引を仕訳しなさい。なお、各取引は連続していないので、独立の取引として仕訳すること。

❶売掛金15,000円が貸倒れとなった。なお、貸倒引当金の設定は行っていない。

❷決算にあたり、売掛金期末残高2,000,000円に対して、3%の貸倒引当金を設定する。なお、貸倒引当金の期末残高は50,000円である。

❸売掛金80,000円が貸倒れになった。なお、貸倒引当金の残高は60,000円であった。

解答・解説

❶まず、売掛金という資産が15,000円減少します。そして、ここでは貸倒引当金の設定はないので、貸倒損失という費用が15,000円発生することになります。

借方科目	金額	貸方科目	金額
貸倒損失	15,000	売 掛 金	15,000

❷設定すべき貸倒引当金は、2,000,000円×3%で60,000円となります。それに対して、貸倒引当金の期末残高は50,000円なので、貸倒引当金を10,000円増やす必要があります。ですから、借方は貸倒引当金繰入を10,000円計上し、貸方は貸倒引当金を10,000円増加させます。

借方科目	金額	貸方科目	金額
貸倒引当金繰入	10,000	貸倒引当金	10,000

❸売掛金80,000円が貸倒れになったので、売掛金を80,000円減少させます。また貸倒引当金の勘定残高が60,000円あるので、それをなくすとともに、足りない20,000円については、貸倒損失として計上します。よって、借方は貸倒引当金60,000円と貸倒損失20,000円を計上し、貸方は売掛金80,000円を計上します。

借方科目	金額	貸方科目	金額
貸倒引当金 貸倒損失	60,000 20,000	売 掛 金	80,000

第5章

STEP29 貸倒引当金

簿記と監査の切っても切れないカンケイ

業績を表す貸借対照表と損益計算書

大きな会社は、簿記の最終目的である貸借対照表と損益計算書を作るだけでなく、世の中に公表する義務があります。その理由は、会社の多くの利害関係者に、「いま」の会社の状況を伝える必要があるからです。

会社がうまくいっているときは、株価も上がるし、銀行からもお金を借りやすくなりますが、業績が悪くなると、株価は下がり、銀行もお金を貸してくれなくなります。さらに、株主から経営責任が問われ、取引先の目も厳しくなってくるでしょう。結果として経営者は非常に厳しい立場に追い込まれることになります。

そのため、会社の業績が悪くなった場合、経営者の中にはウソの貸借対照表・損益計算書を作ってしまうことがあります。このことを粉飾決算といい、上場企業で粉飾決算が発覚したこともありました。

粉飾決算を防ぐ会計士

粉飾決算を防ぐためにも、貸借対照表や損益計算書は、独立した第三者がチェックする必要が生じます。その仕事を行うのが、公認会計士です。公認会計士が、会社の作った貸借対照表、損益計算書にウソがないかどうか、インチキが行われていないか調べることを「監査」といいます。監査によって、会社の貸借対照表、損益計算書に適正である旨の保証が与えられることになるのです。

貸借対照表、損益計算書が重要なものであるがゆえに、このような入念な体制がとられているわけです。

上の資格を目指そう！

会計の職業的専門家には、公認会計士の他に税理士もいます。しかし、税理士が、貸借対照表、損益計算書を監査することは、法律上、認められていません。税理士の行う仕事は、会社の代わりに税務申告を行うことです。

日商簿記の3級、2級、1級の上に位置する試験が、税理士試験であり、公認会計士試験となります。いずれの試験も、とても難易度が高いことで有名ですが、せっかく簿記の勉強をはじめたのであれば、高い志をもって、税理士や公認会計士を目指してみてはいかがですか？

第6章

手 形

手形は、近年実務上での利用は減ってきていますが、重要な論点であることには変わりはないので、しっかりと学習しましょう

STEP 30 約束手形
——手形の基本を学ぶ

本テーマでの ポイント

手形って
手の形のこと？

▶ **手形**には、
法律上の分類と簿記上の分類がある

▶ **約束手形**は、
登場人物が２人出てくる手形

くまたろ君、ほら、
まじめにやらないと

手形の分類

もっと 詳しく!!
手形には、手形法という
法律が存在します。

為替手形は実務では
ほぼ使われないた
め、簿記３級の試験
では出題されません

手形とは、**手形**を振り出した人、**手形**を受け取る人、や
り取りされる金額、期日などが書かれた紙片（紙切れ）の
ことであり、商品売買などの代金のやり取りの際に用いら
れます。**手形**は、法律上、**約束手形**と為替手形に分類する
ことができ、簿記３級では**約束手形**を学びます。また、簿
記上は、**受取手形**と**支払手形**に分類します。

**受取手形とは、手形に書かれている金額をもらうことが
できる権利**のことです。**手形**を換金すればお金が入ってく
るので、資産の勘定となります。

一方、**支払手形は、手形に書かれている金額を支払わな
ければならない義務**を表しています。つまり、お金を支払
うことになるので、負債の勘定となります。

約束手形のしくみ

約束手形は、当事者が２人登場する**手形**です。**手形**を振
り出す人と手形をもらう人、あるいは**手形**に書かれている

金額を支払う人と**手形**に書かれている金額をもらう人です。

　約束手形では、**手形を作成し振り出した人がお金を支払い、手形を受け取った人がお金をもらうことができます**。お金のやり取りは、**手形**に書かれた期日に行います。

手形の利点

　手形をやり取りすることの利点についても、お話ししておきます。もしかすると、**手形**をやり取りしても、どうせお金をもらうことができるのは先なのだから、わざわざ**手形**を振り出さなくても、売掛金、買掛金のままでいいのではないかと思われるかもしれません。

　たしかに、お金のやり取りは、期日が来なければ行われませんが、**手形を受け取った人は、期日前にその手形を銀行に持って行ってお金に換えてもらったり、商品代金の支払いとして使うこともできます**。通常、売掛金のままでは、そのようなことはできませんからね。すなわち、**手形を用いることによって、資金繰りをよくすることができる**という利点があげられます。

　それでは、実際に仕訳を行ってみましょう。

ケース・スタディー43

フラミンゴ株式会社は、キジバト株式会社より商品70,000円を仕入れ、代金は約束手形を振り出して支払った。両社の仕訳をすること。

▼

解答・解説

●**フラミンゴ株式会社**

　まず、商品を70,000円仕入れたのだから、**仕入**と

もっと詳しく!!

期日前にその手形を銀行に持っていってお金に換えてもらうことを手形の**割引**といいます。また、商品代金の支払として他社に渡すことを手形の**裏書**といいます。いずれも2級で学習します。

用語解説

資金繰り

お金のやり繰りの状況のこと。「資金繰りが苦しい」とよくいうが、それは「お金のやり繰りが苦しい」ということである。

ちょっと一息

2021年、経済産業省の検討会は、約束手形を2026年で廃止することを提言。約束手形の代替手段として、電子手形を用いる方針です。

いう費用が70,000円発生します。よって、借方は仕入70,000円となります。

その代金は約束手形を振り出して支払ったので、**支払手形**という負債が70,000円増加します。ですから、貸方は支払手形70,000円とします。

借方科目	金額	貸方科目	金額
仕　　入	70,000	支払手形	70,000

●キジバト株式会社

商品を70,000円で売ったのだから、**売上**という収益が70,000円発生します。よって、貸方は売上70,000円となります。

代金はフラミンゴ株式会社振出しの約束手形で受け取ったので、**受取手形**という資産が70,000円増加、よって借方は受取手形70,000円とします。

借方科目	金額	貸方科目	金額
受取手形	70,000	売　　上	70,000

ここが大事

約束手形は、手形を振り出した人が支払人、手形を受け取った人が受取人となります。

ケース・スタディー44

フラミンゴ株式会社はキジバト株式会社に対して、以前振り出した約束手形70,000円の期日が到来したので、当座預金口座を通じて支払った。両社の仕訳をしなさい。

▼

解答・解説

●フラミンゴ株式会社

手形代金を支払ったので、**支払手形**という負債が70,000円減少します。よって、借方は支払手形70,000円とします。

代金は当座預金口座から支払ったので、**当座預金**という資産が70,000円減少します。ですから、貸方は

もっと詳しく!!

手形代金の決済は、簿記の試験での問題上は**現金**などで行われることもあります。しかし、実務上は一般的に決済を銀行に依頼して、**当座預金**にて行うことが多いです。

当座預金70,000円とします。

借方科目	金額	貸方科目	金額
支払手形	70,000	当座預金	70,000

◉キジバト株式会社

手形代金を受け取ったので、**受取手形**という資産が70,000円減少します。よって貸方は、受取手形70,000円とします。代金は当座預金口座に入金されているので、**当座預金**という資産が70,000円増加します。よって、借方は当座預金70,000円とします。

借方科目	金額	貸方科目	金額
当座預金	70,000	受取手形	70,000

もっと詳しく!!

期日に支払人がお金を支払ってくれない場合があります。これを手形の不渡りといいます。手形の不渡りについては2級で勉強します。

STEP30の **おさらい問題**

次の取引を仕訳しなさい。

❶コアラ株式会社は、カンガルー株式会社より商品80,000円を仕入れ、代金は約束手形を振り出して支払った。

❷シロサギ株式会社はオオタカ株式会社に商品を60,000円で販売し、代金はオオタカ株式会社振出しの約束手形で受け取った。

解答・解説

❶仕入という費用が80,000円発生します。そして、支払手形という負債が80,000円増加します。

借方科目	金額	貸方科目	金額
仕　　入	80,000	支払手形	80,000

❷売上という収益が60,000円発生します。そして、受取手形という資産が60,000円増加します。

借方科目	金額	貸方科目	金額
受取手形	60,000	売　　上	60,000

STEP 31 手形貸付金と手形借入金
——手形でお金の貸し借りを行う

お金の貸し借り
のときに手形を使う
場合の仕訳の
お話です

本テーマでの ポイント

商品の売買だけじゃなく、
お金の貸し借りに使える
ってことね

▶ **商取引**と**金融取引**は明確に区別

▶ 手形を振り出してお金を借り入れたら
手形借入金（てがたかりいれきん）、手形を受け取って
お金を貸し付けたら**手形貸付金（てがたかしつけきん）**で処理

商取引と金融取引

商品売買であるか否
かで、簿記では処理
が大きく異なってく
るので注意してくだ
さい！

　これまでの手形の話は、商取引（てがた）を前提にしたものでした。**商取引**とは、商品売買取引のことで、商品売買時に手形を振り出したとか、掛代金（かけだいきん）を支払うために手形を振り出したというような場合が、**商取引**に該当します。

　しかし、**手形は商取引だけでなく金融取引にも用いられる**ことがあります。**金融取引**とは、お金の貸し借りのことと思ってもらえればいいです。つまり、お金を借りた際に手形を振り出したりとか、逆にお金を貸した際に手形を受け取ったりする場合が当てはまります。

お金の貸し借りでの手形のやり取り

試験に出る!!

手形貸付金、手形借入
金は第1問の仕訳問題
で出題されることが多
いです。

　通常、お金の貸し借りを行う際は、借り手側が借用証書という借金の証明書を作って、貸し手側に渡します。借用証書には、誰が誰に対していくらのお金をいつまでに返すか、ということが書かれています。

　しかし、手形にも誰が誰に対していくらのお金をいつま

でに支払うか、ということが書かれています。そのため、**手形は借用証書の代わりになり得る**のです。

　そこで、**手形を用いてお金の貸し借りを行うのが、手形貸付金であり、手形借入金です**。借用証書の作成は、多少手間がかかったりするので、いつも用いている手形のほうがやりやすいという事情もあって、手形が借用証書の代わりに用いられることがあるのです。

借用証書って、大変そうっていうイメージがあるわ

手形貸付金、手形借入金の処理方法

　借用証書の代わりに手形を振り出して、お金を借り入れた場合は、通常の**商取引**で用いる手形と区別するために、**手形借入金**という負債の勘定で処理します。また、**手形借入金**の実態はお金の借入なので、**手形借入金**の代わりに、ふつうの**借入金**勘定で処理することもできます。

　ただし、手形を振り出しているからといって、**支払手形**勘定を用いることはできません。簿記では、**商取引**と金融取引を明確に分けて処理するので、**商取引時に使用する支払手形勘定は、お金を借り入れた際には使うことはできない**のです。

　一方、お金を貸した際に、借用証書の代わりに手形を受け取った場合は、通常の**商取引**で用いる手形と区別するために、**手形貸付金**という資産の勘定で処理します。

　この場合も、ただの**貸付金**で仕訳することは可能ですが、**受取手形**を用いることはできません。

　それでは、実際に仕訳を行ってみましょう。

へぇ〜、商取引と金融取引の違いで、勘定科目も違ってくるんだなぁ〜

ふむふむ

間違って受取手形とか支払手形を使ってしまいそう

シマウマ株式会社は、ヒヨドリ株式会社より約束手形を振り出して1,000,000円を現金で借り入れた。両社の仕訳を行いなさい。

解答・解説

●シマウマ株式会社

手形を振り出してお金の借入を行っているので、**手形借入金**という負債が1,000,000円増加します。ですから、貸方は手形借入金1,000,000円とします。借り入れたお金は現金で受け取っているので、**現金**という資産が1,000,000円増加します。よって、借方は現金1,000,000円とします。

借方科目	金額	貸方科目	金額
現　　金	1,000,000	手形借入金	1,000,000

●ヒヨドリ株式会社

手形を受け取ってお金を貸し付けたので、**手形貸付金**という資産が1,000,000円増加します。ですから、借方は手形貸付金1,000,000円とします。そして、現金にて貸し付けているので、**現金**という資産が1,000,000円減少します。なので、貸方は現金1,000,000円とします。

借方科目	金額	貸方科目	金額
手形貸付金	1,000,000	現　　金	1,000,000

用語を丸暗記するだけでなく、しっかりと理屈を考えるようにしましょうね

手形借入金は借入金、手形貸付金は貸付金でもいいのね

次の取引を仕訳しなさい。

ラクダ株式会社は、リス株式会社に対する1年前の手形貸付金500,000円について、現金にて返済を受けた。その際、1年分の利息10,000円も現金で受け取った。両社の仕訳を行いなさい。

解答・解説

●ラクダ株式会社

手形貸付金という資産が500,000円減少します。また、受取利息という収益が10,000円発生します。そして、現金という資産が510,000円増加します。

借方科目	金額	貸方科目	金額
現　金	510,000	手形貸付金 受取利息	500,000 10,000

●リス株式会社

手形借入金という負債が500,000円減少します。また、支払利息という費用が10,000円発生します。そして、現金という資産が510,000円減少します。

借方科目	金額	貸方科目	金額
手形借入金 支払利息	500,000 10,000	現　金	510,000

お金の貸し借りなので、利息も発生するのね

難易度B

STEP
32
手形の補助簿
—— 手形の明細を明らかにする

手形には、
受取手形と
支払手形が
ありましたね

本テーマでの ポイント

▶ **手形の補助簿は受取手形記入帳と支払手形記入帳の2つ**

▶ **手形代金を受け取る権利が生じた場合は受取手形記入帳、手形代金を支払う義務が生じた場合は支払手形記入帳に記入**

手形の補助簿の種類

手形にも補助簿があるのね

　　　手形の補助簿は、受取手形の明細を記入する受取手形記入帳と、**支払手形の明細を記入する支払手形記入帳**があります。

　　　受取手形記入帳は、手形を受け取ったときに手形に書かれている金額をもらうことができる権利が発生するので、その段階で記入します。

　　　支払手形記入帳は、手形に書かれている金額を支払わなければならない義務が発生したときに記入します。

　　　約束手形の場合は、手形を振り出したときに支払義務が生じるので、その段階で**支払手形記入帳**に記入すればいいです。

受取手形記入帳のしくみ

　　　受取手形記入帳のフォームは次の通りです。

受取手形記入帳

○年		手形種類	手形番号	摘要	支払人	振出人または裏書人	振出日		満期日		支払場所	手形金額	てん末		
							月	日	月	日			月	日	摘要
9	2	約束手形	15	売　上	リス株式会社	リス株式会社	9	2	10	31	サイ銀行	200,000	10	31	当座入金
	16	約束手形	13	売掛金	イヌ株式会社	イヌ株式会社	9	16	11	16	キジ銀行	300,000			

（図中の吹き出し）
- 取引の内容等（仕訳の相手勘定科目）
- 手形の最終的な処理

　左からさまざまな項目を記入していきますが、簿記の試験において重要な項目をあげると、日付、摘要、手形金額、てん末などがあります。

　受取手形記入帳に記入された内容を仕訳すると、まず、**受取手形記入帳**に記入されるということは、手形金額をもらうことができる権利が生じたことになるので、**借方は必ず受取手形**となります。そして、**貸方は摘要欄に相手勘定科目が書かれているので、それをもってくればよい**のです。仕訳の日付は日付欄を見ればわかりますし、仕訳の金額は金額欄を見ればわかります。

　てん末欄の内容を仕訳することもあります。てん末欄とは、その手形が最終的にどうなったかを記入する欄です。受取手形の場合ですと、満期まで保有していて最終的に入金されたことなどが記入されます。

ココが大事

受取手形記入帳に記入されたら、必ず借方は**受取手形**となります。また、てん末に記入された内容は、必ず貸方が**受取手形**となります。

もっと詳しく!!

試験では、**手形記入帳を**作成する問題ではなく、**手形記入帳**に書かれた内容を仕訳する問題が出題されています。

支払手形記入帳のしくみ

　支払手形記入帳のフォームは次のページのようなものになります。

　支払手形記入帳のしくみも、基本的に**受取手形記入帳**と同様です。

第6章

STEP32　手形の補助簿

支払手形記入帳

取引の内容等
（仕訳の相手勘定科目）

手形の最終的
な処理

○年		手形種類	手形番号	摘要	受取人	振出人	振出日		満期日		支払場所	手形金額	てん末		
							月	日	月	日			月	日	摘要
9	4	約束手形	12	仕　入	サル株式会社	当　社	9	4	10	26	クマ銀行	650,000	10	26	当座支払
	9	約束手形	22	買掛金	ハト株式会社	当　社	9	9	11	20	〃	380,000			

それでは、実際に**手形記入帳**に記入された内容を仕訳してみましょう。

ケース・スタディー46

先ほどの受取手形記入帳の以下の日付の仕訳を行いなさい。

❶9月2日
❷9月16日
❸10月31日

ちょっと一息

受取手形記入帳に記入するのは手形を受け取った場合です。支払手形記入帳に記入するのは約束手形を振り出したときです。

解答・解説

❶9月2日

受取手形記入帳に記入されているので、**受取手形**という資産が200,000円増加します。ですから、借方は受取手形200,000円とします。そして、摘要欄より相手勘定科目は売上とわかるので、**売上**という収益が200,000円発生します。よって、貸方は売上200,000円とします。

借方科目	金額	貸方科目	金額
受取手形	200,000	売　　上	200,000

❷9月16日

受取手形記入帳に記入されているので、**受取手形**という資産が300,000円増加します。ですから、借方は受取手形300,000円とします。そして、摘要欄より相手勘定科目は売掛金とわかるので、**売掛金**という

196

資産が300,000円減少します。よって、貸方は売掛金300,000円とします。

借方科目	金額	貸方科目	金額
受取手形	300,000	売 掛 金	300,000

❸10月31日

満期日に手形金額を回収しているので、まず、**受取手形**という資産が200,000円減少します。ですから、貸方は受取手形200,000円とします。そして、てん末欄に当座入金とあるので、**当座預金**という資産が200,000円増加します。よって、借方は当座預金200,000円とします。

借方科目	金額	貸方科目	金額
当座預金	200,000	受取手形	200,000

手形記入帳を作成するのは大変そうだけど、記入された内容を仕訳するのは慣れたら簡単ね

STEP32の **おさらい問題**

先ほどの支払手形記入帳の以下の日付の仕訳を行いなさい。

❶9月4日
❷9月9日
❸10月26日

▼

〔 解答・解説 〕

❶9月4日

支払手形という負債が650,000円増加します。そして、仕入という費用が650,000円発生します。

借方科目	金額	貸方科目	金額
仕 　 入	650,000	支払手形	650,000

❷9月9日

支払手形という負債が380,000円増加します。そして、買掛金という負債

が380,000円減少します。

借方科目	金額	貸方科目	金額
買 掛 金	380,000	支払手形	380,000

❸10月26日

　支払手形という負債が650,000円減少します。そして、当座預金という資産が650,000円減少します。

借方科目	金額	貸方科目	金額
支払手形	650,000	当座預金	650,000

**解法テクニック**

支払手形記入帳に記入されたら、必ず貸方は**支払手形**となります。また、てん末に記入された内容は、必ず借方が**支払手形**となります。

支払手形記入帳は、ほとんど受取手形記入帳と同じだなぁ

STEP 33 電子記録債権・電子記録債務
―― 売掛金などを電子記録して債権の分割や譲渡を可能にする

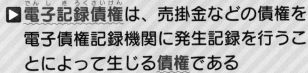

本テーマでの ポイント

▶ **電子記録債権**は、売掛金などの債権を電子債権記録機関に発生記録を行うことによって生じる債権である

▶ **電子記録債権・電子記録債務**は銀行口座を通して決済される

へぇ～、新しい債権なんだ～

何でも電子化の時代だから、当然の流れかもしれないわね！

電子記録債権・電子記録債務とは？

電子記録債権・電子記録債務は、2008年から導入された債権・債務です。**電子記録債権・電子記録債務**では、商品売買の結果生じた売掛金等の債権を、国から認可を受けた電子債権記録機関に登録することによって、債権を分割したり譲渡したりすることが可能となります。その他にも、**印紙税の負担を回避できたり**、**紛失や盗難のリスクをなくしたりできる**ので、手形に変わる決済手段として、大企業だけでなく中小企業でも急速に普及しています。

債権・債務の電子化

メリットはこのへんね

- 作成、保管のコスト減
- 紛失のリスク無
- 手形の分割可

もっと 詳しく!!

電子債権記録機関には、メガバンク3行がそれぞれ行っているものと、全国銀行協会が行っているもの等があります。全国銀行協会が行っている機関は、通称「でんさいネット」といい、日本全国の金融機関が参加しています。

もっと 詳しく!!

一般的に、**手形や小切手**などを発行する際には、**印紙税**の納付（額面金額に応じた所定の税額の印紙をはり、消印する）をしなければなりません。

電子記録債権・電子記録債務のしくみ

電子記録債権・電子記録債務では、まず債権者あるいは債務者が電子債権記録機関に発生記録の請求を行うことによって、**電子記録債権・電子記録債務**が発生します。

なお、債務者側が発生記録の請求を行う場合を債務者請求方式といい、債権者側が発生記録の請求を行う場合を債権者請求方式といいます。債権者請求方式の場合については、**一定期日以内に債務者の承諾を得る必要がある**と定められています。

支払期日が到来したら、債務者は金融機関から債権者の口座に振込みを行い、その結果、**電子記録債権・電子記録債務**がなくなります。

例えば、売掛金50,000円について、得意先の承諾を得て発生記録の請求を行い、**電子記録債権**が生じた場合、以下のように**電子記録債権**勘定を使って仕訳します。

電子記録債権	50,000	売 掛 金	50,000

その後、支払期日が到来し、当座預金口座に上記の**電子記録債権**の代金が振り込まれた場合、以下のように仕訳します。

当 座 預 金	50,000	電子記録債権	50,000

それでは、実際に仕訳を行ってみましょう。

どちらの方式でも仕訳が変わるわけではないので、そんなに意識しなくてもよいでしょう

債権者や債務者ってどう違うんだっけ？

債権者はお金をもらうことのできる人で、債務者はお金を支払わなければならない人のことよね

電子記録債権・債務の制度は、主に中小企業の資金調達の円滑化をはかる目的でつくられました

次の取引を仕訳しなさい。

❶ネズミ株式会社は、ウシ株式会社に対する買掛金150,000円の支払いを電子債権記録機関で行うため、取引銀行を通して債務の発生記録を行った。

❷❶について、ウシ株式会社は取引銀行より通知を受けた。

❸ウシ株式会社は、電子債権記録機関に発生記録した債権150,000円の支払期日が到来し、その代金が普通預金口座に振り込まれた。

❹ネズミ株式会社は、電子債権記録機関に発生記録した債務150,000円の支払期日が到来したので、当座預金口座からその代金が引き落とされた。

電子記録債権は受取手形、電子記録債務は支払手形と同じイメージね！

▼

解答・解説

❶買掛金150,000円を電子債権記録機関に発生記録したので、**買掛金**が減少し、**電子記録債務**が増加します。

借方科目	金額	貸方科目	金額
買　掛　金	150,000	電子記録債務	150,000

❷売掛金150,000円が電子債権記録機関に発生記録されたので、**売掛金**が減少し、**電子記録債権**が増加します。

借方科目	金額	貸方科目	金額
電子記録債権	150,000	売　掛　金	150,000

❸電子記録債権150,000円が普通預金口座に振り込まれたので、**普通預金**が増加し、**電子記録債権**が減少します。

借方科目	金額	貸方科目	金額
普　通　預　金	150,000	電子記録債権	150,000

❹電子記録債務150,000円が当座預金口座から引き落とされたので、**電子記録債務**と**当座預金**が減少します。

じゃあ、手形と同じように考えればいいんだなぁ〜！

できましたか？内容的にはそれほど難しくはないはずですよ

借方科目	金額	貸方科目	金額
電子記録債務	150,000	当 座 預 金	150,000

次の取引を仕訳しなさい。

❶ウマ株式会社は、ヒツジ株式会社に対する買掛金120,000円の支払いを電子債権記録機関で行うため、取引銀行を通して電子記録債務の発生記録を行った。
❷ヘビ株式会社に、電子記録債権80,000円が当座預金口座に振り込まれた。

解答・解説

❶買掛金120,000円が減少し、電子記録債務が120,000円増加します。

借方科目	金額	貸方科目	金額
買 　 掛 　 金	120,000	電子記録債務	120,000

❷電子記録債権80,000円が減少し、当座預金80,000円が増加します。

借方科目	金額	貸方科目	金額
当 座 預 金	80,000	電子記録債権	80,000

第 7 章

建物・備品

減価償却……なんとも
ムズカシイ言葉ですが
決して気後れしないでください。
身近なものでも価値が目減りしていきますよね。
結局は、そういったことなのです

難易度C

STEP 34

有形固定資産
——建物や備品の処理

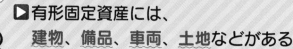

本テーマでの ポイント

▶ **有形固定資産**とは、使用することを
目的に購入するものである

▶ **有形固定資産**には、
建物、備品、車両、土地などがある

「有形固定資産」
には車も入るの
ね

家も
有形固定資産
なのかぁ～

有形固定資産の種類

もっと 詳しく!!

有形固定資産は固定資産
の１つです。**固定資産**に
はさらに、無形固定資産
や投資その他の資産があ
りますが、それらは２級
で勉強します。

　建物や備品は、売ればお金になるので資産ですが、資産
の中でも特に**有形固定資産**といいます。**有形固定資産**は、
売ることを目的として購入するものではなく、**会社で使用
することを目的として購入**するもののことです。

　なお、３級で学ぶ**有形固定資産**には、建物や備品の他に
も車両や土地などがあります。

有形固定資産の購入時の費用

もっと 詳しく!!

商品を購入した際に発生
する費用を**仕入諸掛**とい
い、**有形固定資産**を購入
した際に発生する費用を
付随費用といいますが、
内容的には同じです。

　建物や備品を購入した際は、資産が増加するわけですか
ら、借方に計上します。**有形固定資産を購入した際に発生
する費用を付随費用といい、有形固定資産の取得原価に加
えます。**

　有形固定資産の**付随費用**の具体例には、建物や土地を購
入した際に不動産屋に支払う仲介手数料、運送業者に支払
う引取運賃、備品などを使用する場所に設置するための据
付費、車両の登録手数料、土地を使用するにあたり、きれ

いに整えるための整地費用などがあります。種類はいろいろありますが、すべて付随費用ですから、**有形固定資産**に含めて処理します。

有形固定資産の売却時

　有形固定資産を売却した際は、資産が減少するわけですから、貸方に計上します。売却して現金が入ってきたのであれば、それを借方に計上します。そして、借方に計上した売却金額と貸方に計上した**有形固定資産**の金額との差額で、<u>売却損益</u>をもとめることになります。

　ただし、後述する<u>減価償却</u>を行っている場合は、少し異なりますので注意してください。

購入したときは
「借方」に、
売却したときは
「貸方」に
計上してね

それでは、実際に仕訳を行ってみましょう。

ケース・スタディー48

備品を購入し、代金530,000円と引取運賃40,000円を小切手を振り出して支払った。この取引を仕訳しなさい。

もっと詳しく!!

固定資産に対比する概念として、**流動資産**というものがあります。**流動資産**は、現金そのものや1年以内に現金化されるものなどのことです。詳しくは2級や1級で勉強します。

資産にもいろんな種類があるのね

試験に出る!!

有形固定資産の購入の問題が出題されるときは、付随費用の話も一緒に問われることがほとんどです。

解答・解説

　備品そのものの金額は530,000円ですが、引取運賃40,000円は付随費用なので備品に含めます。そのため、**備品**という資産が合計570,000円増加しますので、借方は備品570,000円とします。備品そのものの金額も引取運賃も小切手を振り出して支払っているので、**当座預金**という資産が570,000円減少します。よって、貸方は当座預金570,000円とします。

借方科目	金額	貸方科目	金額
備　　　品	570,000	当 座 預 金	570,000

ケース・スタディー**49**

帳簿価額380,000円の土地を、400,000円で売却し、代金は現金で受け取った。この取引の仕訳をしなさい。

▼

解答・解説

　土地という資産が380,000円減少しますので、貸方は土地380,000円とします。また**現金**という資産が400,000円増加します。よって、借方は現金400,000円とします。

　そして、売却金額の400,000円から土地の380,000円を差し引いて20,000円だけ**固定資産売却益**という収益が発生しますので、もう1つ貸方に固定資産売却益20,000円とします。

借方科目	金額	貸方科目	金額
現　　　金	400,000	土　　　地	380,000
		固定資産売却益	20,000

もっと 詳しく!!

固定資産売却益勘定は、**土地売却益**勘定でもかまいません。試験の問題に使用する勘定科目の指示がある場合は、それにしたがってください。

次の連続した取引を仕訳しなさい。

❶土地5,000㎡を1㎡あたり2,000円で購入し、代金は仲介手数料、整地費用など800,000円とともに小切手を振り出して支払った。

❷上記、土地のうち1,000㎡を1㎡あたり2,100円で売却し、代金は小切手で受け取った。

解答・解説

❶土地そのものの金額10,000,000円（5,000㎡×2,000円）と、付随費用800,000円を合計して10,800,000円だけ土地という資産が増加します。そして、当座預金という資産が10,800,000円減少します。

借方科目	金額	貸方科目	金額
土　　　地	10,800,000	当 座 預 金	10,800,000

❷付随費用を加えたので、土地は1㎡あたり2,160円（10,800,000円÷5,000㎡)になっています。そのため、土地という資産が2,160,000円（1,000㎡×2,160円）減少します。

また、現金という資産が2,100,000円（1,000㎡×2,100円）増加します。その結果、60,000円（2,160,000円－2,100,000円）だけ、固定資産売却損が発生します。

借方科目	金額	貸方科目	金額
現　　　金	2,100,000	土　　　地	2,160,000
固定資産売却損	60,000		

もっと詳しく!!

❶で土地そのものの金額に付随費用を加えたので、帳簿上は5,000㎡の土地が10,800,000円となっているのです。ですから、10,800,000円を5,000㎡で割ることによって、1㎡が2,160円となります。

難易度C

STEP 35 資本的支出と収益的支出
──有形固定資産購入後に支出が行われたら…

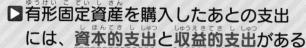

本テーマでの **ポイント**

建物をリフォーム
した場合などの
仕訳です

▶ 有形固定資産を購入したあとの支出
には、**資本的支出**と**収益的支出**がある

▶ 帳簿上、資本的支出は有形固定資産を増
加し、収益的支出は**修繕費**を計上する

車の故障を
直したときも
仕訳するのか〜!

有形固定資産購入後の支出

　　　　有形固定資産を購入したあとも、その**有形固定資産**のた
めにお金を支出することがあります。例えば、建物が古く
なったのでリフォームするようなケースです。

　　このような支出についても、何らかの仕訳を行う必要が
ありますが、すべて同じように行うわけではありません。
支出した内容により、**資本的支出**と**収益的支出**に分かれ、
それぞれの内容に応じた仕訳をすることになります。

有形固定資産の価値を増やす「資本的支出」

もっと 詳しく!!

建物を使用する年数が増
えるということは、結局
のところ、価値が増加す
るということです。

　　資本的支出とは、**有形固定資産**に対して支出を行うこと
で、**有形固定資産の価値が増加するとか使用年数が延びる
場合の支出**です。建物のリフォームなどは、通常、資本的
支出に該当することになります。

　　資本的支出の場合、**有形固定資産**の価値が増えるわけで
すから、帳簿上も増加させることになります。例えば、建
物に対し現金1,000,000円を支出しリフォームを行った

結果、価値が増加したという取引を仕訳すると次のように
なります。

建　物	1,000,000	現　金	1,000,000

費用として計上する「収益的支出」

収益的支出とは、**現状維持とか原状回復のために、有形
固定資産に対して支出を行うこと**です。具体的には、建物
の窓ガラスが割れたので元通りにするために現金を支出し
たケースなどです。**収益的支出**の場合、現金を支出しても
当該**有形固定資産**の価値は増加しないので、帳簿上で**有形
固定資産**を増加させずに、**費用項目である修繕費として計
上します**。例えば、窓ガラスが割れたので、元に戻すため
に現金50,000円を支出したという取引を仕訳すると次のよ
うになります。

修 繕 費	50,000	現　金	50,000

それでは、実際に仕訳してみましょう。

ケース・スタディー50

15年前に購入した建物に対して現金3,000,000
円を支払ってリフォームを施したところ、使える
年数が5年延びた。この取引を仕訳しなさい。

▼

解答・解説

　この支出は**資本的支出**なので、**建物**という資産が
3,000,000円増加します。ですから、借方は建物
3,000,000円とします。代金は現金を支払っている

ココが大事

価値の増加や使用年数の
延長は、**帳簿価額**を増加
させます。現状維持や原
状回復は、**修繕費**として
費用計上します。

割れた窓ガラスを元
通りにしても、有形
固定資産の価値は変
わらないもんなぁ～

ふむふむ

もっと詳しく!!

　2級や1級では、支出し
た金額を**資本的支出**と**収
益的支出**に分ける問題な
ども出題されます。

ので、**現金**という資産が3,000,000円減少します。
よって、貸方は現金3,000,000円とします。

借方科目	金額	貸方科目	金額
建　物	3,000,000	現　金	3,000,000

しっかり問題文を読めば、仕訳を間違えることはなさそうね

(ケース・スタディー **51**)

営業用の車両が破損したので、修理するために100,000円を現金で支払った。この取引を仕訳しなさい。

解答・解説

　この支出は**収益的支出**なので、**修繕費**という費用が100,000円発生します。したがって、借方は修繕費100,000円とします。そして、**現金**を支払っているので、現金という資産が100,000円減少します。よって、貸方は現金100,000円とします。

借方科目	金額	貸方科目	金額
修 繕 費	100,000	現　金	100,000

もっと 詳しく!!

資本的支出のことを「**改良**」と表現することもあります。

車両を修理しただけで有形固定資産の価値が増加したわけではないので収益的支出ですね

あやうく資本的支出で計上するところだった…

次の取引を仕訳しなさい。

❶建物の改良のため、現金5,000,000円を支払った。
❷店舗の窓ガラスが破損したため、現金80,000円を支出し、修繕を行った。

解答・解説

❶建物という資産が5,000,000円増加します。そして、現金という資産が5,000,000円減少します。

借方科目	金額	貸方科目	金額
建　物	5,000,000	現　金	5,000,000

❷修繕費という費用が80,000円発生します。そして、現金という資産が80,000円減少します。

借方科目	金額	貸方科目	金額
修 繕 費	80,000	現　金	80,000

第7章

STEP35 資本的支出と収益的支出

STEP 36 減価償却
——価値が減少する有形固定資産

たしかに同じ家に
長く住んでいると
ボロくなって
いくもんなぁ

有形固定資産は
使っていくと
価値が減ります

本テーマでの ポイント

▶ 有形固定資産の価値の減少は**費用**と
して処理

▶ **減価償却費**の計算方法には
定額法などがある

有形固定資産は価値が減少する

　　　土地以外の**有形固定資産**は、**使用することによって価値が減少**します。例えば、車両をイメージしてください。買ってきたときは新品でピカピカでも、1年、2年と年数がたつにつれ、使用によるキズや傷みが出てきて、買ったときと同じ価値ではなくなってしまいます。だから、売却しようと思っても、買ってきたときよりも安い値段でしか売れないものです。

有形固定資産の価値の減少は売上獲得の犠牲により生じる！

もっと 詳しく!!

減価償却は、**売上原価**の計算、**貸倒引当金**と並んで、簿記3級の3大重要論点の1つといえるところです。実務上もとても重要なところです。

　　　この価値の減少は、ただいたずらにおきているのではなく、仕事で使われている以上、あくまでも**売上という収益を獲得するために発生**します。車両でいうと、営業の担当者が注文を獲得するために得意先を車でまわったとか、売上げた商品を運ぶために車を使ったなどです。

　　　収益を獲得するために犠牲になっているのであれば、それは費用となるはずです。第1章で説明しましたが、費用

は難しくいうと、収益を獲得するために犠牲になった金額のことです。したがって、この**有形固定資産**の価値の減少も費用として処理することになります。

有形固定資産の価値の減少は減価償却費

有形固定資産の価値の減少のことを、減価償却（げん か しょうきゃく）といい、用いる勘定科目は減価償却費（げん か しょうきゃく ひ）となります。

減価償却費の計上は、**有形固定資産**を購入した年に買ってきた金額のすべてを計上するとか、**有形固定資産**を使い終わり、売却した年にすべてを計上するというようなことはしません。

例えば、車を5年間にわたって使用したのであれば、5年間の売上の獲得に貢献したわけですから、**5年に分けて減価償却費を計上**します。

簿記では、毎年の利益の計算が重要ですから使用期間にわたって減価償却費を計上します

減価償却費の計算方法

毎年の**減価償却費**をいくらにするかという、**減価償却**の計算方法には**定額法**、定率法（ていりつほう）などいくつかの方法があります。しかし、3級では**定額法**のみが試験範囲となっているので、ここでは**定額法**について説明します。

定額法とは、毎年の減価償却費を定額、つまり同じ金額を計上しようという方法です。定額法の計算式は以下の通りです。

$$\text{減価償却費} = \frac{\text{取得原価} - \text{残存価額}}{\text{耐用年数}}$$

取得原価とは、**有形固定資産**を買ってきた金額のこと、**耐用年数**とは、この**有形固定資産**を何年使うつもりなのかということ、**残存価額**は使い終わったあとにいくらで売れ

もっと詳しく!!

定額法、定率法の他に、級数法（きゅうすうほう）や生産高比例法（せいさんだか ひ れいほう）という方法もあります。定率法と生産高比例法は2級で勉強し、級数法は1級で勉強します。

ココが大事

公式を暗記してもよいですが、**定額法**の考え方が理解できたら、左の式は自ずと出てくるので、式の意味をよく理解するようにしましょう。

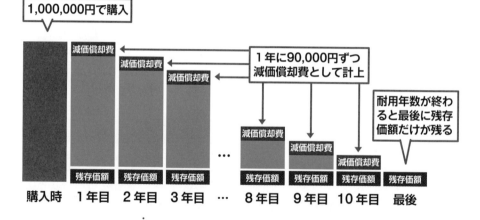

るかということです。

　例えば、備品を1,000,000円で買ってきて、**残存価額**が100,000円だとすると、差し引いた900,000円だけが、自分が使用することで、価値が減少した分となります。それを、使う年数である**耐用年数**で割ることによって、1年あたりいくら価値が減少したかがわかるのです。ここでの**耐用年数**を10年とすると、900,000円を10年で割って、**減価償却費**は1年あたり90,000円となります。

もっと詳しく!!

近年は**残存価額**がゼロの問題もよく出題されています。この場合、**減価償却費**の計算は、**取得原価**を**耐用年数**で割るだけになります。

定額法による減価償却

例 1,000,000円で購入した備品を残存価額100,000円、耐用年数10年で減価償却する場合

1,000,000円で購入

減価償却費
減価償却費
減価償却費

1年に90,000円ずつ減価償却費として計上

耐用年数が終わると最後に残存価額だけが残る

減価償却費
減価償却費
減価償却費

残存価額　残存価額　残存価額　　　残存価額　残存価額　残存価額　残存価額

購入時　1年目　2年目　3年目　…　8年目　9年目　10年目　最後

減価償却費の仕訳方法

試験に出る!!

減価償却はとても大事な論点なので、必ず試験に出るといえます。

　減価償却費の仕訳方法には**直接法**と**間接法**があります。ですが直接法は2級からの試験範囲なので、ここでは**間接法**について説明します。先ほどの例の数字で**減価償却費**が90,000円と計算されたので、**減価償却費**という費用が90,000円発生します。よって、借方は**減価償却費**90,000円とします。

　そして貸方は、**有形固定資産**の価値が減少しているので**有形固定資産**をダイレクトに減らしたいところですが、ダ

イレクトに**有形固定資産**を減らさないで、**減価償却累計額**という評価勘定を用いて仕訳します。**減価償却累計額**は有形固定資産のマイナスを表す評価勘定です。**間接法**での仕訳を示します。

| 減価償却費 | 90,000 | 減価償却累計額 | 90,000 |

　間接法で仕訳すると、貸借対照表にいくらで買ってきたものなのかという**取得原価**、これまでにどれだけ**減価償却**が終わっているかという**減価償却累計額**、その結果として、現時点でどれだけの価値が残っているかを表示することができるので、貸借対照表や損益計算書の利用者に有用な情報を提供することができます。

　したがって、**間接法が原則的方法といえます**。ちなみに、取得原価から**減価償却累計額**を差し引いた金額のことを**帳簿価額**といいます。

　それでは、実際に仕訳を行ってみましょう。

ちなみにダイレクトに有形固定資産を減らすのが2級で勉強する直接法です

評価勘定は貸倒引当金のところで出てきたわ。評価勘定というのは何かのマイナスのことだったわね

ケース・スタディー52

決算にあたり、建物につき減価償却費を計上する。なお、この建物の取得原価は5,000,000円、残存価額は取得原価の10%、耐用年数は30年である。間接法で仕訳しなさい。

▼

解答・解説

　減価償却費は、（5,000,000円−500,000円）÷30年＝150,000円となるので、**減価償却費**という費用が150,000円発生することになります。ですから、借方は減価償却費150,000円とします。そして、間接法なので、**減価償却累計額**という建物の評価勘定が

もっと詳しく!!

減価償却は簿記3級の重要論点ではあるものの、**売上原価**の計算や**貸倒引当金**に比べると、そんなに難易度は高くないと思います。時間をかけてもかまわないので、深く理解するよう努めてください。

増加します。ですから、貸方は減価償却累計額150,000円とします。

借方科目	金額	貸方科目	金額
減価償却費	150,000	減価償却累計額	150,000

ケース・スタディー❺❸

車両（取得原価2,000,000円、減価償却累計額1,440,000円）を500,000円で売却し、代金は現金で受け取った。この取引を仕訳しなさい。

▼

解答・解説

　車両を売却するので、**車両**という資産が2,000,000円減少します。ですから、貸方は車両2,000,000円とします。また、車両を売却したということは、その評価勘定である減価償却累計額もなくす必要があるので、**減価償却累計額**という車両の評価勘定が1,440,000円減少します。よって、借方は減価償却累計額1,440,000円とします。

　代金は現金で受け取っており、**現金**という資産が500,000円増加しますので、もう1つ借方に現金500,000円とします。最後に、帳簿価額560,000円（2,000,000円－1,440,000円）と売却額500,000円を比較して、売却損益を計算します。ここでは、**固定資産売却損**が60,000円と計算されるので、借方に固定資産売却損60,000円とします。

もっと詳しく!!

これは**減価償却累計額**が存在するケースの売却の問題です。**減価償却累計額**をなくして、帳簿価額と売却額を比較して、**売却損益**を計算するのがポイントです。

順番に仕訳をしていくことが、大切なんだね

ココが大事

取得原価から**減価償却累計額**を控除することによって、現時点における帳簿上の価値が計算できます。

借方科目	金額	貸方科目	金額
減価償却累計額	1,440,000	車　　　両	2,000,000
現　　　金	500,000		
固定資産売却損	60,000		

STEP36の
**おさらい
問題**

次の取引を仕訳しなさい。

❶決算につき、備品の減価償却の仕訳を行う。この備品の取得原価は250,000円であり、残存価額は取得原価の10％、耐用年数5年の定額法で減価償却の計算を行うこと。なお、仕訳は間接法で行うこと。

❷取得原価1,200,000円、減価償却累計額675,000円の備品を550,000円で売却し、代金は現金で受け取った。

[解答・解説]

❶減価償却費という費用が45,000円［（250,000円−25,000円）÷5年］発生し、減価償却累計額という備品の評価勘定が45,000円増加します。

借方科目	金額	貸方科目	金額
減 価 償 却 費	45,000	減価償却累計額	45,000

❷備品という資産が1,200,000円減少します。また、減価償却累計額という備品の評価勘定が675,000円減少し、現金という資産が550,000円増加します。さらに、固定資産売却益という収益が25,000円発生します。

借方科目	金額	貸方科目	金額
減価償却累計額	675,000	備　　　品	1,200,000
現　　　金	550,000	固定資産売却益	25,000

STEP
37

有形固定資産の補助簿
——固定資産に関する補助簿

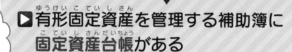

本テーマでの ポイント

固定資産台帳に
は有形固定資産
の種類ごとに記
載するのね〜

▶**有形固定資産を管理する補助簿に**
固定資産台帳がある

▶**固定資産台帳には、有形固定資産の**
種類ごとに取得原価や耐用年数、
減価償却費などが記載される

会社で使う目的の
資産が有形固定資
産だよね！

有形固定資産を管理するための補助簿

有形固定資産にも
やっぱり補助簿があ
るのね！

　有形固定資産を管理するための補助簿として、**固定資産台帳**があります。会社は通常、規模が小さくても複数の**有形固定資産**を有しますし、規模が大きくなってくると、多くの**有形固定資産**を保有するようになります。そこで、**有形固定資産**を有効に管理するために、補助簿である**固定資産台帳**を用いることがあります。

固定資産台帳の記載内容

固定資産台帳はとて
も大事な補助簿なの
で、実務上も多くの
会社が用いています

　固定資産台帳には、**有形固定資産**を管理する上で必要な事項が記入されます。具体的には、取得年月日、用途、期末数量、耐用年数、取得原価、期首減価償却累計額、期首帳簿価額、当期減価償却費などです。

固定資産台帳の具体例

固定資産台帳の具体例を示すと以下のようになります。

固定資産台帳
X6年3月31日現在

取得年月日	用途	期末数量	耐用年数	期首（期中取得）取得原価	期首減価償却累計額	差引期首（期中取得）帳簿価額	当期減価償却費
備品							
X2年4月1日	備品A	2	8年	800,000	300,000	500,000	100,000
X3年10月1日	備品B	3	6年	1,500,000	375,000	1,125,000	250,000
X6年2月1日	備品C	1	5年	600,000	0	600,000	20,000
小　　計				2,900,000	675,000	2,225,000	370,000

それでは、実際に問題を解いてみましょう。

ケース・スタディー54

次の「資料」にもとづいて、（ア）から（エ）に入る適切な金額を、（A）には適切な用語を記入しなさい。定額法にもとづき減価償却が行われており、残存価額はすべての備品についてゼロとし、減価償却は月割計算によって計上する。なお、当社の決算日は毎年3月31日である。

固定資産台帳は、減価償却の論点と絡んで出題されることが一般的です

【資料】

固定資産台帳
X5年3月31日現在

取得年月日	用途	期末数量	耐用年数	期首（期中取得）取得原価	期首減価償却累計額	差引期首（期中取得）帳簿価額	当期減価償却費
備品							
X1年4月1日	備品A	1	8年	1,500,000	562,500	937,500	187,500
X3年12月1日	備品B	2	10年	1,200,000	40,000	1,160,000	120,000
X4年10月1日	備品C	2	6年	900,000	0	900,000	75,000
小　　計				3,600,000	602,500	2,997,500	382,500

備品

日 付		摘 要	借 方	日 付		摘 要	貸 方
X4	4 1	前期繰越	（ ア ）	X5	3 31	次期繰越	（　　　）
	10 1	当座預金	（ イ ）				
			（　　　）				（　　　）

備品減価償却累計額

日 付		摘 要	借 方	日 付		摘 要	貸 方
X5	3 31	次期繰越	（　　　）	X4	4 1	前期繰越	（ ウ ）
				X5	3 31	（ A ）	（ エ ）
			（　　　）				（　　　）

（ア）は備品の**前期繰越**なので、期首時点に存在している備品の取得原価を記入します。**固定資産台帳**より、備品Aと備品Bは当期首以前が取得日となっているので、当期首の時点で存在していますが、備品Cは取得日が当期の10月1日なので、期首時点では存在していないことになります。

備品減価償却累計額の増加額は、**減価償却費**と同額になります。

解答・解説

（**ア**）勘定の日付から当期はX4年4月1日からX5年3月31日ということがわかります。（ア）には、備品Aと備品Bの取得原価の合計である**2,700,000円**（1,500,000円＋1,200,000円）が記入されることになります。

（**イ**）備品勘定の借方への記入なので、当期中の備品の増加額が記入されることになります。当期中の備品の増加は、備品Cだけなので備品Cの取得原価である**900,000円**が（イ）に記入されます。

（**ウ**）備品減価償却累計額勘定の前期繰越なので、期首時点の備品減価償却累計額の合計を記入することになります。よって、備品Aと備品Bの期首の減価償却累計額の合計である**602,500円**が記入されます。

（**エ**）備品減価償却累計額勘定の貸方への記入なので、備品減価償却累計額の当期の増加額が記入されることになります。よって、当期減価償却費の合計額である**382,500円**が記入されることになります。

（A）備品減価償却累計額を計上した仕訳の相手勘定科目が記入されることになります。備品減価償却累計額を計上した際の仕訳は、

借方科目	金額	貸方科目	金額
減価償却費	382,500	備品減価償却累計額	382,500

となります。よって備品減価償却累計額の相手勘定科目は減価償却費なので、（A）には**減価償却費**が記入されます。

（ア）2,700,000円　（イ）900,000円

（ウ）602,500円　　（エ）382,500円

（A）減価償却費

有形固定資産の使用期間が1年に満たない場合は、月割で減価償却費の計算を行います

STEP37の

おさらい問題

　　　次の「資料」にもとづいて、（ア）から（エ）に入る適切な金額を、（A）には適切な用語を記入しなさい。定額法にもとづき減価償却が行われており、残存価額はすべての備品についてゼロとし、減価償却は月割計算によって計上する。なお、当社の決算日は毎年3月31日である。

【資料】

固定資産台帳

X9年3月31日現在

取得年月日	用途	期末数量	耐用年数	期首（期中取得）取得原価	期首減価償却累計額	差引期首（期中取得）帳簿価額	当期減価償却費
備品							
X3年4月1日	備品A	2	10年	2,500,000	1,250,000	1,250,000	250,000
X6月1月1日	備品B	4	8年	3,200,000	900,000	2,300,000	400,000
X8年7月1日	備品C	1	7年	1,400,000	0	1,400,000	150,000
小　計				7,100,000	2,150,000	4,950,000	800,000

備品

日	付		摘 要	借 方	日	付		摘 要	貸 方
X8	4	1	前期繰越	（　ア　）	X9	3	31	次期繰越	（　　　）
	7	1	当座預金	（　イ　）					
				（　　　）					（　　　）

備品減価償却累計額

日	付		摘 要	借 方	日	付		摘 要	貸 方
X9	3	31	次期繰越	（　　　）	X8	4	1	前期繰越	（　ウ　）
					X9	3	31	（　A　）	（　エ　）
				（　　　）					（　　　）

解答・解説

（ア）5,700,000円

　備品Aと備品Bの取得原価の合計が記入されます。

（イ）1,400,000円

　備品Cの取得原価が記入されます。

（ウ）2,150,000円

　備品Aと備品Bの期首減価償却累計額の合計が記入されます。

（エ）800,000円

　当期減価償却費の合計が記入されます。

（A）減価償却費

　備品減価償却累計額を計上した際の相手勘定科目である減価償却費が記入されます。

第8章

資本

資本は実態がないのでイ
メージしづらいですが、
とても大切なので、しっ
かりと理解してください

STEP 38 株式の発行と資本金

—— 株式を発行した場合の処理

株式を発行した
ときのルールを
覚えましょう

本テーマでの ポイント

▶ 株式を発行した際の原則的処理方法は、
発行価額の全額を**資本金**とする

▶ 会社設立後に株式を発行して
資金を集めることを**増資**という

株式会社は株式を発行してお金を集める

ちょっと 一息

株式を持っていると、配当金をもらうことができたり、株主総会に参加して、議決権を行使することによって、経営に参加することができます。

　株式会社は、基本的にいろいろな人からお金を出してもらって会社を設立し、商売を開始します。株式会社にお金を出した人には、その証として株式会社から**株式**と呼ばれる有価証券が渡されます。

　お金を出してもらった会社側は、お金が増えるわけですから、借方は現金なり当座預金なりを増加させます。そして貸方は、**入ってきた金額のすべてを資本金に計上します。**

現　　　金	×××	資　本　金	×××

会社を作ったあとに株式を発行した場合（増資）

モっと 詳しく!!

中小企業の場合は、社長一人がお金を出して会社をつくることも多いので、この場合、社長＝株主となります。

　株式会社が**株式**を発行してお金を集めるのは、会社を作るときだけではありません。会社を作って数年後に、新しい事業を展開するためや本社ビルを建設するため、あるいは会社の業績が悪くて資金が不足し、多額のお金が必要になることがあります。このような場合にも、株式会社は**株式**

を発行して、いろいろな人からお金を集めることがあります。

このように、会社設立後に**株式**を発行して資金を集めることを**増資**といいます。**増資**の場合の会社処理方法も会社設立時と同じで、会社に入ってきた金額のすべてを**資本金**に計上します。

それでは、実際に仕訳を行ってみましょう。

ケース・スタディー55

次の取引を仕訳しなさい。

❶会社の設立にあたり、株式1,000株を1株あたり70,000円の価額で発行し、払込金は当座預金とした。
❷増資にあたり、株式500株を1株あたり50,000円の価額で発行し、払込金は当座預金とした。

解答・解説

❶株式1,000株を1株あたり70,000円で発行しているので70,000,000円（1,000株×70,000円）**当座預金**が増加します。そして、同額だけ**資本金**を増やすことになります。ですから借方は当座預金が70,000,000円、貸方は資本金が70,000,000円とします。

借方科目	金額	貸方科目	金額
当座預金	70,000,000	資 本 金	70,000,000

❷株式500株を1株あたり50,000円で発行しているので25,000,000円（500株×50,000円）**当座預金**が増加します。そして同額だけ**資本金**を増やします。ですから借方は当座預金が25,000,000円、貸方は資本金が25,000,000円とします。

借方科目	金額	貸方科目	金額
当座預金	25,000,000	資 本 金	25,000,000

仕訳自体は、そんなに難しくないな～

もっと詳しく!!

株式を発行して会社に入ってきた金額のすべてを**資本金**としない方法もありますが、それは簿記2級で学習します。

次の取引を仕訳しなさい。

❶会社の設立にあたり、株式250株を1株あたり60,000円の価額で発行し、払込金は当座預金とした。

❷増資にあたり、株式1,000株を1株あたり80,000円の価額で発行し、払込金は当座預金とした。

解答・解説

❶当座預金が15,000,000円（250株×60,000円）増加し、資本金が15,000,000円増加します。

借方科目	金額	貸方科目	金額
当座預金	15,000,000	資 本 金	15,000,000

❷当座預金が80,000,000円（1,000株×80,000円）増加し、資本金が80,000,000円増加します。

借方科目	金額	貸方科目	金額
当座預金	80,000,000	資 本 金	80,000,000

会社の設立も増資も、同じように仕訳すればいいんですよ

STEP 39 利益準備金と繰越利益剰余金
——資本金以外で純資産の部に計上される項目

本テーマでの ポイント

資本金以外にも
あるのかぁ～

▶ 利益準備金は、
配当のたびに積立てる必要がある

そうね

▶ 利益が発生したら繰越利益剰余金にもっていき、その後、株主に配当される

利益準備金とは

　貸借対照表の資本の項目には、資本金以外にも**利益準備金**や**繰越利益剰余金**などがあります。

　利益準備金は、会社法の定めに従って、会社が株主に対して**配当**を行う際に積立てる金額のことです。なお**配当**とは、会社が稼ぎ出した利益を株主に分けることです。

　会社法は、**配当金**の支払いを決定したときは、その**支出金額の10分の1に相当する金額**を、**資本準備金との合計額が資本金の4分の1に達するまで利益準備金を積立てなければならない**としています。ただし、簿記3級の試験では**利益準備金**の金額を自分で計算させることはなく、問題文でその金額が与えられています。

> **用語解説**
>
> **積立て**
> 利益準備金の勘定において、貸方に金額を記入すること。その結果、同額の資産を確保することが可能となり、結果的に会社に財産が残ることになる。

繰越利益剰余金とは？

　繰越利益剰余金とは、これまで稼ぎ出した利益の蓄積部分であり、いまだ処分されていないもののことです。

　繰越利益剰余金は、利益の蓄積部分なので、利益が出た

もっと詳しく!!

利益準備金として積立てられた部分や**配当金**の支払いとされたものは、処分済の利益になります。

もっと詳しく!!

繰越利益剰余金勘定が借方残高になった場合は、純資産の部にマイナス表示します。

場合には、繰越利益剰余金に振り替えることになります。仕訳で示すと、

損　　益　　×××　　　　繰越利益剰余金　　×××

となります。

当期に利益ではなく、損失が生じた場合は、

繰越利益剰余金　　×××　　　　損　　益　　×××

という仕訳をすることになります。

繰越利益剰余金の配当

もっと詳しく!!

株主総会は通常、決算日後3ヶ月以内に開催されます。

繰越利益剰余金は、株主総会等において、**配当**や処分の対象となります。つまり、**繰越利益剰余金を配当金として株主に分配します**。また、その際、**利益準備金の積立てを行います**。

例えば、**配当金**として1,000,000円、利益準備金の積立てとして100,000円とした場合、

> 配当金ではなく
> 未払配当金として仕訳

繰越利益剰余金　1,100,000　　　　未払配当金　1,000,000
利益準備金　　100,000

という仕訳になります。**繰越利益剰余金**は減少するので借方、**利益準備金**は増加するので貸方に計上します。**配当金**について、**未払配当金**という勘定を用いているのは、**配当**を決定した段階では、まだお金を支払っていないからです。後日、株主に当座預金口座から**配当金**を支払った際に、

未払配当金　1,000,000　　　　当座預金　1,000,000

という仕訳をします。

それでは、実際に仕訳を行ってみましょう。

ケース・スタディー56

次の取引を仕訳しなさい。

❶決算にあたり、当期純利益850,000円を計上した。
❷サイ商事株式会社は、株主総会を開催して繰越利益剰余金の配当を以下のように決定した。
　利益準備金：200,000円
　配当金：2,000,000円
❸❷の配当金の全額を小切手を振り出して支払った。

解答・解説

❶当期純利益が生じたということは、損益勘定において貸方のほうが大きくなっているので、損益勘定を締め切るために借方に金額を記入します。そして、その金額を繰越利益剰余金勘定に振り替えます。ですから、借方は**損益**850,000円となり、貸方は**繰越利益剰余金**850,000円となります。

借方科目	金額	貸方科目	金額
損　　益	850,000	繰越利益剰余金	850,000

❷株主総会の結果、**利益準備金**が200,000円、**未払配当金**が2,000,000円増加し、その合計である2,200,000円だけ**繰越利益剰余金**が減少することになります。

借方科目	金額	貸方科目	金額
繰越利益剰余金	2,200,000	利益準備金 未払配当金	200,000 2,000,000

❸❷で計上した**未払配当金**が2,000,000円減少し、**当座預金**が2,000,000円減少します。ですから、借方は未払配当金2,000,000円を計上し、貸方は当座預金2,000,000円を計上します。

借方科目	金額	貸方科目	金額
未払配当金	2,000,000	当座預金	2,000,000

もっと詳しく!!

繰越利益剰余金は、決算で利益が出たら増加させ、損失が出たら減少させます。また、剰余金の配当と処分を決定したら、その分減少させます。

損益 XXX　繰越利益剰余金 XXX
という仕訳は第2章の帳簿の締切でも勉強したわね

忘れてた！

もっと詳しく!!

未払配当金勘定は、負債の項目になります。

次の取引を仕訳しなさい。

❶決算にあたり、当期純損失400,000円を計上した。

❷シマウマ商事株式会社は、株主総会を開催して繰越利益剰余金の配当を以下のように決定した。

利益準備金：80,000円　　配当金：800,000円

❸❷の配当金の金額を小切手を振り出して支払った。

解答・解説

❶損益勘定の貸方に400,000円を計上し、繰越利益剰余金の借方に400,000円を計上します。

借方科目	金額	貸方科目	金額
繰越利益剰余金	400,000	損　　　益	400,000

❷借方に繰越利益剰余金880,000円（80,000円＋800,000円）を計上します。そして貸方に利益準備金80,000円と未払配当金800,000円を計上します。

借方科目	金額	貸方科目	金額
繰越利益剰余金	880,000	利益準備金	80,000
		未払配当金	800,000

❸借方に未払配当金800,000円を計上し、貸方に当座預金800,000円を計上します。

借方科目	金額	貸方科目	金額
未払配当金	800,000	当座預金	800,000

第**9**章

税金

会社が納める税金の
中でも、特に法人税
と消費税が重要です

税金の会計処理

STEP 40

——簿記で出てくる税金

> 会社でもいろいろ
> な税金を納める必
> 要があります

本テーマでの **ポイント**

▶ **会社が納める税金には法人税、消費税、
固定資産税などがある**

▶ **印紙税、固定資産税は費用として
計上し、租税公課勘定を用いる**

税金の種類

用語解説

固定資産税
土地や建物に対して課
税される税金のこと。

　税金にはいろいろな種類があります。数ある税金の中で、
3級で勉強するものは、**法人税、住民税、事業税、消費税、
印紙税、固定資産税**などです。まずはこのSTEPで印紙税、
固定資産税を学習し、次のSTEPで法人税、住民税、事業
税を、そして最後のSTEPで消費税をみていきます。

さまざまな税金

法人税
(STEP41)

住民税
(STEP41)

事業税
(STEP41)

消費税
(STEP42)

印紙税
(STEP40)

**固定
資産税**
(STEP40)

印紙税、固定資産税

印紙税や**固定資産税**は、**租税公課**という費用の勘定で処理します。

例えば、**固定資産税**50,000円を現金で納付したとすると、**租税公課**という費用が発生し、現金という資産が減少するので、

租税公課	50,000	現　金	50,000

と仕訳します。

それでは、実際に仕訳を行ってみましょう。

ケース・スタディー 57

建物と土地に対する固定資産税のうち、80,000円を現金で納付した。この取引を仕訳しなさい。

解答・解説

固定資産税を納付しているので、**租税公課**という費用が80,000円発生します。したがって、借方は租税公課80,000円とします。

そして、現金で納付しているので、**現金**という資産が80,000円減少します。ですから、貸方は現金80,000円とします。

借方科目	金額	貸方科目	金額
租税公課	80,000	現　金	80,000

用語解説

印紙税
文書に対して課税される税金のこと。一般的には、収入印紙を用いて課税する。領収証の収入印紙が代表例。

租税公課勘定って何だか難しそうな名前だなぁ

ちょっと一息

税金の問題は、聞きなれない税金の用語が出てくるので難しそうに感じますが、簿記上の仕訳はとても簡単です。ですから、苦手意識を持たないことが大事です。

次の取引を仕訳しなさい。

❶収入印紙を10,000円分購入し、代金は現金で支払った。
❷所有する土地に対する固定資産税50,000円を、現金で納付した。

解答・解説

❶租税公課という費用が10,000円発生します。そして、現金という資産が10,000円減少します。

借方科目	金額	貸方科目	金額
租税公課	10,000	現　金	10,000

❷租税公課という費用が50,000円発生します。そして、現金という資産が50,000円減少します。

借方科目	金額	貸方科目	金額
租税公課	50,000	現　金	50,000

仕訳は簡単だけど、やっぱり言葉が難しいなぁ〜

STEP
41
法人税等
――会社の利益に課せられる税金

会社の儲けに
かかる税金の
話です

本テーマでの ポイント

▶会社の利益に課せられる税金には、
法人税、住民税、事業税がある

法人税等とは？

　法人税とは、国が会社の利益に対して課す税金のことです。利益に対して課せられるものなので、利益がたくさん生じれば**法人税**もたくさん支払うことになりますし、利益が少なければ**法人税**も少なくなります。ただし、赤字になった場合は、支払う必要がありません。

　会社の利益に対して課せられる税金は、法人税の他に、住民税と事業税があります。住民税とは、都道府県及び市区町村が、その地域にある会社に対して課す税金であり、**事業税**は、事業活動を行っている個人や会社に対して都道府県が課す税金のことです。**住民税**と**事業税**も**法人税等**勘

もっと詳しく‼

国が課す税金を国税といい、都道府県や市区町村が課す税金を地方税といいます。

会社にはいろんな
税金がかかるのね

楽じゃないわね…

法人税

住民税

事業税

法人税等の「等」には、住民税と事業税を含んでいますよ

235

定に含めて表示されます。

法人税等の会計処理

　　法人税等は、通常、決算時に１回だけ支払うものではな
く、期首から半年経過した段階で中間納付を行います。で
すが、この段階で支払う**法人税**は、あくまでも仮払いに過
ぎませんから、<u>**仮払法人税等**</u>勘定で処理します。例えば、
法人税等の中間納付300,000円を、小切手を振り出して
行ったとすると、

仮払法人税等 300,000	当 座 預 金 300,000

と仕訳します。

　そして、決算時に１年分の利益にもとづいて、今年の正
確な法人税額を計算し、税務署に確定申告します。例えば、
確定した**法人税等**の金額が650,000円だったとすると、
この金額を借方に**法人税等**勘定として計上します。そして、
貸方は仮払いした300,000円を減少させ、**法人税等**と**仮
払法人税等**との差額350,000円を**未払法人税等**勘定とし
て計上します。**決算の段階では、まだ納付は行われていな
いので、未払法人税等となるのです。**仕訳で示すと、以下
のようになります。

法 人 税 等 650,000	仮払法人税等 300,000
	未払法人税等 350,000

　後日、**未払法人税等**を納付した際に、**未払法人税等**を減
少させます。小切手を振り出して納付したとすると、

未払法人税等 350,000	当 座 預 金 350,000

という仕訳になります。なお、**未払法人税等**勘定は、貸借
対照表上の負債に計上します。

もっと 詳しく**!!**

中間納付の金額は、前年
度の**法人税額**の２分の１
に相当する金額か、中間
決算（期首から半年分の
決算）にもとづいて計算
した**法人税額**となります。

それでは、実際に仕訳を行ってみましょう。

ケース・スタディー58

次の連続した取引を仕訳しなさい。

❶ゾウ商事株式会社は、中間申告を行い、法人税等1,200,000円を、小切手を振り出して納付した。

❷決算を迎え、法人税等の金額が2,500,000円と確定した。

❸❷で計上した未払法人税等を、小切手を振り出して納付した。

▼

解答・解説

❶法人税等の中間納付を行ったので、**仮払法人税等**が1,200,000円増加し、**当座預金**が1,200,000円減少します。よって、借方に仮払法人税等1,200,000円を計上し、貸方に当座預金1,200,000円を計上します。

借方科目	金額	貸方科目	金額
仮払法人税等	1,200,000	当 座 預 金	1,200,000

❷法人税等の金額が2,500,000円と確定したので、**法人税等**が2,500,000円発生します。そのうち1,200,000円については仮払いをしているので、**仮払法人税等**が1,200,000円減少します。そして、法人税等から仮払法人税等を差し引いた1,300,000円だけ**未払法人税等**が増加することになります。ですから、借方に法人税等2,500,000円を計上し、貸方に仮払法人税等1,200,000円と未払法人税等1,300,000円を計上します。

借方科目	金額	貸方科目	金額
法 人 税 等	2,500,000	仮払法人税等	1,200,000
		未払法人税等	1,300,000

❸未払法人税等を納付したので、**未払法人税等**が1,300,000円減少します。また小切手を振り出しているので、**当座預金**が1,300,000円減少します。

仮払法人税等は決算整理仕訳でなくすので、資産の勘定ですが貸借対照表に載ることはありません

法人税等から仮払いした分を引けばいいんだな！

237

ですから、借方に未払法人税等1,300,000円を計上し、貸方に当座預金1,300,000円を計上します。

借方科目	金額	貸方科目	金額
未払法人税等	1,300,000	当 座 預 金	1,300,000

STEP41の
おさらい問題　**次の取引を仕訳しなさい。**

❶決算を迎え、法人税等の金額が1,800,000円と確定した。なお、中間納付は行っていない。
❷決算を迎え、法人税等の金額が1,800,000円と確定した。なお期中に、1,000,000円の中間納付を行っている。
❸❷で計上した未払法人税等を、小切手を振り出して納付した。

解答・解説

❶法人税等が1,800,000円発生し、未払法人税等が1,800,000円増加します。

借方科目	金額	貸方科目	金額
法 人 税 等	1,800,000	未払法人税等	1,800,000

❷法人税等が1,800,000円発生します。そのうち、すでに1,000,000円は仮払いしているので、仮払法人税等が1,000,000円減少し、差額の800,000円だけ、未払法人税等が増加します。

借方科目	金額	貸方科目	金額
法 人 税 等	1,800,000	仮払法人税等	1,000,000
		未払法人税等	800,000

❸未払法人税等が800,000円減少し、当座預金が800,000円減少します。

借方科目	金額	貸方科目	金額
未払法人税等	800,000	当 座 預 金	800,000

STEP
42

消費税
――消費税を受払いした際の処理方法

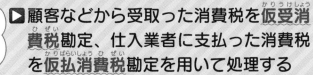

本テーマでの **ポイント**

お買い物をする
ときに
いつもかかる
消費税の話ね

▶顧客などから受取った消費税を**仮受消費税**勘定、仕入業者に支払った消費税を**仮払消費税**勘定を用いて処理する

▶決算で仮払消費税勘定と仮受消費税勘定を相殺して**未払消費税**を計算する

税抜、税込は
よく聞くよね

消費税とは？

　消費税とは、商品やサービスの消費に対して国などが課す税金のことです。消費税について知っておくべきことは、**消費税の負担者は消費者であるけれども、納付するのは会社である**という点です。あくまでも会社は、消費者より預った**消費税**から、自身が仕入等で支払った**消費税**を差し引いた差額を国や都道府県に納めているに過ぎません。

モっと詳しく!!

消費税には、国が課すものの他に、都道府県が課す地方消費税があります。ただし、会計上も分けて処理することはないので、簿記の試験上はあまり意識する必要がありません。

消費税の仕訳方法

　消費税の仕訳方法には、**税抜方式**と**税込方式**という2つの方法がありますが、**税抜方式**のみが試験範囲となっているので以下、**税抜方式**について説明します。

　税抜方式は、商品の仕入を行った際に支払う**消費税**を**仮払消費税**勘定、商品を販売した際に受け取る**消費税**を**仮受消費税**勘定で処理する方法です。

　決算時には**仮払消費税**と**仮受消費税**を**相殺**することによ

って、**納付すべき消費税の金額をもとめます**。相殺時に支払いは行われないので、納付額はいったん、**未払消費税**(みばらいしょうひぜい)勘定に計上します。そして消費税額を納付した際に、**未払消費税**勘定をなくすことになります。

それでは、実際に仕訳を行ってみましょう。

ケース・スタディー59

次の一連の取引を税抜方式で仕訳しなさい。

❶商品50,000円を仕入れ、代金は5,000円の消費税とともに小切手を振り出して支払った。
❷❶の商品を80,000円で販売し、代金は8,000円の消費税とともに現金で受け取った。
❸決算にあたり、消費税の納付額を計算し、確定した。
❹❸で確定した消費税の納付額を、小切手を振り出して納付した。

解答・解説

❶**仕入**50,000円が発生するとともに、仕入に対する消費税を5,000円支払っているので、**仮払消費税**が5,000円増加します。そして、仕入と消費税の合計55,000円を、小切手を振り出して支払っているので、**当座預金**が55,000円減少します。ですから、借方は仕入50,000円と仮払消費税5,000円を計上し、貸方は当座預金55,000円を計上します。

借方科目	金額	貸方科目	金額
仕　　入	50,000	当 座 預 金	55,000
仮払消費税	5,000		

❷**売上**が80,000円発生するとともに、売上に対する消費税を8,000円受け取っているので、**仮受消費税**が8,000円増加します。そして、売上と仮受消費税の合計88,000円を現金で受け取っているので、**現**

もしも、受け取った消費税よりも支払った消費税のほうが大きければ払いすぎた金額が税務署から戻ってくるので、未払消費税の代わりに借方に未収消費税を計上します

消費税は10%として計算しているんだね〜

金が88,000円増加します。ですから、借方は現金88,000円を計上し、貸方は売上80,000円と仮受消費税8,000円を計上します。

借方科目	金額	貸方科目	金額
現　　金	88,000	売　　　上 仮受消費税	80,000 8,000

❸まず、**仮受消費税**8,000円と**仮払消費税**5,000円を相殺します。そして、その差額である3,000円を納付することになりますが、この段階では、納付は行われていないので、**未払消費税**として処理します。ですから、借方は仮受消費税8,000円を計上し、貸方は仮払消費税5,000円と未払消費税3,000円を計上します。

借方科目	金額	貸方科目	金額
仮受消費税	8,000	仮払消費税 未払消費税	5,000 3,000

❹未払消費税を小切手を振り出して納付したので、**未払消費税**が3,000円減少し、**当座預金**が3,000円減少します。ですから、借方は未払消費税3,000円を計上し、貸方は当座預金3,000円を計上します。

借方科目	金額	貸方科目	金額
未払消費税	3,000	当 座 預 金	3,000

もっと詳しく!!

仕入先へ仮で支払っている消費税が**仮払消費税**であり、得意先から仮で受けている消費税が**仮受消費税**です。これらを差し引きしたものが**納付額**になります。

仮払消費税と仮受消費税を相殺するのね

消費税の納付額はいったん未払消費税勘定へ計上されます

STEP42の
**おさらい
問題**

次の取引を仕訳しなさい。

❶商品70,000円を仕入れ、代金は消費税額7,000円とともに現金で支払った。なお、税抜方式で仕訳すること。

❷商品を120,000円で売却し、代金は消費税額12,000円とともに小切手で受け取った。なお、税抜方式で仕訳すること。

❸決算にあたり、消費税の納付額を計算し確定する。当社は税抜方式を採用しており、期末における仮払消費税勘定残高は425,000円、仮受消費税勘定残高は884,000円である。

❹❸で確定した消費税の納付額を、小切手を振り出して納付した。

▼

解答・解説

❶仕入が70,000円発生し、仮払消費税が7,000円増加します。そして、仕入
と仮払消費税の合計である77,000円だけ現金が減少します。

借方科目	金額	貸方科目	金額
仕　　入	70,000	現　　金	77,000
仮払消費税	7,000		

❷売上が120,000円発生し、仮受消費税が12,000円増加します。そして売上
と仮受消費税の合計である132,000円だけ現金が増加します。

借方科目	金額	貸方科目	金額
現　　金	132,000	売　　上	120,000
		仮受消費税	12,000

❸仮払消費税425,000円と仮受消費税884,000円を相殺して、未払消費税
459,000円と計算します。

借方科目	金額	貸方科目	金額
仮受消費税	884,000	仮払消費税	425,000
		未払消費税	459,000

❹未払消費税が459,000円減少し、当座預金も同額減少します。

借方科目	金額	貸方科目	金額
未払消費税	459,000	当座預金	459,000

もっと詳しく!!

消費税の税率が変われば、もちろん計算も変
わりますが、消費税を自分で計算する場合の
消費税率は問題の指示に従いましょう。

第10章

収益と費用

収益や費用の未収・未払と前受・前払は、
なかなか手強い論点でもありますが、
ていねいにタイムテーブルにして考えれば
必ず攻略できる内容です。
試験でも頻出していますよ

STEP 43 収益の未収
―収益は発生しているが、お金をもらっていない場合

難しいので、最初は図を描きながらイメージするようにしてください

本テーマでの ポイント

▶ 正しい利益の計算を行うために、収益の未収分（みしゅう）を計上する必要がある

▶ 収益の未収分を計上したら、翌期首の最初に再振替仕訳（さいふりかえしわけ）を行う

正しい利益の計算を行うために必要な調整

モっと 詳しく!!

収益、費用の**未収・未払・前受・前払**（みしゅう・みばらい・まえうけ・まえばらい）は、簿記3級3大論点（売上原価の計算、貸倒引当金、減価償却）に続く重要論点です。

　利益の計算には、会計期間中に発生した収益と、それに対応する費用を正しく計上する必要があります。収益、費用が当期に発生し、当期にお金の受け払いが行われていれば問題はありませんが、**収益、費用の発生とお金の受け払いがズレる場合は、何らかの調整が必要となります。**このようなケースを給料の支払いを例に説明します。**タイムテーブル**の図とあわせて確認していきましょう。

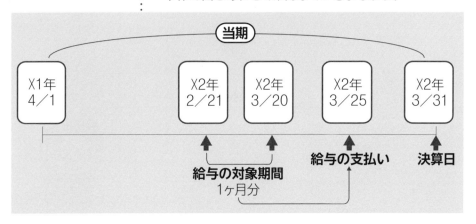

当期

| X1年 4／1 | | X2年 2／21 | X2年 3／20 | | X2年 3／25 | | X2年 3／31 |

給与の対象期間 1ヶ月分　　給与の支払い　　決算日

給与計算の対象期間は毎月21日から翌月20日までで、支払は25日に行っており、会計期間はX1年4月1日からX2年3月31日とします。

この場合、決算日の直前の支払日は3月25日なので、3月20日までに発生した給料の支払いは完了していることになります。しかし、3月21日から3月31日までの分に関しては、すでに当期中に給料という費用は発生しているものの、支払いは行われていません。支払いが行われていないということは、帳簿にも11日分（3月21日から3月31日分）の給料が記録されていないことになります。このままの状態で勘定を集計し、損益計算書を作成すると、給料という費用が11日分少なく計上されることになってしまい、正しい利益の計算ができなくなってしまいます。

たとえ支払いが行われていなくても、**正しい利益の計算をするために、決算整理の1つとして調整を図る必要があります。** この調整を**収益、費用の未収・未払・前受・前払**といいます。

試験に出る!!

収益、費用の未収・未払・前受・前払は、第3問で毎回出題されます。

理解に時間のかかる論点ですが、避けて通れないところなので、しっかり理解してください

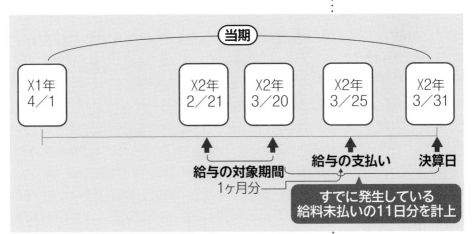

ではこのあと、**収益の未収**、**費用の未払**、**収益の前受**、**費用の前払**を1つずつ説明していきます。

収益の未収

まず収益の未収から
みていくのね

収益の未収とは、すでに収益は発生しているものの、お金を受け取っていないため、決算整理において収益を計上することです。

例えば、X1年12月1日に取引先に現金1,000,000円を年利3％、貸付期間は1年、利息は元本の返済とともに受け取るという条件で貸し付けたとします。当期の会計期間はX1年4月1日からX2年3月31日とします。

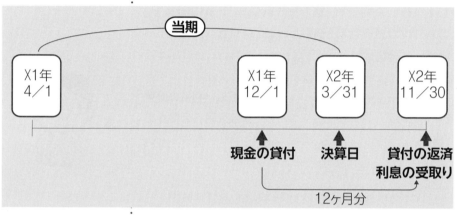

この例において、利息は、返済日であるX2年11月30日に全額受け取る約束なので、当期の決算日であるX2年3月31日の時点では、利息のお金をもらっていません。もちろん、利息の計上も行われていません。

収益、費用の未収・未払・前受・前払は、必ず本文のようなタイムテーブルを書いて考えるようにしましょう

しかし、当期中にX1年12月1日からX2年3月31日までの4ヶ月間、貸付を行っているので、この4ヶ月分に相当する利息は発生しています。そうであるならば、この利息を計上しないと正しい利益の計算ができなくなってしまうので、決算整理において、きちんと計上する必要があります。

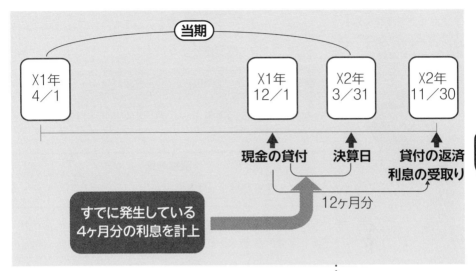

利息額は、

$$1,000,000円 \times 3\% \times \frac{4ヶ月}{12ヶ月} = 10,000円$$

（貸付金）（利率）（利息発生期間）（利息額）

となるので、受取利息という収益が10,000円発生することになります。ですから、貸方は受取利息10,000円とします。

そして、借方は**未収利息**という勘定で仕訳します。**未収利息**は、まだもらっていない利息という意味の勘定です。**未収利息**は、将来お金をもらうことができるので資産の勘定です。以上を仕訳で示すと、次のようになります。

未収利息	10,000	受取利息	10,000

未収利息は資産なのかぁ～。利息っていう言葉があると、収益や費用と間違ってしまいそう……

再振替仕訳

収益の未収計上の仕訳は、翌期首の最初の日付で、**決算時に行った仕訳と全く逆の仕訳をします。**これを**再振替仕**

収益である受取利息が借方にあるのでちょっと変な感じ

訳といいます。**再振替仕訳**を行う理由は、次期においても勘定で、自動的に正しい収益の金額を計算するためです。

先ほどの例の**再振替仕訳**を行うと、

受取利息	10,000	未収利息	10,000

となります。この段階で、この仕訳を受取利息勘定に転記すると、

受取利息	
4／1 未収利息　10,000	

となります。そして、実際に利息を受け取る11月30日には1年分の利息30,000円（1,000,000円×3％）を受け取るので、これを現金で受け取ったとすると、

現　　金	30,000	受取利息	30,000

と仕訳することになります。上記の受取利息勘定にこの仕訳も転記すると、

受取利息	
4／1 未収利息　10,000	11／30 現　金　30,000

となります。この時点で、受取利息勘定の残高は貸方に20,000円となりますが、これがちょうど、次期に計上すべき受取利息になります。次期は4月から11月までの8ヶ月分の利息が発生することになるので、

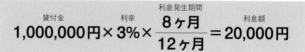

$$1,000,000円 \times 3\% \times \frac{8ヶ月}{12ヶ月} = 20,000円$$

となり、先ほどの受取利息勘定の残高とちゃんと一致しますよね。

それでは、実際に仕訳を行ってみましょう。

もっと詳しく!!

貸方残高20,000円＝貸方30,000円－借方10,000円で、計算します。

もっと詳しく!!

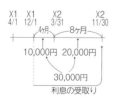

ケース・スタディー60

定期預金利息について、未収計上額が8,000円と計算されたので、必要な決算整理仕訳を行いなさい。

▼

解答・解説

　定期預金について、受取利息の未収額が8,000円とわかったので、**受取利息**という収益が8,000円発生します。ですから、貸方は受取利息8,000円とします。そして、受取利息を**未収計上**したので、**未収利息**という資産が8,000円増加します。よって、借方は未収利息8,000円とします。

借方科目	金額	貸方科目	金額
未収利息	8,000	受取利息	8,000

ケース・スタディー61

ケース・スタディー60の仕訳の再振替仕訳を行いなさい。

▼

解答・解説

　再振替仕訳なので、未収計上したときと全く逆の仕訳をします。ですから、借方は**受取利息**8,000円とし、貸方は**未収利息**8,000円とします。

借方科目	金額	貸方科目	金額
受取利息	8,000	未収利息	8,000

この問題は未収計上額が問題文に載っているので、難しくないぞ！

再振替仕訳も仕訳自体はとても簡単ね

もっと詳しく!!

収益の未収、費用の未払を収益、費用の**見越**（みこし）と呼ぶこともあります。

次の収益の未収に関する決算整理仕訳を行いなさい。なお、当社の会計期間は12月末日を決算日とする1年である。

❶貸付金3,000,000円は、当期10月1日に貸付期間1年、利率年6%で貸し付けたものであり、利息は元金の返済時に受け取ることになっている。

❷貸付金5,000,000円は、当期4月1日に貸付期間3年、利率年3%で貸し付けたものであり、利息は元金の返済時に受け取ることになっている。

解答・解説

❶貸し付けたのは10月1日で12月末が決算日なので、まるまる3ヶ月の利息が発生することになります。

つまり、受取利息という収益が45,000円（3,000,000円×6％÷12ヶ月×3ヶ月）発生します。そして、未収利息という資産が45,000円増加します。

借方科目	金額	貸方科目	金額
未収利息	45,000	受取利息	45,000

❷受取利息という収益が112,500円（5,000,000円×3％÷12ヶ月×9ヶ月）発生します。そして、未収利息という資産が112,500円増加します。

借方科目	金額	貸方科目	金額
未収利息	112,500	受取利息	112,500

この問題は決算日が12月31日であるという点に注意しましょう

試験に出る!!

試験では、未収計上額を自分で計算することが多いです。

STEP 44 費用の未払
——費用は発生しているが、お金を支払っていない場合

先ほどの
収益の話が
費用に替わる
だけです

本テーマでの ポイント

▶ 正しい利益の計算を行うために、
費用の未払分を計上する必要がある

▶ 費用の未払分を計上したら、
翌期首の最初に再振替仕訳を行う

費用の未払

費用の未払も、考え方は
収益の未収と全く同じで
す。

　費用の未払とは、すでに費用は発生しているものの、お金を支払っていないため、決算整理において費用を計上することです。例えば、X1年7月1日より建物を1ヶ月あたり30,000円の家賃で借りることになったとします。会計期間はX1年4月1日からX2年3月31日とし、家賃の支払いを6月末と12月末の年2回、後払いで行っているとします。

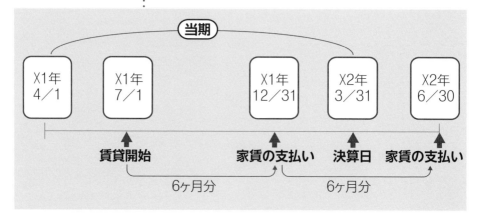

この例において、1月から3月までの**支払家賃**は、6月30日に支払う約束なので、当期の決算日であるX2年3月31日の時点では、家賃のお金は支払っていません。ですから、もちろん**支払家賃**の計上も行われていません。

しかし、当期中に1月から3月までの3ヶ月間、建物を借りているので、この3ヶ月分に相当する**支払家賃**は発生しています。そうであるならば、この**支払家賃**を計上しないと正しい利益の計算ができなくなってしまうので、決算整理において、きちんと計上する必要があります。

計算間違いにも気をつけないとね

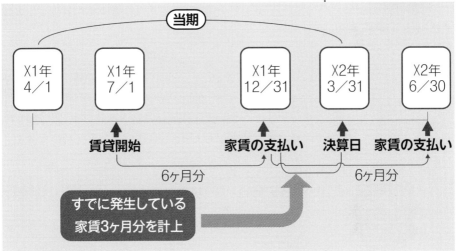

支払家賃の金額は、

家賃　　支払家賃発生期間　　支払家賃
30,000円×3ヶ月＝90,000円

となるので、**支払家賃**という費用が90,000円発生することになります。したがって、借方は**支払家賃**90,000円とします。

そして、貸方は未払家賃（みばらいやちん）という勘定で仕訳します。**未払家賃**は、まだ支払っていない家賃の勘定です。そして、**未払家賃**は、将来お金を支払わなければならないので負債の勘定です。以上を仕訳で示すと次のようになります。

支払家賃	90,000	未払家賃	90,000

再振替仕訳

もっと詳しく!!

1級で学ぶ内容に重要性の原則というものがあって、金額的に重要性がないようなものについては、**未収・未払・前受・前払**を行わなくてもよいことになっています。

費用の未払計上の仕訳も、**再振替仕訳**を行います。先ほどの例の**再振替仕訳**を行うと、

未払家賃	90,000	支払家賃	90,000

となります。この段階で、この仕訳を支払家賃勘定に転記すると、

支払家賃	
	4／1未払家賃　90,000

支払家賃は費用なのに貸方に金額が転記されたぞ!

となります。そして、実際に家賃を支払う6月30日には半年分の家賃180,000円（30,000円×6ヶ月）を支払うので、これを現金で支払ったとすると、

支払家賃	180,000	現　金	180,000

と仕訳することになります。上記の勘定にこの仕訳も転記すると、

支払家賃	
6／30現　金　180,000	4／1未払家賃　90,000

費用の未払計上も再振替仕訳をします

となります。この時点で、支払家賃の残高は借方に90,000円となりますが、これがちょうど、次期の6月までの支払家賃になります。

次期の6月までは3ヶ月分の支払家賃が発生することになるので、

家賃　　　支払家賃発生期間　　支払家賃
30,000円×3ヶ月＝90,000円

となり、先ほどの支払家賃勘定の残高とちゃんと一致します。

それでは、実際に仕訳を行ってみましょう。

1、2、3…

（ケース・スタディー62）

借入金の支払利息について、未払計上額が12,000円と計算されたので、必要な決算整理仕訳を行いなさい。

▼

くまたろ君は月数を数えているんだね

解答・解説

借入金の支払利息の未払額が12,000円とわかったので、**支払利息**という費用が12,000円発生します。したがって、借方は支払利息12,000円とします。

そして、支払利息を**未払計上**したので、**未払利息**という負債が12,000円増加します。よって、貸方は未払利息12,000円とします。

借方科目	金額	貸方科目	金額
支払利息	12,000	未払利息	12,000

（ケース・スタディー63）

ケース・スタディー62の再振替仕訳を行いなさい。

▼

解答・解説

再振替仕訳なので、未払計上したときと全く逆の仕訳をします。ですから、貸方は**支払利息**12,000円とし、借方は**未払利息**12,000円とします。

借方科目	金額	貸方科目	金額
未払利息	12,000	支払利息	12,000

ちょっと　一息

収益、費用の未収・未払・前受・前払のところでは、何ヶ月分かを確認するために、指を折って数えながら問題を解く人もいます。これは非常に有効なやり方なので、みなさんも指折り数えて問題を解いてください。

255

次の費用の未払に関する決算整理仕訳を行いなさい。なお、当社の会計期間は12月末日を決算日とする1年である。

❶借入金4,000,000円は、当期7月1日に借入期間1年、利率年5％で借り入れたものであり、利息は元金の返済時に支払うことになっている。

❷当期11月1日に建物を借りる契約を行い、同日より使用を開始した。1ヶ月あたりの家賃は70,000円であり、半年ごとの後払いで支払う約束となっている。

解答・解説

❶支払利息という費用が100,000円（4,000,000円×5％÷12ヶ月×6ヶ月）発生します。そして、未払利息という負債が100,000円増加します。

借方科目	金額	貸方科目	金額
支払利息	100,000	未払利息	100,000

❷支払家賃という費用が140,000円（70,000円×2ヶ月）発生します。そして、未払家賃という負債が140,000円増加します。

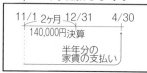

借方科目	金額	貸方科目	金額
支払家賃	140,000	未払家賃	140,000

もっと詳しく!!

本問❶は、上記の計算式通りに計算すれば99,999.999…となってしまいます。きれいな整数の数字が出ないこのようなケースでは、割り算の前に掛け算を行うことで、きれいな答えがもとめられます。

STEP 45

収益の前受

──収益は発生していないが、お金を受け取っている場合

考え方はどれも似ていますので落ち着いて理解してください

本テーマでの ポイント

▶ **正しい利益の計算を行うために、収益の前受分を計上する必要がある**

▶ **収益の前受分を計上したら、翌期首の最初に再振替仕訳を行う**

収益の前受

収益の前受とは、収益は未だ発生していないものの、お金を受け取っているため、決算整理において収益を減少させることです。

例えば、X1年7月1日より土地を1ヶ月あたり40,000円で貸すことになったとします。会計期間はX1年4月1日からX2年3月31日とし、地代の受取りを6月末と12月末の年2回、前払いで受け取っているとします（最初の受取りは7月1日とします）。

もっと 詳しく!!

前受・前払は未収・未払と逆の発想になりますが、考え方や目的は同じです。正しい利益を計算するにはどうすればよいか、という観点で考えるようにしてください。

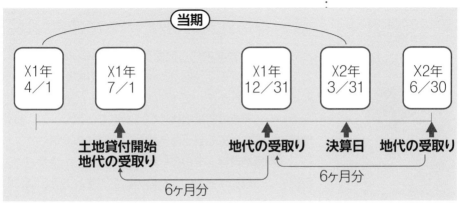

この例において、次期の４月から６月までの**受取地代**は、12月31日に受け取っているので、当期の決算日であるX2年３月31日の時点では、この３ヶ月分の**受取地代**も計上されています。

しかし、この３ヶ月分の**受取地代**は次期に発生するものなので、このままの状態だと、正しい利益の計算ができません。決算整理において、この３ヶ月分を当期から控除して、次期に計上する必要があります。

今度は先にもらっているんだね

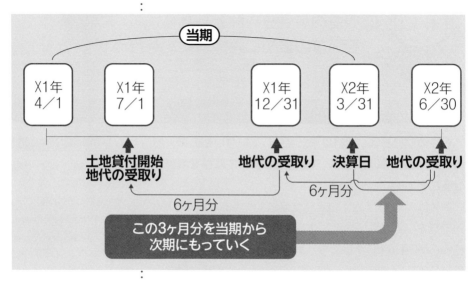

受取地代の金額は、

だから当期に計上した分を減らして、次期にもっていくのね

地代　　次期分の期間　　受取地代
40,000円×３ヶ月＝120,000円

となるので、**受取地代**という収益を120,000円減らすことになります。したがって、借方は**受取地代**120,000円とします。

そして、貸方は**前受地代**という勘定で仕訳します。**前受地代**は、前もってもらった地代という意味の勘定です。そして、**前受地代**は、その分だけ土地を貸すというサービスを提供する義務があるので負債の勘定です。あるいは、も

しキャンセルになったら、お金を返す必要があるので負債と考えてもいいでしょう。以上を仕訳で示すと、

| 受取地代 | 120,000 | 前受地代 | 120,000 |

となります。

前受地代は負債なんだ！　しっかり意味を考えないとなぁ

再振替仕訳

　収益の前受の仕訳も、**再振替仕訳**を行います。先ほどの例の**再振替仕訳**を行うと、

| 前受地代 | 120,000 | 受取地代 | 120,000 |

となります。この段階で、この仕訳を**受取地代**勘定に転記すると、

受取地代	
	4／1 前受地代　120,000

となります。この時点で、**受取地代**の残高は貸方に120,000円となりますが、これがちょうど、次期の６月までの**受取地代**になります。

　次期の６月までは３ヶ月分の**受取地代**が発生することになるので、

地代　　　　　次期分の期間　　　受取地代
$$40,000円×3ヶ月＝120,000円$$

となり、先ほどの**受取地代**勘定の残高とちゃんと一致します。

　それでは、実際に仕訳を行ってみましょう。

モっと詳しく!!

再振替仕訳だけで、次期分の正しい金額を表すことができますので、その点、**未収・未払**に比べれば理解しやすいでしょう。

こっちの再振替仕訳の意味はボクにもわかったぞ！

ケース・スタディー**64**

**受取家賃の前受分が50,000円と計算されたので、
必要な決算整理仕訳を行いなさい。**

▼

解答・解説

　家賃の前受けが50,000円とわかったので、**受取家
賃**という収益が50,000円減少します。ですから、借
方は受取家賃50,000円とします。

　そして、受取家賃を前受けしたので、**前受家賃**とい
う負債が50,000円増加します。よって、貸方は前受
家賃50,000円とします。

借方科目	金額	貸方科目	金額
受取家賃	50,000	前受家賃	50,000

ケース・スタディー**65**

ケース・スタディー64の再振替仕訳を行いなさい。

▼

解答・解説

　再振替仕訳なので、前受けしたときと全く逆の仕訳
をします。貸方は**受取家賃**50,000円とし、借方は**前
受家賃**50,000円とします。

借方科目	金額	貸方科目	金額
前受家賃	50,000	受取家賃	50,000

おさらい
問題

次の収益の前受に関する決算整理仕訳を行いなさい。なお、当社の会計期間は12月末日を決算日とする1年である。

❶受取地代150,000円は、12月中に次月分を前受けしたものである。
❷当期3月1日に建物を取引先に貸し、1年分の家賃360,000円を受け取っている。

▼

解答・解説

❶受取地代という収益が150,000円減少します。そして、前受地代という負債が150,000円増加します。

借方科目	金額	貸方科目	金額
受取地代	150,000	前受地代	150,000

❷受取家賃という収益が60,000円（360,000円÷12ヶ月×2ヶ月）減少します。そして、前受家賃という負債が60,000円増加します。

借方科目	金額	貸方科目	金額
受取家賃	60,000	前受家賃	60,000

STEP 46　費用の前払
—— 費用は発生していないが、お金を支払っている場合

STEP43 ～ 46 は
関連テーマですので、
セットで覚えてください

へぇ～
そうなのかぁ～

本テーマでの ポイント

▶ **正しい利益の計算を行うために、**
費用の前払分を計上する必要がある

▶ **費用の前払分を計上したら、**
翌期首の最初に再振替仕訳を行う

費用の前払

費用の前払も、考え
方は収益の前受と全
く同じなのね

　費用の前払とは、費用は未だ発生していないものの、お金を支払っているため、決算整理において費用を減少させることです。

　例えば、X1 年 7 月 1 日より 1 年分の保険料を 300,000 円支払ったとします。会計期間は X1 年 4 月 1 日から X2 年 3 月 31 日とします。

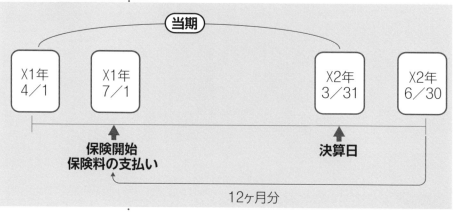

この例において、X2 年の 4 月から 6 月までの**支払保険**

料は、X1年7月1日に支払っているので、当期の決算日であるX2年3月31日の時点では、この3ヶ月分の**支払保険料**も計上されています。

しかし、この3ヶ月分の**支払保険料**は次期に発生するものなので、このままの状態だと、正しい利益の計算ができなくなってしまいます。ですから、決算整理において、この3ヶ月分を当期から控除して、次期に計上する必要があります。

試験に出る!!
支払保険料は、費用の前払の問題で、よく出題されています。

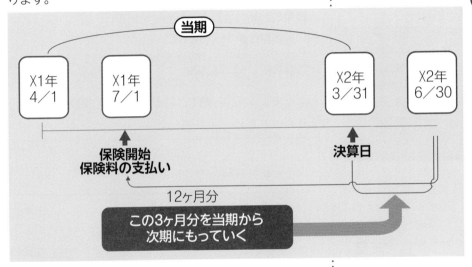

支払保険料の金額は、

$$\underset{\text{保険料}}{300,000\text{円}} \times \frac{\overset{\text{次期分の期間}}{3\text{ヶ月}}}{12\text{ヶ月}} = \underset{\text{支払保険料}}{75,000\text{円}}$$

となるので、**支払保険料**という費用を75,000円減らすことになります。したがって、貸方は**支払保険料**75,000円とします。

借方は**前払保険料**（まえばらいほけんりょう）という勘定で仕訳します。**前払保険料**は、前もって支払った保険料という意味の勘定です。

前払保険料は、その分だけ保険というサービスを受ける権利があるので資産の勘定です。あるいは、もしキャンセ

前払保険料は資産かぁ～。これはイメージしやすいなぁ

ルになったら、お金を返してもらえるので資産と考えても
いいでしょう。以上を仕訳で示すと、

| 前払保険料 | 75,000 | 支払保険料 | 75,000 |

となります。

再振替仕訳

試験に出る!!

収益、費用の未収・未
払・前受・前払は3級
の試験だけでなく、2
級や1級の試験でもほ
ぼ毎回、出題されてい
ます。それだけ重要な
論点といえるでしょう。

再振替仕訳のしくみ
や考え方も、よくわ
かるようになったわ

収益、費用の未収・
未払・前受・前払の
論点は、しっかりと
タイムテーブルを書
いて考えることが重
要です

費用の前払の仕訳も、**再振替仕訳**を行います。先ほどの
例の**再振替仕訳**を行うと、

| 支払保険料 | 75,000 | 前払保険料 | 75,000 |

となります。この段階で、この仕訳を**支払保険料**勘定に転
記すると、

支払保険料
4／1 前払保険料 75,000

となります。

この時点で、**支払保険料**の残高は借方に75,000円とな
りますが、これがちょうど、次期の6月までの**支払保険料**
になります。

次期の6月までは3ヶ月分の**支払保険料**が発生すること
になるので、

$$\underset{保険料}{300,000円} \times \underset{12ヶ月}{\overset{3ヶ月}{\overset{次期分の期間}{}}} = \underset{支払保険料}{75,000円}$$

となり、先ほどの**支払保険料**勘定の残高とちゃんと一致し
ます。

264

経過勘定項目

これまで、収益、費用の未収・未払・前受・前払を見てきましたが、未収・未払・前受・前払を行った際に、**未収利息**、**未払家賃**、**前受地代**、**前払保険料**といった相手勘定科目が登場しました。このような、**未収・未払・前受・前払の際の相手勘定科目のこと**を<u>経過勘定項目</u>といいます。

それでは、実際に仕訳を行ってみましょう。

ケース・スタディー66

保険料の前払分が140,000円と計算されたので、必要な決算整理仕訳を行いなさい。

▼

解答・解説

保険料の前払いが140,000円とわかったので、**支払保険料**という費用を140,000円減少させます。したがって、貸方は支払保険料140,000円とします。そして、支払保険料を前払いしたので、**前払保険料**という資産が140,000円増加します。よって、借方は前払保険料140,000円とします。

借方科目	金額	貸方科目	金額
前払保険料	140,000	支払保険料	140,000

ケース・スタディー67

ケース・スタディー66の再振替仕訳を行いなさい。

▼

解答・解説

再振替仕訳なので、前払いしたときと全く逆の仕訳

もっと詳しく!!
経過勘定項目は、資産か負債です。収益や費用の勘定と間違える人が多いので、注意してください。

もっと詳しく!!
同種の**経過勘定項目**、例えば、**前払保険料**と**前払利息**などは、貸借対照表に**前払費用**という名称でまとめ、計上します。詳しくは第13章で学びます。

第10章
STEP46 費用の前払

何度も問題を解くことが大事そうね

をします。

借方は**支払保険料**140,000円とし、貸方は**前払保険料**140,000円とします。

借方科目	金額	貸方科目	金額
支払保険料	140,000	前払保険料	140,000

次の費用の前払に関する決算整理仕訳を行いなさい。なお、当社の会計期間は12月末日を決算日とする1年である。

❶支払家賃170,000円は、12月中に次月分を前払いしたものである。
❷当期6月1日に保険料の1年分240,000円を支払っている。

解答・解説

❶支払家賃という費用を170,000円減少させます。そして、前払家賃という資産が170,000円増加します。

借方科目	金額	貸方科目	金額
前払家賃	170,000	支払家賃	170,000

❷次期1月から5月分である支払保険料という費用を100,000円（240,000円÷12ヶ月×5ヶ月）減少させます。そして、前払保険料という資産が100,000円増加します。

```
6/1       12/31 5ヶ月 5/31
 ├─────────┼──────┤
        決算 100,000円
   1年分の保険料
   の支払い
   240,000円
```

借方科目	金額	貸方科目	金額
前払保険料	100,000	支払保険料	100,000

STEP
47
未使用の切手と収入印紙
——期末に切手や収入印紙が残ってしまった場合

ボクもたくさん
切手を持ってるよ！

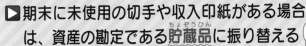

本テーマでの ポイント

▶ 期末に未使用の切手や収入印紙がある場合
は、資産の勘定である**貯蔵品**に振り替える

▶ 翌期首には再振替仕訳を行って、元の
通信費勘定や**租税公課**勘定に戻す

そうなんだ～
趣味で集めてるのね！

未使用の切手や収入印紙には資産価値がある

　期中において切手や収入印紙を購入した際には、**通信費**
や**租税公課**といった費用の勘定に計上しました。その切手
や収入印紙を期末までに使い終われば、もちろん当初計上
した通り、当期の費用になりますが、もし、期末までに使
い終わらなければ、それは当期中の費用ということにはな
りません。期末までに使い終わらなかったということは、
その切手や収入印紙には、まだ**資産価値**があるということ
になります。

切手や収入印紙なん
て、なくなったら困
るので、会社では多
めに買っておくのが
普通よね

切手・収入印紙の計上

切手
収入印紙

使用済 → 費用の勘定に計上

未使用 → 資産の勘定に計上

貯蔵品勘定は資産の勘定

　そこで期末において、期中に購入した切手や収入印紙に未使用分がある場合には、その分だけ**通信費**や**租税公課**を減らして、資産の勘定である**貯蔵品**勘定に振り替える必要があります。

再振替仕訳

また再振替仕訳が出てきたな～

　その後、翌期首になったら**再振替仕訳**を行って、元の**通信費**や**租税公課**に戻します。当期中に使い切らなかった切手や収入印紙も翌期には使うことになるでしょうから、あらかじめ**再振替仕訳**を行って、元の勘定に戻しておく必要があるのです。

　それでは、実際に仕訳を行ってみましょう。

［ケース・スタディー68］

次の取引を仕訳しなさい。

❶切手10,000円分、収入印紙8,000円分を郵便局で購入し、代金は現金で支払った。

❷決算で上記切手と収入印紙の未使用分を調べたところ、切手が1,500円分、収入印紙が1,200円分残っていることが判明した。

❸翌期首に❷の再振替仕訳を行った。

未使用の切手や収入印紙を貯蔵品勘定に振り替える処理は、実務上もよく行われているんですよ

解答・解説

❶切手は通信費、収入印紙は租税公課なので、**通信費**が10,000円、**租税公課**が8,000円発生し、その合計の18,000円だけ**現金**が減少します。よって、借方に通信費10,000円と租税公課8,000円を計上し、貸方に現金18,000円を計上します。

借方科目	金額	貸方科目	金額
通　信　費	10,000	現　　　　金	18,000
租　税　公　課	8,000		

再振替仕訳は、収益、費用の未収・未払・前受・前払のところと同じ考え方ね！

❷切手に1,500円分、収入印紙に1,200円分の未使用があったということは、その分だけ**通信費**と**租税公課**が減少することになります。よって、貸方に通信費1,500円と租税公課1,200円を計上します。そして、切手や収入印紙に未使用があったということは、その分だけ資産価値があるということになるので、資産の勘定である**貯蔵品**が合計の2,700円だけ増加することになります。よって、借方に貯蔵品2,700円を計上します。

借方科目	金額	貸方科目	金額
貯　蔵　品	2,700	通　信　費	1,500
		租　税　公　課	1,200

❸ ❷の再振替仕訳なので、❷と借方、貸方をまったく逆にした仕訳を行います。つまり、借方に**通信費**1,500円と**租税公課**1,200円を計上し、貸方に**貯蔵品**2,700円を計上します。

借方科目	金額	貸方科目	金額
通　信　費	1,500	貯　蔵　品	2,700
租　税　公　課	1,200		

ボクはまだ再振替仕訳がよくわかっていないなぁ～

次の取引を仕訳しなさい。

❶期中に切手20,000円分と収入印紙10,000円分を郵便局で購入し、代金は現金で支払った。

❷決算にあたり、切手と収入印紙の未使用分を調べたところ、以下の未使用が判明した。

　　　　切手2,000円　収入印紙500円

❸翌期首に❷の再振替仕訳を行った。

解答・解説

❶通信費が20,000円、租税公課が10,000円発生し、現金が30,000円（20,000円＋10,000円）減少します。

借方科目	金額	貸方科目	金額
通 信 費	20,000	現　　　金	30,000
租 税 公 課	10,000		

❷通信費を2,000円、租税公課を500円減少させ、貯蔵品を2,500円（2,000円＋500円）増加させます。

借方科目	金額	貸方科目	金額
貯 蔵 品	2,500	通 信 費	2,000
		租 税 公 課	500

❸❷と借方、貸方を逆にした仕訳を行います。

借方科目	金額	貸方科目	金額
通 信 費	2,000	貯 蔵 品	2,500
租 税 公 課	500		

第11章

その他の
債権・債務

貸付金、借入金、未収入金、未払金、
前払金、前受金…など
なんだか似たような用語ばかりだといって
あいまいなままだと先に進めません。
これら用語を、意味を含めて
整理することが第一です

STEP 48　貸付金と借入金
——お金を貸したり借りたりした場合

本テーマでの ポイント

お金の
貸し借りに
関する仕訳ね

▶お金を貸したら**貸付金**勘定、
　お金を借りたら**借入金**勘定で処理

▶利息の計算は、
　貸し借りした金額に**利率**をかけて行う

お金を貸すと
利息がつくんだなぁ

お金を貸した、お金を借りた

試験に出る!!

この章で学ぶ論点は、第1問でよく出題されます。

　すでに何度か登場していますが、お金を取引先などに貸した場合は、**貸付金**勘定で処理します。**貸付金は、約束の日が来たらお金が入ってくるので、資産の勘定**です。

　また、お金を銀行などから借り入れた場合は、**借入金**勘定で処理します。**借入金は、約束の日が来たらお金を支払わなければならないので負債の勘定**です。

お金の貸し借りには利息が生じる

貸付金と借入金は、もう何回も登場しているなぁ

　お金の貸し借りを行うと、その期間に対して**利息**が発生します。お金を貸した側は、**利息**をもらうことができ、お金を借りた側は、**利息**を支払わなければなりません。

　利息の計算は、貸し借りの金額に利率をかけて行います。期間1年で貸し借りした金額が1,000,000円、**利率**が年3%だとすると、**利息**の金額は次のようになります。

貸し借りした金額　　利率　　　　利息
1,000,000円×3%＝30,000円

利息の仕訳方法

　左記の**利息**の金額を用いて仕訳をすると、まず、**利息を**もらう側は、それだけ儲かるので<u>受取利息</u>という収益が30,000円発生することになります。**利息**を現金でもらうとすると、現金という資産が30,000円増加します。

　これを、仕訳の形で示すと、次のようになります。

現　　金	30,000	受取利息	30,000

　一方、**利息**を支払う側は、それだけ損をするので、**支払利息**という費用が30,000円発生することになります。**利息**を現金で支払うとすると、現金という資産が30,000円減少します。これを、仕訳の形で示すと次のようになります。

支払利息	30,000	現　　金	30,000

　なお、貸し借りの期間が１年に満たない場合は、月割りで計算します。例えば、先ほどの貸し借りの期間が１年ではなく９ヶ月だったとすると、

$$\underset{\text{貸し借りした金額}}{1,000,000円} \times \underset{\text{利率}}{3\%} \times \frac{\overset{\text{貸し借りの期間}}{9ヶ月}}{12ヶ月} = \underset{\text{利息}}{22,500円}$$

と計算します。

　それでは、実際に仕訳を行ってみましょう。

ケース・スタディー⑥⑨

トキ株式会社はウミウ株式会社に現金3,000,000円を期間１年、年利率5％の条件で貸し付けた。なお、利息は返済時に受け取ることとした。両社の仕訳を行いなさい。

この章で学ぶ内容は、難しくないわりによく出題されるので、確実に点数をとりたいところです

１年に満たない場合の月割計算は減価償却の場合と同じね

第11章

STEP48 貸付金と借入金

試験に出る!!

貸付金や借入金が出題されるときは、利息の話もほぼ間違いなく出てきます。

お金を貸す際に利息を前もってもらうこともあります

この段階では、利率の5%は関係ないんだね

ふむふむ

この問題では利率が関係してくるのね

へぇ～

【解答・解説】

◉トキ株式会社

貸付を行ったので、**貸付金**という資産が3,000,000円増加します。したがって、借方は貸付金3,000,000円とします。また、貸付を現金で行っているので、**現金**という資産が3,000,000円減少します。よって、貸方は現金3,000,000円とします。

借方科目	金額	貸方科目	金額
貸付金	3,000,000	現　金	3,000,000

◉ウミウ株式会社

ウミウ株式会社は借入を行ったので、**借入金**という負債が3,000,000円増加します。ですから、貸方は借入金3,000,000円とします。そして、現金で借入を行っているので、**現金**という資産が3,000,000円増加します。よって、借方は現金3,000,000円とします。

借方科目	金額	貸方科目	金額
現　金	3,000,000	借入金	3,000,000

【ケース・スタディー70】

トキ株式会社は、ケース・スタディー69で行った貸付の期限が到来したので、ウミウ株式会社より返済を受けた。なお、返済は利息とともに現金で受け取った。両社の仕訳を行いなさい。

【解答・解説】

◉トキ株式会社

貸付金の返済を受けたので、**貸付金**という資産が3,000,000円減少します。ですから、貸方は貸付金3,000,000円とします。

また、下線_返済時に利息150,000円（3,000,000円×5％）を受け取っているので、**受取利息**という収益が下線_150,000円発生します。よって、もう1つ貸方に受取利息150,000円とします。そして、返済額と利息の合計である3,150,000円だけ、**現金**という資産が増加します。したがって、借方は現金3,150,000円とします。

借方科目	金額	貸方科目	金額
現　金	3,150,000	貸 付 金	3,000,000
		受取利息	150,000

●ウミウ株式会社

借入金の返済を行ったので、**借入金**という負債が3,000,000円減少します。ですから、借方は借入金3,000,000円とします。

また、下線_返済時に利息150,000円を支払うので、**支払利息**という費用が150,000円発生します。よって、もう1つ借方に支払利息150,000円とします。そして、返済額と利息の合計である3,150,000円だけ、**現金**という資産が減少します。よって、貸方は現金3,150,000円とします。

借方科目	金額	貸方科目	金額
借 入 金	3,000,000	現　金	3,150,000
支払利息	150,000		

受取利息＝貸付金額×年利率（1年に満たない場合は、月割計算を行う）

貸付期間が決算日をまたぐ場合は、利息の未収・未払、前受・前払を行う必要があるので注意しましょう

毛ッと詳しく!!

2級で学ぶ話ですが、**貸付金**や**借入金**の期間が決算日の翌日から数えて1年を超える場合は、長期貸付金、長期借入金として処理します。

STEP48の
おさらい問題

次の連続した取引を仕訳しなさい。

❶エゾシカ株式会社はイタチ株式会社に、現金で5,000,000円の貸付を行った。貸付条件は、期間10ヶ月、年利率6％、利息の支払いは返済時である。

❷貸付後、2ヶ月がたった段階で決算を迎えたので、利息の未収計上を行う。

❸翌期首となったので、再振替仕訳を行う。

❹エゾシカ株式会社は、10ヶ月が経過したので、❶の返済を受けた。なお、利息も含めて返済金額は現金で受け取った。

解答・解説

❶貸付金という資産が5,000,000円増加します。そして、現金という資産が5,000,000円減少します。

借方科目	金額	貸方科目	金額
貸 付 金	5,000,000	現 金	5,000,000

❷受取利息という収益が50,000円（5,000,000円×6％÷12ヶ月×2ヶ月）発生します。そして、未収利息という資産が50,000円増加します。

借方科目	金額	貸方科目	金額
未収利息	50,000	受取利息	50,000

❸再振替仕訳なので、未収計上時と逆の仕訳を行います。

借方科目	金額	貸方科目	金額
受取利息	50,000	未収利息	50,000

❹貸付金という資産が5,000,000円減少します。また、受取利息という収益が250,000円発生し、現金という資産が5,250,000円増加します。

借方科目	金額	貸方科目	金額
現 金	5,250,000	貸 付 金 受取利息	5,000,000 250,000

もっと詳しく!!

受取利息250,000円は、5,000,000円×6％÷12ヶ月×10ヶ月にて導き出されます。

貸付金、借入金は、もう理解できましたか？

STEP 49 未収入金と未払金
──商品以外のものを売買し、代金を掛けとした場合

本テーマでの ポイント

お店にあるのは
みんな商品
でしょ？

商品陳列棚
のように、商品では
ないものも店舗には
ありますよね

▶ **商品以外のものを売却して、代金を
もらっていない場合は未収入金勘定で処理**
（み しゅうにゅうきん）

▶ **商品以外のものを購入して、代金を
支払っていない場合は未払金勘定で処理**
（み ばらいきん）

商品以外のものを売買し、代金の受払いを行っていないときは？

　商品を売ってお金をもらっていない場合は売掛金、商品を買ってお金を支払っていない場合は買掛金として処理してきました。しかし、商品以外のもので代金の受払いを行っていない場合は、売掛金勘定や買掛金勘定は用いません。

　商品以外のものを売ってお金をもらっていない場合は、**未収入金**勘定を用います。**未収入金**は、あとでお金をもらうことができるので資産の勘定です。商品以外のものを買ってお金を支払っていない場合は、**未払金**勘定を用います。**未払金**は、あとでお金を支払わなければならないので負債の勘定です。商品以外のものとは、備品や車両などです。簿記では手形のところでも出てきましたが、**商品であるか否かというものを明確に分ける**ので、このように処理します。

ココが大事

平成28年度の試験より未収金から**未収入金**となりましたが、第1問のように使用する勘定科目群から選ぶ出題形式でなければ、未収金と書いても間違いではありません。

何が商品なのかが大事

　商品以外のものを掛けで売買する際は、売掛金や買掛金ではなく、**未収入金**や**未払金**を用いるといいましたが、1

つだけ注意してもらいたいことがあります。それは、その**お店にとって何が商品で何が商品以外なのか**ということです。

例えば、車を販売している会社であれば、もちろん車が商品ということになります。したがって、この会社が車を販売し、代金は掛けとした場合は売掛金を用います。

しかし車を販売している会社以外の会社が、車を使用しなくなったので売却し、代金をその場でもらっていない場合は、**未収入金**となります。

それでは、実際に仕訳を行ってみましょう。

その会社にとって、何が商品なのかを見極めましょう

ケース・スタディー⑦

クジラ株式会社は帳簿価額50,000円の土地を50,000円でアライグマ株式会社に売却し、代金は後日受け取ることとなった。両社の仕訳を行いなさい。

解答・解説

●クジラ株式会社

土地を売却したので、**土地**という資産が50,000円減少します。ですから、貸方は土地50,000円となります。そして、代金は後日受け取ることにしたので、**未収入金**という資産が50,000円増加します。よって、借方は未収入金50,000円とします。

借方科目	金額	貸方科目	金額
未収入金	50,000	土　地	50,000

●アライグマ株式会社

アライグマ株式会社は土地を購入したので、**土地**という資産が50,000円増加します。したがって、借方は土地50,000円とします。代金は後日支払うことに

商品以外の取引は、**未収入金**勘定、**未払金**勘定で処理します。

流れ自体は売掛金、買掛金と同じね

したので、**未払金**という負債が50,000円増加します。
よって、貸方は未払金50,000円とします。

借方科目	金額	貸方科目	金額
土　　地	50,000	未 払 金	50,000

ケース・スタディー**72**
クジラ株式会社はアライグマ株式会社より、ケース・スタディー71の未収入金を現金で回収した。両社の仕訳を行いなさい。

解答・解説

●**クジラ株式会社**

　未収入金を回収したので、**未収入金**という資産が50,000円減少します。そして、現金で回収しているので、**現金**という資産が50,000円増加します。

借方科目	金額	貸方科目	金額
現　　金	50,000	未収入金	50,000

●**アライグマ株式会社**

　未払金を支払ったので、**未払金**という負債が50,000円減少します。そして、代金は現金で支払ったので、**現金**という資産が50,000円減少します。

借方科目	金額	貸方科目	金額
未 払 金	50,000	現　　金	50,000

今度は売った土地のお金をアライグマ株式会社からもらったのだから未収入金がなくなるわけで…

ふむふむ

STEP49の
おさらい
問題

次の取引を仕訳しなさい。

❶バク株式会社は、コピー機の販売を営むハリネズミ事務機器株式会社より、備品としてコピー機を800,000円で買い入れ、代金は1ヶ月後に支払うことにした。
❷❶のバク株式会社は、期日がきたのでハリネズミ事務機器株式会社に代金

800,000円の小切手を振り出して支払った。

❸トラ株式会社は、コピー機の販売を営んでおり、コピー機を製造するヒョウ電子機器製造株式会社より、コピー機を800,000円で買い入れ、代金は1ヶ月後に支払うことにした。

❹❸のトラ株式会社は、期日がきたのでヒョウ電子機器製造株式会社に代金800,000円の小切手を振り出して支払った。

解答・解説

　お店にとって何が商品で何が商品以外なのかを見極めましょう。トラ株式会社にとってコピー機は商品ですが、バク株式会社にとっては備品の一つです。

❶備品という資産が800,000円増加します。そして、未払金という負債が800,000円増加します。

借方科目	金額	貸方科目	金額
備　　品	800,000	未 払 金	800,000

❷未払金という負債が800,000円減少します。そして、当座預金という資産が800,000円減少します。

借方科目	金額	貸方科目	金額
未 払 金	800,000	当座預金	800,000

❸仕入という費用が800,000円発生します。そして、買掛金という負債が800,000円増加します。

借方科目	金額	貸方科目	金額
仕　　入	800,000	買 掛 金	800,000

❹買掛金という負債が800,000円減少します。そして、当座預金という資産が800,000円減少します。

借方科目	金額	貸方科目	金額
買 掛 金	800,000	当座預金	800,000

STEP 50 前払金と前受金
── 商品売買の前に、代金のやり取りがあった場合の処理

> 商品を買うとき
> に先に一部お金を
> 払うことが
> ありますよね。
> その仕訳です

本テーマでの ポイント

▶ 商品を購入する前に
　代金を支払った場合は<u>前払金</u>勘定で処理
　　　　　　　　　　　　　（まえばらいきん）

▶ 商品を販売する前に代金を
　受け取った場合は<u>前受金</u>勘定で処理
　　　　　　　　　　　（まえうけきん）

> 家を買うとき
> 手付金が必要
> だって聞いたことが
> あるよ！

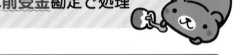

商品売買以前の代金のやり取り

　商品を購入する前に、代金のやり取りをする場合、一般的に手付金とか内金でやり取りされることが多いですよね。このように、**商品を購入する前にお金を支払った場合は、前払金勘定で処理**します。

　前払金は、お金を払った分だけ商品をもらえる権利があるので資産の勘定です。お金を払ったあとで、もしキャンセルになった場合は、お金が戻ってくるでしょうから、資産と考えてもいいでしょう。

　一方、**商品を販売する前に、お金をもらった場合は、前受金勘定で処理**します。**前受金**は、お金をもらった分だけ商品を引き渡さなければならない義務があるので、負債の勘定です。前払金同様、キャンセルになった場合は、もらったお金を返さなければならないので、負債と考えてもいいでしょう。

　それでは、実際に仕訳を行ってみましょう。

もっと 詳しく‼

高額の商品を購入するとき、購入の意思が固いことを示すため、またはちゃんとお金を支払う意思があることを示すために、商品を購入する前にお金を払うこともあります。

ウミネコ株式会社は、カモシカ株式会社より商品20,000円を購入することにしたが、それに先立って、現金20,000円を支払った。両社の仕訳を行いなさい。

▼

解答・解説

●ウミネコ株式会社

商品購入の代金を前払いしたので、**前払金**という資産が20,000円増加します。ですから、借方は前払金20,000円とします。そして、この代金は現金で支払っているので、**現金**という資産が20,000円減少します。よって、貸方は現金20,000円とします。

商品をやり取りする前に代金の受け払いがあった場合は、**前払金**勘定、**前受金**勘定で処理します。

借方科目	金額	貸方科目	金額
前 払 金	20,000	現　　金	20,000

●カモシカ株式会社

商品販売に先立ってお金をもらったので、**前受金**という負債が20,000円増加します。したがって、貸方は前受金20,000円とします。そして、代金は現金でもらっているので、**現金**という資産が20,000円増加します。よって、借方は現金20,000円とします。

借方科目	金額	貸方科目	金額
現　　金	20,000	前 受 金	20,000

もっと詳しく**!!**

この問題は、商品を購入する前に商品代金の全額を支払っています。全額であっても一部であっても、**前払金**勘定で処理します。

ケース・スタディー**74**

ウミネコ株式会社はカモシカ株式会社より、ケース・スタディー**73**の商品を受け取った。両社の仕訳を行いなさい。

▼

解答・解説

●ウミネコ株式会社

商品を実際に仕入れたので、**仕入**という費用が20,000円発生します。ですから、借方は仕入20,000円とします。そして、代金はすでに支払って前払金としていたので、**前払金**という資産が20,000円減少します。よって、貸方は前払金20,000円とします。

借方科目	金額	貸方科目	金額
仕　　入	20,000	前 払 金	20,000

●カモシカ株式会社

商品を実際に販売したので、**売上**という収益が20,000円発生します。したがって、貸方は売上20,000円とします。代金はすでに受け取っており前受金としていたので、**前受金**という負債が20,000円減少します。なので、借方は前受金20,000円とします。

借方科目	金額	貸方科目	金額
前 受 金	20,000	売　　上	20,000

商品を渡してしまったら前受金がなくなるんだぁ～

STEP50の おさらい問題

次の連続した取引を仕訳しなさい。なお、両社の仕訳を行うこと。

❶ツバメ株式会社は、モグラ株式会社より300,000円の商品を仕入れることになった。仕入に先立ち、30,000円を現金で前払いした。

❷ツバメ株式会社は、❶の商品をモグラ株式会社より仕入れた。なお、商品代金の残金は小切手を振り出して支払った。

◉ツバメ株式会社

❶前払金という資産が30,000円増加します。そして、現金という資産が30,000円減少します。

借方科目	金額	貸方科目	金額
前 払 金	30,000	現　　金	30,000

❷仕入という費用が300,000円発生します。そして、前払金という資産が30,000円減少し、当座預金という資産が270,000円減少します。

借方科目	金額	貸方科目	金額
仕　　入	300,000	前 払 金 当座預金	30,000 270,000

◉モグラ株式会社

❶前受金という負債が30,000円増加します。そして、現金という資産が30,000円増加します。

借方科目	金額	貸方科目	金額
現　　金	30,000	前 受 金	30,000

❷売上という収益が300,000円発生します。そして、前受金という負債が30,000円減少し、現金という資産が270,000円増加します。

借方科目	金額	貸方科目	金額
前 受 金 現　　金	30,000 270,000	売　　上	300,000

モっと詳しく!!

商品の引渡し時は、まず**前払金、前受金**をなくして、残額を現金などで決済するという流れで仕訳を考えます。

前受金は商品を引き渡す義務を表しているので、商品を渡したら前受金もなくなります

STEP 51 立替金と預り金
―― お金を立替えたり、預かった場合の処理

立替えや
前借りを行った
場合の仕訳です

本テーマでの ポイント

▶ お金を立替えた場合は
立替金勘定で処理

▶ お金を預かった場合は
預り金勘定で処理

取引先の
お金を立替える
ときもあるのね

誰かの代わりにお金を払う

　取引先など、**誰かの代わりにお金を立替えて支払うこと
があります。このような場合、立替金勘定で処理**します。

　立替金は、あとで本来お金を払うべき人からお金をもら
うことができるので資産の勘定です。

　また、**従業員に対する給料の前貸しも立替金**勘定を用い
て処理します。イメージ的には前払いですが、簿記の試験
上は**立替金**勘定で処理するので注意してください。

給料の前貸しは、前
払金ではなく立替金
なのね

へぇ～

誰かのお金を預かる

　従業員など、**誰かのお金を預かることがあります。この
ような場合、預り金勘定で処理**します。**預り金**は、あとで
誰かにお金を払う必要があるので負債の勘定です。

　試験でも実務上でもよく出てくる例は、**従業員の所得税
や社会保険料の預り金**です。これらは本来、従業員が税務
署や年金事務所に支払うものですが、事務処理上の理由な
どから、会社が給料の支払い時に従業員から預かって、一

もっと詳しく!!

預り金勘定は、その内容に応じてより詳細な名称を用いることがあります。例えば、**所得税預り金**勘定や**社会保険料預り**勘定です。

ちょっと一息

実務では、所得税や社会保険料の他に、雇用保険や住民税の預り金もあります。

給料の前貸しは**立替金**勘定で処理する。

用語解説

立替金（たてかえきん）

誰かの代わりにお金を払った場合に用いられる勘定。後日、お金をもらうことができるので資産となる。

用語解説

源泉徴収（げんせんちょうしゅう）

従業員が負担する所得税を給料から差し引くこと。

括で税務署や年金事務所に納めることになっています。このときに、**預り金**勘定を用いて処理するのです。

なお、**社会保険料**（健康保険料、厚生年金保険料）は、従業員負担分と同額を会社が負担した上で納めることになっています。その際の会社負担分は**法定福利費**勘定を用いて仕訳します。

それでは、実際に仕訳を行ってみましょう。

ケース・スタディー75

従業員に給料の前貸しとして、現金100,000円を渡した。これを仕訳しなさい。

解答・解説

従業員に対する給料の前貸しを行っているので、**立替金**という資産が100,000円増加します。したがって、借方は立替金100,000円とします。そして、現金を渡しているので、**現金**という資産が100,000円減少します。よって、貸方は現金100,000円とします。

借方科目	金額	貸方科目	金額
立 替 金	100,000	現 金	100,000

ケース・スタディー76

従業員に対する給料500,000円につき、所得税の源泉徴収分30,000円と社会保険料の預り金50,000円を差し引いて手取金を現金で支払った。これを仕訳をしなさい。

286

解答・解説

　給料の支払いを行っているので、**給料**という費用が500,000円発生します。ですから、借方は給料500,000円とします。その際、所得税の源泉徴収分30,000円と社会保険料の預り金50,000円の合計80,000円だけ**預り金**という負債が増加します。よって、貸方は預り金80,000円とします。

　そして、給料から源泉徴収を差し引いた分だけ現金で支払うので、**現金**という資産が420,000円減少します。したがって、もう1つ貸方に現金420,000円とします。

借方科目	金額	貸方科目	金額
給　　料	500,000	預　り　金 現　　金	80,000 420,000

用語解説

手取金
てどりきん
手元に入ってくるお金のこと。

健康保険料や厚生年金保険料の半分は、会社が負担してくれているのね

ケース・スタディー**77**

ケース・スタディー**76**で預かった所得税の源泉徴収分**30,000円**と社会保険料の従業員負担分の預り金**50,000円**に会社負担分の**50,000円**を加えた金額を現金で納付した。これを仕訳しなさい。

いろいろなものが、たくさん引かれるとお給料が減っちゃうよ〜

　預り金を納付したので**預り金**が80,000円減少します。よって、借方に預り金80,000円を計上します。その際に会社負担分の社会保険料50,000円もあわせて納付しているので、**法定福利費**50,000円が発生します。よって、同じく借方に法定福利費50,000円を計上します。そして、預り金80,000円と法定福利費50,000円の合計130,000円を現金で納付しているので、**現金**が130,000円減少します。よって、貸方は現金130,000円とします。

借方科目	金額	貸方科目	金額
預り金 法定福利費	80,000 50,000	現　金	130,000

STEP51の**おさらい問題**

次の連続した取引を仕訳しなさい。

❶従業員に給料の前貸しとして、現金70,000円を渡した。
❷従業員の給料800,000円を支給するにあたり、❶の前貸し分と所得税の源泉徴収額40,000円、社会保険料の預り金50,000円を差し引き、手取金を現金で支払った。
❸❷の預り金に社会保険料の会社負担分50,000円を加算した金額を現金で納付した。

解答・解説

❶立替金という資産が70,000円増加します。そして、現金という資産が70,000円減少します。

借方科目	金額	貸方科目	金額
立替金	70,000	現　金	70,000

❷給料という費用が800,000円発生します。また立替金という資産が70,000円減少し、預り金という負債が90,000円増加します。そして、現金という資産が640,000円減少します。

借方科目	金額	貸方科目	金額
給　　料	800,000	立　替　金	70,000
		預　り　金	90,000
		現　　金	640,000

❸預り金という負債が90,000円減少し、法定福利費という費用が50,000円発生します。そして、現金という資産が140,000円減少します。

借方科目	金額	貸方科目	金額
預　り　金	90,000	現　　金	140,000
法定福利費	50,000		

立替金と預り金が同時に出てくることもあるのね

ふむふむ

給料の前貸しをしてもらっているので、給料のときにその分少なくなるのは、しかたないねぇ～

STEP 52 仮払金と仮受金
——とりあえずお金を支払ったり、もらったりした場合の処理方法

例えば、
出張先で使う
お金として、会社から
持っていくお金です

本テーマでの ポイント

▶ とりあえずお金を支払った場合は
仮払金（かりばらいきん）勘定で処理

▶ とりあえずお金をもらった場合は
仮受金（かりうけきん）勘定で処理

出張って
たくさんお金を
つかいそうね

とりあえずお金を支払う「仮払金」

試験に出る!!

仮払金、仮受金は、この章の論点の中でもよく出題されるテーマです。

今度は仮払金と
仮受金ね

　お金の支出はあるけれど、そのお金を何にいくら使うかわからないことがあります。

　例えば、従業員が出張に行くときなどです。出張先では、交通費や接待交際費など何にいくら使うか、会社からお金を持っていく段階ではわかりません。

　しかし、会社からお金を持っていく以上は何らかの仕訳が必要になります。そこで、**支出時に何にいくら使うかわからないものは、仮払金**（かりばらいきん）**として処理**します。

　仮払金は、一時的に用いる勘定ですが、一応、資産に分類されます。仮払いしたお金がもし使われなかったら、お金が戻ってくるので、資産になると考えればよいでしょう。

とりあえずお金を受け取る「仮受金」

　何に対してのものなのかわからないけれども、とりあえずお金をもらうということもあります。例えば、売掛金と貸付金のある取引先から、連絡のない送金があったとしま

す。このような場合、受け取った側は、売掛金に対するものなのか、貸付金に対するものなのかわかりません。

しかし、受け取った以上は何らかの仕訳をする必要があります。そこで、**受け取った段階では何に対するものかわからない場合は、仮受金として処理**します。**仮受金**も一時的に用いる勘定ですが、一応、負債に分類されます。

仮受したお金がもし間違いだったら、取引先に返済しなければならないので、負債になると考えればよいでしょう。

それでは、実際に仕訳を行ってみましょう。

モっと **詳しく!!**

仮払金、**仮受金**は、決算整理までにその内容を明らかにすべきものなので、貸借対照表に計上されることは、通常ありません。

仮払金も仮受金も一時的な勘定だから決算までにはすべてなくします

(ケース・スタディー78)

従業員の出張にあたり、旅費の概算額200,000円を現金で渡した。これを仕訳しなさい。

▼

解答・解説

旅費としてとりあえず200,000円渡しているので、**仮払金**という資産が200,000円増加します。ですから、借方は仮払金200,000円とします。

そして、現金で渡したので、**現金**という資産が200,000円減少します。よって、貸方は現金200,000円とします。

借方科目	金額	貸方科目	金額
仮 払 金	200,000	現　金	200,000

用語解説

概算額
おおよその金額ということ。

(ケース・スタディー79)

得意先より300,000円の入金が当座預金口座にあったが、その内容は不明である。これを仕訳しなさい。

▼

仮払時、仮受時の仕訳は簡単ね

解答・解説

　当座預金口座に入金があったので、**当座預金**という資産が300,000円増加します。したがって、借方は当座預金300,000円とします。しかし、その入金の内容は不明なので、**仮受金**という負債が300,000円増加します。よって、貸方は仮受金300,000円とします。

借方科目	金額	貸方科目	金額
当座預金	300,000	仮 受 金	300,000

STEP52の
おさらい問題

次の取引を仕訳しなさい。

❶従業員の出張にあたり、旅費の概算額100,000円を現金で渡した。
❷❶の従業員が出張から戻ったので、旅費を精算したところ、残金が20,000円あったので、現金で返済を受けた。
❸得意先より現金180,000円が送金されてきたが、その内容は不明である。
❹❸の送金は、売掛金に対するものである旨、得意先より連絡を受けた。
❺先日、従業員の出張にあたり、旅費の概算額として50,000円を渡していたが、本日、出張から戻り旅費を精算したところ、仮払いした額が少なく、不足分10,000円を現金で支払った。

解答・解説

❶仮払金という資産が100,000円増加します。そして、現金という資産が100,000円減少します。

借方科目	金額	貸方科目	金額
仮 払 金	100,000	現 　 金	100,000

❷仮払金という資産が100,000円減少します。また、現金という資産が20,000円増加します。そして、旅費という費用が80,000円発生します。

借方科目	金額	貸方科目	金額
現　　金	20,000	仮払金	100,000
旅　　費	80,000		

❸仮受金という負債が180,000円増加します。そして、現金という資産が180,000円増加します。

借方科目	金額	貸方科目	金額
現　　金	180,000	仮 受 金	180,000

❹仮受金という負債が180,000円減少します。そして、売掛金という資産が180,000円減少します。

借方科目	金額	貸方科目	金額
仮 受 金	180,000	売 掛 金	180,000

❺仮払金という資産が50,000円減少します。また、現金という資産が10,000円減少します。そして、旅費という費用が60,000円発生します。

借方科目	金額	貸方科目	金額
旅　　費	60,000	仮 払 金	50,000
		現　　金	10,000

もっと詳しく!!

仮払金で備品を購入していたり、仮受金が売掛金だったりすると、それが決算整理中に判明したのであれば、減価償却（げんかしょうきゃく）の計算や貸倒引当金（かしだおれひきあてきん）の計算に影響を与えることになるので、注意してください。

STEP 53 受取商品券と差入保証金
―商品券を受け取ったときの処理、保証金等を差し入れたときの処理

本テーマでの ポイント

> ▶ 商品券を受け取ったときは、
> **受取商品券**勘定（資産）で処理する
>
> ▶ 保証金を差し入れたときは、
> **差入保証金**勘定（資産）で処理する

商品券って、デパートとかで使うものね

仕訳も簡単です

顧客から商品券を受け取った！

商品券には、ギフトカード、ビール券、商店街や自治体、商工会議所が発行したものなどがあります

　商売を営んでいると顧客から代金の支払いとして、さまざまな商品券を受け取ることがあります。

　商品券を受け取った場合は、資産の勘定である**受取商品券**勘定に計上します。**受取商品券**は、あとでその商品券を発行したところからお金をもらうことができるので、**資産**の勘定となります。そして、商品券の発行元に商品券を引き渡し、その分のお金をもらったら、**受取商品券**を減少させます。

保証金や敷金を支払った！

　商売を営むにあたり、店舗や事務所を賃貸することがあります。そのような場合は、通常の家賃の他に、契約時に**保証金**や**敷金**を支払うのが一般的です。

　保証金や**敷金**を支払った場合は、**資産**の勘定である**差入保証金**勘定に計上します。解約時に返還される**保証金**や**敷金**に関しては、将来お金が入ってくるのだから、**資産**の勘定となるわけです。そして、解約の際にお金が戻ってきた

ら、**差入保証金**を減少させます。

では、実際に仕訳を行ってみましょう。

ケース・スタディー⑳

次の連続した取引を仕訳しなさい。

❶酒屋を営むウサギ株式会社は、3,000円分のビールを販売し、代金はビール券で受け取った。

❷ウサギ株式会社は、❶で受け取ったビール券を発行元に引き渡し換金請求を行ったところ、ただちに同額が普通預金口座に振り込まれた。

❸ウサギ株式会社は店舗を移転することになり、新店舗の敷金400,000円、不動産会社への手数料200,000円、1ヶ月分の家賃200,000円を普通預金口座から振り込んだ。

私も簿記の教室を始めるときに、不動産屋さんに敷金を支払いましたよ

解答・解説

❶商品を3,000円で販売したので、**売上**が3,000円発生し、代金はビール券で受け取ったので、**受取商品券**が3,000円増加します。よって、貸方に売上3,000円を計上し、借方に受取商品券3,000円を計上します。

借方科目	金額	貸方科目	金額
受取商品券	3,000	売　　　　上	3,000

❷受け取った商品券を発行元に引渡したので**受取商品券**を減少させ、その分の代金が普通預金口座に振り込まれたので**普通預金**を増加させます。よって、貸方に受取商品券を計上し、借方に普通預金を計上します。

借方科目	金額	貸方科目	金額
普 通 預 金	3,000	受取商品券	3,000

ボクも大人になったら、ビール券でビールを買うぞ！

❸新店舗を賃貸するために敷金と手数料と家賃を支払ったので**差入保証金**が400,000円増加し、**支払手数料**200,000円と**支払家賃**200,000円が発生します。これらの合計金額800,000円（400,000円＋

敷金でも保証金でも、用いる勘定科目は差入保証金になるのね！

200,000円＋200,000円）を普通預金口座から支払っているので、**普通預金**が800,000円減少します。

借方科目	金額	貸方科目	金額
差入保証金	400,000	普通預金	800,000
支払手数料	200,000		
支払家賃	200,000		

おさらい問題

次の取引を仕訳しなさい。

❶クジラ株式会社は商品を50,000円で販売し、代金は地元商店街発行の商品券で受け取った。

❷クジラ株式会社は1ヶ月間で受け取った地元商店街発行の商品券320,000円を引き渡して換金請求をしたところ、ただちに同額が当座預金口座に振り込まれた。

❸イルカ株式会社は、会社を設立するために事務所を賃貸することになり、保証金600,000円、不動産会社への手数料100,000円、1ヶ月分の家賃100,000円を現金で支払った。

▼

解答・解説

❶売上が50,000円発生し、受取商品券が50,000円増加します。

借方科目	金額	貸方科目	金額
受取商品券	50,000	売　　　上	50,000

❷受取商品券が320,000円減少し、当座預金が320,000円増加します。

借方科目	金額	貸方科目	金額
当座預金	320,000	受取商品券	320,000

❸差入保証金が600,000円増加し、支払手数料100,000円と支払家賃100,000円が発生します。また、その合計金額だけ現金が減少します。

借方科目	金額	貸方科目	金額
差入保証金	600,000	現　　　金	800,000
支払手数料	100,000		
支払家賃	100,000		

第12章

伝票会計

3つの伝票を用いるのが3伝票制です。
伝票もルールを覚えてしまえば
難しいことは何もありませんよ

STEP
54
伝票制
——伝票ってどんなもの？

本テーマでの ポイント

伝票って、
きいたことある？

入金伝票とか
出金伝票とかを
文房具屋さんで
見たことがあるわ

▶ **伝票**とは仕訳帳の代わりに、
仕訳内容を記入する紙切れのこと

▶ **3伝票制**は、**入金伝票**、**出金伝票**、
振替伝票を用いて処理する方法である

伝票とは？

試験に出る!!

伝票の問題は第2問で
出題されます。

　伝票とは、仕訳の内容が記入された紙片（紙切れ）のことです。簿記の流れは、取引→仕訳→勘定というものでした。そして、仕訳は仕訳帳という帳簿に記入することになっていましたが、**伝票会計では、仕訳帳の代わりに伝票という紙切れに記入します**。**伝票会計**といっても、結局は仕訳を書く場所が変わっただけの話で、簿記自体の流れやしくみが大きく変わるわけではありません。

もっと詳しく!!

　3伝票制に仕入伝票と売上伝票を加えた**5伝票制**というものもありますが、実務では伝票会計といえば**3伝票制**のことを意味し、また、**5伝票制**を採用する企業が少ないのが現状です。

　3級で学ぶ**伝票会計**は、**3伝票制**になります。**3伝票制とは、入金伝票、出金伝票、振替伝票の3種類の伝票を用いて処理する方法**です。

入金伝票

　入金伝票は、お金が入ってきたときに記入される伝票です。

> **入金伝票**
> ○年2月22日
> （売掛金）　120,000

　入金伝票に記入された内容を仕訳してみましょう。**入金伝票**に記入されたということは、お金が入ってきたということなので、借方は必ず現金となります。そして、貸方は**入金伝票**に書かれている勘定となります。上記の例を仕訳すると、

入金伝票に記入された内容を仕訳する場合、借方は必ず現金になります。

現　　金	120,000	売 掛 金	120,000

となります。

出金伝票

　出金伝票は、お金が出ていったときに記入される伝票です。

> **出金伝票**
> ○年2月26日
> （通信費）　80,000

出金伝票に記入された内容を仕訳する場合、貸方は必ず現金となります。

　出金伝票に記入された内容を仕訳してみましょう。**出金伝票**に記入されたということは、お金が出ていったということなので、貸方は必ず現金となります。そして、借方は**出金伝票**に書かれている勘定となります。上記の例を仕訳すると、

もっと詳しく!!

入金伝票の借方は必ず現金、**出金伝票**の貸方は必ず現金、と覚えておきましょう。

通 信 費	80,000	現　　金	80,000

となります。

振替伝票

振替伝票は、入出金以外の取引を記入する伝票です。

> **振替伝票**
> ○年2月28日
> （買 掛 金）80,000　（支払手形）80,000

振替伝票に記入された内容は、仕訳そのものなので、特に仕訳を考える必要はありません。振替伝票の場合は、借方にも貸方にもいろいろな勘定がくる可能性があります。

しかし、**借方、貸方とも現金だけは絶対にありえない**ので、注意してください。

それでは、実際に仕訳を行ってみましょう。

振替伝票に記入された内容は仕訳を考える必要がないのね

もっと詳しく!!

伝票から勘定に転記する際に、転記を容易にするために、**仕訳日計表**（しわけにっけいひょう）と呼ばれる表を作成することがあります。

ケース・スタディー 81

次の入金伝票の内容を仕訳しなさい。

> **入金伝票**
> ○年5月18日
> （受取手形）　170,000

▼

解答・解説

入金伝票に記入されているので、**現金**という資産が170,000円増加します。したがって、借方は現金170,000円とします。そして、入金伝票に受取手形

と記入されているので、**受取手形**という資産が170,000円減少します。よって、貸方は受取手形170,000円とします。

借方科目	金額	貸方科目	金額
現　金	170,000	受取手形	170,000

入金伝票の借方は、現金ね

ケース・スタディー 82

次の振替伝票の仕訳を行いなさい。

振替伝票
○年5月12日
（受取手形）70,000　（売掛金）70,000

振替伝票の仕訳は、すごく簡単だなぁ

解答・解説

　振替伝票に記入された内容がそのまま仕訳となりますので、借方は**受取手形**70,000円となり、貸方は**売掛金**70,000円とします。

借方科目	金額	貸方科目	金額
受取手形	70,000	売　掛　金	70,000

もっと詳しく!!

伝票会計を行う利点として、経理作業の効率化があげられます。伝票の場合、同時に複数の人が仕訳を記入することができるので、仕訳帳を用いる場合に比べて効率が高まります。

次の伝票の内容を仕訳しなさい。

❶

入金伝票
○年5月2日
（売掛金）　90,000

❷

出金伝票
○年5月8日
（光熱費）　60,000

❸

振替伝票
○年5月15日
（仕　　入）30,000　（買 掛 金）30,000

【 解答・解説 】

❶現金という資産が90,000円増加します。そして、売掛金という資産が90,000円減少します。

借方科目	金額	貸方科目	金額
現　　金	90,000	売 掛 金	90,000

❷現金という資産が60,000円減少します。そして、光熱費という費用が60,000円発生します。

借方科目	金額	貸方科目	金額
光 熱 費	60,000	現　　金	60,000

❸仕入という費用が30,000円発生します。そして買掛金という負債が30,000円増加します。

借方科目	金額	貸方科目	金額
仕　　入	30,000	買 掛 金	30,000

STEP 55　2枚の伝票が必要となる取引
──2行にまたがる仕訳の記入方法

伝票では
こういった
仕訳が必要に
なります

本テーマでの ポイント

▶ **2行にまたがる仕訳は、
1枚の伝票に記入することはできない**

▶ **2行の仕訳を2つに分けるには、取引を
分解する方法と取引を擬制（ぎせい）する方法がある**

伝票会計の問題点

　作業の効率をもたらす**伝票会計**ですが、問題点もあります。それは、**1枚の伝票には横1行の仕訳しか記入できない**ということです。逆の言い方をすると、2行にまたがる仕訳は、1枚の伝票には記入できないということです。例えば、

仕　　入	50,000	現　　金	20,000
		買 掛 金	30,000

というような2行にまたがる仕訳は、1枚の伝票に記入することができないのです。

　しかし、**伝票会計**を採用している以上は、すべての取引を伝票に記入する必要があります。結局、上記のような2行にまたがる仕訳は、1行ずつに分けて、2枚の伝票に記入することになります。

　2行にまたがる仕訳を2つに分ける方法として、**取引を分解する方法**と**取引を擬制（ぎせい）する方法**の2つがあるので、以下、説明していきます。

試験に出る!!

試験で出題される伝票の問題のほとんどが、この項で学ぶ内容です。

ココが大事

1枚の伝票に、2行にまたがる仕訳は、記入することができません。

取引を分解する方法

取引を分解する方法は、2つに分かれている側に合わせて、もう片方の側を分ける方法です。前述の例で説明すると、借方の仕入を貸方の現金と買掛金に合わせて2つに分けます。仕訳の形で示すと、

| 仕　入 | 20,000 | 現　金 | 20,000 |
| 仕　入 | 30,000 | 買掛金 | 30,000 |

となります。上の仕訳は、貸方に現金があるので、出金伝票に記入されることになり、下の仕訳は、貸借とも現金がないので、振替伝票（ふりかえでんぴょう）に記入することになります。

取引を擬制する方法

取引を擬制する方法は、このような取引が行われたであろうと仮定して仕訳を行う方法です。3伝票制を前提に前述の例で説明すると、まず、仕入50,000円をすべて掛けで行ったと考えます。すると、

| 仕　入 | 50,000 | 買掛金 | 50,000 |

と仕訳することになります。

そして、買掛金のうち20,000円をすぐに現金で支払ったと考えて、

| 買掛金 | 20,000 | 現　金 | 20,000 |

と仕訳します。買掛金が貸方に50,000円と借方に20,000円出てきますが、2つの仕訳の残高は貸方に30,000円となるので、本来の残高に一致しますよね。

上の仕訳は貸借とも現金が出てこないので、振替伝票に記入することになり、下の仕訳は貸方に現金があるので、

ちょっと、難しいなぁ～

出金伝票に記入することになります。**取引を分解する方法**に比べて、面倒な感じがしますが、**取引を分解する方法**だと、場合によっては、**説明のつかない仕訳が出てくることがあるので、理論的には、取引を擬制する方法が望ましい**とされています。

それでは、実際に問題を解いてみましょう。

もっと詳しく!!

理論的に望ましいのは、**取引を擬制する方法**ですが、試験ではいずれの方法も出題されます。

ケース・スタディー83

商品を仕入れ、代金150,000円のうち100,000円を現金で支払い、残額を掛けとした取引について、出金伝票を以下のように作成した場合、振替伝票に記入される仕訳はどのようになるか答えなさい。

出金伝票
○年10月4日
（仕入）　100,000

解答・解説

まず、**本来あるべき仕訳**を行います。本来あるべき仕訳は、次のようになります

仕　　入	150,000	現　　金	100,000
		買 掛 金	50,000

次に、**すでに伝票に記入されている内容の仕訳**を行います。問題文の出金伝票に記入されている内容を仕訳すると、

仕　　入	100,000	現　　金	100,000

となります。

取引を擬制する方法の擬制という言葉が難しいので、この方法は取引を仮定する方法というイメージでとらえればよいでしょう

305

解法テクニック

伝票の問題には解法手順
があります。

①**本来あるべき仕訳を行
う。**

②**すでに伝票に記入され
ている内容の仕訳を行
う。**

③**2つの仕訳を比較し
て、解答の仕訳を行う。**

という手順です。この通
りにやれば、伝票の問題
はおもしろいように解け
るようになります。

ココが大事

分解する方法か**擬制する
方法**かは、問題を解いて
いるときは、何ら意識す
る必要はありません。結
果的にどちらの方法だっ
たのかがわかれば十分で
す。

　最後に、**本来あるべき仕訳とすでに伝票に記入され
た内容の仕訳**を比較して、解答の仕訳を導き出します。
まず、借方について考えていくと、本来あるべき仕訳
では、借方は仕入150,000円となっていますが、す
でに伝票に記入されている内容の仕訳では、借方は仕
入100,000円しかありません。このままでは、借方
仕入が50,000円足りないので、解答の仕訳で借方に
仕入50,000円とします。

　貸方は、本来あるべき仕訳では、現金100,000円
とありますが、これは、伝票に記入されている内容の
仕訳で、貸方に現金100,000円とあるので、そのま
まで問題ありません。

　そして、本来あるべき仕訳でもう1つ貸方に買掛金
50,000円があります。これは、すでに伝票に記入さ
れている内容の仕訳では何も書かれていませんから、
解答の仕訳で、貸方に**買掛金**50,000円とする必要が
あります。その結果、解答の仕訳は、

借方科目	金額	貸方科目	金額
仕　　入	50,000	買 掛 金	50,000

となります。結果的に、これは**取引を分解する方法**だ
ったことがわかります。

ケース・スタディー84

**商品を売上げ、代金170,000円のうち90,000
円を現金で受け取り、残額を掛けとした取引につ
いて、入金伝票を以下のように作成した場合、振
替伝票に記入される仕訳はどのようになるか答え
なさい。**

306

```
                  入金伝票
               ○年10月11日
              （売掛金）　90,000
```

▼

解答・解説

　まず、**本来あるべき仕訳**を行います。本来あるべき
仕訳は、

| 現　　金 | 90,000 | 売　　上 | 170,000 |
| 売 掛 金 | 80,000 | | |

となります。

　次に、**すでに伝票に記入されている内容の仕訳**を行
います。問題文の入金伝票に記入されている内容を仕
訳すると、

| 現　　金 | 90,000 | 売 掛 金 | 90,000 |

となります。

　最後に、**本来あるべき仕訳とすでに伝票に記入され
た内容の仕訳**を比較して、解答の仕訳を導き出します。

　まず、借方について考えていくと、本来あるべき仕
訳では、借方は現金90,000円となっており、すでに
伝票に記入されている内容の仕訳でも、借方は現金
90,000円となっているので、このままで問題ありま
せん。

　また、本来あるべき仕訳では、もう1つ借方に売掛
金80,000円とあります。これはすでに伝票に記入さ
れている内容の仕訳では、借方ではなく貸方に売掛金
90,000円とあります。

　解答の仕訳とすでに伝票に記入されている内容の仕
訳を合わせたものが、本来あるべき仕訳になるので、

まずは普通どおりに
仕訳して、次に伝票
の仕訳をするんだね

ふむふむ

そうそう、そして最
後に解答の仕訳を考
えます

💡**解法テクニック**

算数的にいうと、本来あ
るべき仕訳から入金伝票
の仕訳を差し引くことに
よって、解答の仕訳を導
き出すことができます。

307

解答の仕訳で借方に**売掛金**を170,000円もってくれ
ばよいということになります。

　解答の仕訳の借方売掛金170,000円からすでに伝
票に記入されている内容の仕訳の貸方売掛金90,000
円を引くと、本来あるべき仕訳の借方売掛金80,000
円になりますよね。

　今度は貸方について考えてみましょう。本来あるべ
き仕訳の貸方は売上170,000円とあります。それに
対して、すでに伝票に記入されている内容の仕訳では、
売上は全く計上されていないので、解答の仕訳で貸方
に**売上**170,000円を計上する必要があります。その
結果、解答の仕訳は、

借方科目	金額	貸方科目	金額
売　掛　金	170,000	売　　　上	170,000

となります。

　結果的に、これは**取引を擬制する方法**だったことが
わかります。商品を170,000円で売上げ、まずは全
額を売掛金とし、その後、売掛金のうち90,000円を
すぐに現金で回収したということです。

解法テクニック

答えが出たら、解答の仕
訳と伝票の仕訳を足して
本来あるべき仕訳になる
かどうか確認しましょう。
そうすることによって検
算することができます。

取引を擬制する方法
は難しかったけど、
わかってきたぞ！

次の２つの取引について、振替伝票に行われる仕訳を答えなさい。

❶備品350,000円を購入し、代金のうち150,000円は現金で支払い、残りは未払いとした。出金伝票の記入は、次の通りである。

出金伝票
○年12月5日
（備品）　150,000

❷商品280,000円を売上げ、代金のうち130,000円は現金で受け取り、残りは掛けとした。入金伝票の記入は、次の通りである。

入金伝票
○年12月13日
（売掛金）　130,000

▼

解答・解説

❶本来あるべき仕訳は、

備　　品	350,000	現　　金	150,000
		未 払 金	200,000

となります。次に、すでに伝票に記入されている内容の仕訳を行うと、

備　　品	150,000	現　　金	150,000

となります。**この２つの仕訳から解答の仕訳を考えていきます。**まず借方は、本来あるべき仕訳では、備品350,000円となっていますが、すでに伝票に記入されている内容の仕訳では、備品が150,000円しかありません。ですから、解答の仕訳で、借方に備品200,000円とします。そして貸方は、本来あるべき仕訳では、現金150,000円とありますが、これはすでに伝票に記入されている内容の仕訳でも現金150,000円となっているので問題ありません。また、本来あるべき仕訳でもう１つ貸方に、未払金200,000円と

ありますが、すでに伝票に記入されている内容の仕訳では、未払金について
は何も仕訳されていないので、解答の仕訳で貸方に未払金200,000円とし
ます。

借方科目	金額	貸方科目	金額
備　　品	200,000	未 払 金	200,000

❷本来あるべき仕訳は、

現　　金	130,000	売　　上	280,000
売 掛 金	150,000		

となります。次に、すでに伝票に記入されている内容の仕訳を行うと、

現　　金	130,000	売 掛 金	130,000

となります。その結果、解答の仕訳は以下のようになります。

借方科目	金額	貸方科目	金額
売 掛 金	280,000	売　　上	280,000

もっと 詳しく!!

とにかく解法手順を身に
つけてください。そうす
れば、必ず、問題を解く
ことができるようになり
ます。

解法手順があるので、
問題を解くのが楽し
くなってきたわ！

難易度**B**

STEP 56 仕訳日計表
—伝票から総勘定元帳への転記

本テーマでの ポイント

▶**1日分の伝票を集計した表を仕訳日計表と**
いい、そこから総勘定元帳に合計転記する

▶**得意先元帳、仕入先元帳へは**
伝票から個別転記する

結構、難しく
なってきたなぁ

仕訳日計表って
作成に時間が
かかりそう…

伝票から総勘定元帳への転記

　伝票会計では、仕訳を仕訳帳ではなく伝票に記入し、そ
こから総勘定元帳に転記します。

　しかし、伝票を1枚ずつ転記するのは手間がかかるので、
伝票をいったん集計した上で、総勘定元帳に転記するとい
う方法もあります。つまり伝票を1枚ずつ個別に転記する
のではなく、ある一定期間の伝票を集計した上で合計して
転記しようというわけです。

　なお、**1日分の伝票を集計した集計表のことを仕訳日計**
表といいます。1週間分であれば**仕訳週計表**、1ヶ月分で
あれば**仕訳月計表**と呼びます。

　正確に作成された**仕訳日計表**では、試算表と同様に各勘
定科目の貸借合計が一致するので、これを確認した上で、
総勘定元帳に合計転記することになります。

伝票の問題の中でも、
解くのに少し手間の
かかる論点です

伝票から得意先元帳、仕入先元帳への転記

もっと詳しく!!
伝票から1枚ずつ転記する方法を**個別転記**といいます。

伝票から得意先元帳、仕入先元帳へは、個別転記します。その理由は、**得意先元帳**、**仕入先元帳**の目的が、ある特定の得意先、仕入先に対する売掛金、買掛金の残高を随時把握することにあるからです。

それでは、実際に問題を解いてみましょう。

もっと詳しく!!
仕訳日計表の作成方法は、①入金伝票を合計し、その合計額を**仕訳日計表**の現金勘定の借方へ記入、②出金伝票を合計し、その合計額を**仕訳日計表**の現金勘定の貸方へ記入、③振替伝票は、借方に記入されたものは**仕訳日計表**の借方へ、貸方に記入されたものは**仕訳日計表**の貸方へ記入、となります。

ケース・スタディー85

コアラ株式会社は、入金伝票、出金伝票、振替伝票の3伝票制を採用しており、伝票に記入された毎日の取引を1日分ずつ集計して仕訳日計表を作成している。同社の○年6月1日の取引に関して作成された次の伝票にもとづいて、仕訳日計表を作成し、以下に示した総勘定元帳と得意先元帳への記入を行いなさい。

【総勘定元帳】
　現金勘定〈1ページ〉前月繰越335,000円
　買掛金勘定〈12ページ〉前月繰越385,000円

【得意先元帳】
　バク株式会社〈1ページ〉前月繰越223,000円
　エビ株式会社〈2ページ〉前月繰越386,000円

まずは仕訳日計表を作ってから、総勘定元帳と得意先元帳に記入していくんだよね！

じっくりと取り組めばなんとかなりそうね

入金伝票	No.101
売掛金(バク株式会社)	120,000

出金伝票	No.201
交通費	15,000

振替伝票	No.301
受取手形	105,000
売掛金(エビ株式会社)	105,000

入金伝票	No.102
受取手形	150,000

出金伝票	No.202
買掛金(ワニ株式会社)	82,500

振替伝票	No.302
買掛金(カメ株式会社)	82,500
支払手形	82,500

入金伝票	No.103
売掛金(エビ株式会社)	225,000

出金伝票	No.203
当座預金	22,500

振替伝票	No.303
買掛金(ワニ株式会社)	95,000
当座預金	95,000

入金伝票	No.104
当座預金	75,000

出金伝票	No.204
支払手形	180,000

振替伝票	No.304
当座預金	45,000
売掛金(バク株式会社)	45,000

振替伝票	No.305
仕入	90,000
買掛金(カメ株式会社)	90,000

振替伝票	No.308
売掛金(エビ株式会社)	300,000
売上	300,000

振替伝票	No.306
仕入	225,000
買掛金(ワニ株式会社)	225,000

振替伝票	No.309
売掛金(バク株式会社)	195,000
売上	195,000

振替伝票	No.307
買掛金(ワニ株式会社)	30,000
仕入	30,000

振替伝票	No.310
売上	40,000
売掛金(エビ株式会社)	40,000

伝票がたくさん
あるなぁ～

《解答欄》

仕 訳 日 計 表
○年6月1日

11

借 方	元丁	勘定科目	元丁	貸 方
		現　　　　　金		
		当　座　預　金		
		受　取　手　形		
		売　　掛　　金		
		支　払　手　形		
		買　　掛　　金		
		売　　　　　上		
		仕　　　　　入		
		交　通　費		

総 勘 定 元 帳

現 金　　　　　1

○年		摘 要	仕丁	借 方	貸 方	借/貸	残 高
6	1	前月繰越	✓	335,000		借	335,000

買掛金　　　　　12

○年		摘 要	仕丁	借 方	貸 方	借/貸	残 高
6	1	前月繰越	✓		385,000	貸	385,000

得 意 先 元 帳

バク株式会社　　　　　1

○年		摘 要	仕丁	借 方	貸 方	借/貸	残 高
6	1	前月繰越	✓	223,000		借	223,000

エビ株式会社　　　　　2

○年		摘 要	仕丁	借 方	貸 方	借/貸	残 高
6	1	前月繰越	✓	386,000		借	386,000

得意先元帳は第5章
STEP27で学習し
ています

解答・解説

●入金伝票

　まず、入金伝票の金額を合計して、その金額を仕訳日計表の現金の借方に記入します。そして、**入金伝票に書かれている相手勘定科目の金額を仕訳日計表の貸方に、小さくメモ書きで記入していきます。**例えば入金伝票№101であれば、相手勘定科目が売掛金なので、仕訳日計表の売掛金の貸方に120,000円と書いておくのです。

仕訳日計表へのメモ書き

仕 訳 日 計 表
○年6月1日　　　　　　　11

借 方	元丁	勘定科目	元丁	貸 方
		現　　　　　金		
		当　座　預　金		
		受　取　手　形		
		売　　掛　　金		120,000
		支　払　手　形		
		買　　掛　　金		
		売　　　　　上		
		仕		

欄外に小さくメモ
書きしておいてあ
とで集計する

欄外にメモしておくと
本当にラクだなぁ～

　これ以外にも売掛金勘定の貸方に金額が集計されて
くる可能性があるので、最終的に他の金額と合計した
ものを、売掛金の貸方に記入します。

　なお、**入金伝票№101と№103は、相手勘定科目
が売掛金なので、得意先元帳に個別転記する必要があ
ります**。つまり、得意先元帳のバク株式会社勘定の貸
方に120,000円、エビ株式会社勘定の貸方に
225,000円を転記するのです。

●出金伝票

　入金伝票と同じ手順で集計していきます。まず出金
伝票の金額を合計して、その金額を仕訳日計表の現金
の貸方に記入します。そして、**出金伝票に書かれてい
る相手勘定科目の金額を仕訳日計表の借方に、小さく
メモ書きで記入していきます**。

●振替伝票

　振替伝票は、仕訳そのものなので、借方に記入され
たものは仕訳日計表の借方へ、貸方に記入されたもの
は仕訳日計表の貸方へ、そのままメモ書きしていきま
す。

　なお、№301、№304、№308、№309、№310に、
売掛金が登場しているので、それぞれ**得意先元帳に個**

メモしておくと、集
計のときにとっても
便利だわ

第**12**章

STEP56　仕訳日計表

別転記します。

仕 訳 日 計 表
〇年6月1日

借　方	元丁	勘定科目	元丁	貸　方
570,000		現　　　　　　　金		300,000
67,500		当　座　預　金		170,000
105,000		受　取　手　形		150,000
495,000		売　　掛　　金		535,000
180,000		支　払　手　形		82,500
290,000		買　　掛　　金		315,000
40,000		売　　　　　上		495,000
315,000		仕　　　　　入		30,000
15,000		交　　通　　費		
2,077,500				2,077,500

　そして、ここから総勘定元帳に転記します。この問題でもとめられているのは、現金勘定と買掛金勘定だけなので、仕訳日計表の現金の「元丁」欄に総勘定元帳の現金のページ数である「1」を記入します。同様に、仕訳日計表の買掛金の「元丁」欄に総勘定元帳の買掛金のページ数である「12」を記入します。そして、それぞれの勘定に転記することになります。

　最終的な仕訳日計表、総勘定元帳、得意先元帳を示すと、次のようになります。

　なお、**総勘定元帳の「仕丁」欄には、仕訳日計表からの合計転記なので、仕訳日計表のページ数である「11」を記入します。** 得意先元帳の「仕丁」欄は、個別転記なので、それぞれの伝票Noを記入します。

仕 訳 日 計 表

〇年6月1日　　　　　　　　　　　11

借　方	元丁	勘定科目	元丁	貸　方
570,000	1	現　　　　　金	1	300,000
67,500		当　座　預　金		170,000
105,000		受　取　手　形		150,000
495,000		売　　掛　　金		535,000
180,000		支　払　手　形		82,500
290,000	12	買　　掛　　金	12	315,000
40,000		売　　　　　上		495,000
315,000		仕　　　　　入		30,000
15,000		交　　通　　費		
2,077,500				2,077,500

総 勘 定 元 帳

現　金　　1

〇年	摘要	仕丁	借方	貸方	借/貸	残高
6　1	前月繰越	✓	335,000		借	335,000
〃	仕訳日計表	11	570,000		〃	905,000
〃	〃	〃		300,000	〃	605,000

買掛金　　12

〇年	摘要	仕丁	借方	貸方	借/貸	残高
6　1	前月繰越	✓		385,000	貸	385,000
〃	仕訳日計表	11		315,000	〃	700,000
〃	〃	〃	290,000		〃	410,000

得 意 先 元 帳

バク株式会社　　1

〇年	摘要	仕丁	借方	貸方	借/貸	残高
6　1	前月繰越	✓	223,000		借	223,000
〃	入金伝票	101		120,000	〃	103,000
〃	振替伝票	304		45,000	〃	58,000
〃	〃	309	195,000		〃	253,000

エビ株式会社　　2

〇年	摘要	仕丁	借方	貸方	借/貸	残高
6　1	前月繰越	✓	386,000		借	386,000
〃	入金伝票	103		225,000	〃	161,000
〃	振替伝票	301		105,000	〃	56,000
〃	〃	308	300,000		〃	356,000
〃	〃	310		40,000	〃	316,000

アザラシ株式会社では、入金伝票、出金伝票、振替伝票の３伝票制を採用しており、伝票に記入された毎日の取引を１日分ずつ集計して仕訳日計表を作成している。同社の○年７月１日の取引に関して作成された次の伝票にもとづいて、仕訳日計表を完成させなさい。なお仕訳日計表の元丁欄には、以下の勘定についてのみ記入すること。

【総勘定元帳】
現金勘定　１ページ　売掛金勘定　４ページ

入金伝票	No.101
売掛金(サケ株式会社)	68,000

出金伝票	No.201
通信費	10,000

振替伝票	No.301
受取手形	60,000
売掛金(マス株式会社)	60,000

入金伝票	No.102
受取手形	72,000

出金伝票	No.202
買掛金(ブリ株式会社)	46,000

振替伝票	No.302
買掛金(タコ株式会社)	43,000
支払手形	43,000

入金伝票	No.103
売掛金(マス株式会社)	120,000

出金伝票	No.203
当座預金	13,000

振替伝票	No.303
買掛金(ブリ株式会社)	50,000
当座預金	50,000

入金伝票	No.104
当座預金	150,000

出金伝票	No.204
支払手形	85,000

振替伝票	No.304
仕入	40,000
買掛金(タコ株式会社)	40,000

振替伝票	No.307
売掛金(マス株式会社)	160,000
売上	160,000

振替伝票	No.305
仕入	115,000
買掛金(ブリ株式会社)	115,000

振替伝票	No.308
売掛金(サケ株式会社)	90,000
売上	90,000

振替伝票	No.306
買掛金(ブリ株式会社)	14,000
仕入	14,000

振替伝票	No.309
売上	25,000
売掛金(マス株式会社)	25,000

《解答欄》

仕 訳 日 計 表
〇年7月1日

借 方	元丁	勘定科目	元丁	貸 方
		現　　　　　金		
		当　座　預　金		
		受　取　手　形		
		売　　掛　　金		
		支　払　手　形		
		買　　掛　　金		
		売　　　　　上		
		仕　　　　　入		
		通　信　費		

解答・解説

　入金伝票に記入された内容を仕訳すると、必ず借方が現金となるので、入金伝票の金額をすべて集計したものを仕訳日計表の現金の借方に記入します。

　入金伝票No.101：68,000円＋入金伝票No.102：72,000円＋入金伝票No.103：120,000円＋入金伝票No.104：150,000円＝410,000円←仕訳日計表の現金の借方に記入

　入金伝票に記入されている勘定科目が（借方）現金の相手勘定科目となるので、仕訳日計表の各勘定の貸方欄外にその金額を記入します。

　◎入金伝票No.101：　68,000←仕訳日計表の売掛金の貸方に記入

　◎入金伝票No.102：　72,000←仕訳日計表の受取手形の貸方に記入

　◎入金伝票No.103：120,000←仕訳日計表の売掛金の貸方に記入

　◎入金伝票No.104：150,000←仕訳日計表の当座預金の貸方に記入

出金伝票に記入された内容を仕訳すると、必ず貸方が現金となるので、出金伝票の金額をすべて集計したものを仕訳日計表の現金の貸方に記入します。

　　出金伝票No.201：10,000円＋出金伝票No.202：46,000円＋出金伝票No.203：13,000円＋出金伝票No.204：85,000円＝154,000円←仕訳日計表の現金の貸方に記入

出金伝票に記入されている勘定科目が（貸方）現金の相手勘定科目となるので、仕訳日計表の各勘定の借方の欄外にその金額を記入します。

◎出金伝票No.201：10,000←仕訳日計表の通信費の借方に記入
◎出金伝票No.202：46,000←仕訳日計表の買掛金の借方に記入
◎出金伝票No.203：13,000←仕訳日計表の当座預金の借方に記入
◎出金伝票No.204：85,000←仕訳日計表の支払手形の借方に記入

振替伝票は、通常の仕訳の形がそのまま記載されているので、振替伝票の借方に記入されている勘定は仕訳日計表の同じ勘定の借方の欄外に金額を記入し、振替伝票の貸方に記入されている勘定は仕訳日計表の同じ勘定の貸方の欄外に金額を記入します。

◎振替伝票No.301

　　受取手形　60,000　　　　　売掛金　60,000
　　　　　↑　　　　　　　　　　　　↑
　仕訳日計表の受取手形の借方に記入　仕訳日計表の売掛金の貸方に記入

◎振替伝票No.302

　　買掛金　43,000　　　　　支払手形　43,000
　　　　　↑　　　　　　　　　　　　↑
　仕訳日計表の買掛金の借方に記入　仕訳日計表の支払手形の貸方に記入

◎振替伝票No.303

　　買掛金　50,000　　　　　当座預金　50,000
　　　　　↑　　　　　　　　　　　　↑
　仕訳日計表の買掛金の借方に記入　仕訳日計表の当座預金の貸方に記入

◎振替伝票No.304

仕　入　40,000　　　　　　　買掛金　40,000

　　　↑　　　　　　　　　　　　　↑

仕訳日計表の仕入の借方に記入　　仕訳日計表の買掛金の貸方に記入

◎振替伝票No.305

仕　入　115,000　　　　　　　買掛金　115,000

　　　↑　　　　　　　　　　　　　↑

仕訳日計表の仕入の借方に記入　　仕訳日計表の買掛金の貸方に記入

◎振替伝票No.306

買掛金　14,000　　　　　　　仕　入　14,000

　　　↑　　　　　　　　　　　　　↑

仕訳日計表の買掛金の借方に記入　仕訳日計表の仕入の貸方に記入

◎振替伝票No.307

売掛金　160,000　　　　　　　売　上　160,000

　　　↑　　　　　　　　　　　　　↑

仕訳日計表の売掛金の借方に記入　仕訳日計表の売上の貸方に記入

◎振替伝票No.308

売掛金　90,000　　　　　　　売　上　90,000

　　　↑　　　　　　　　　　　　　↑

仕訳日計表の売掛金の借方に記入　仕訳日計表の売上の貸方に記入

◎振替伝票No.309

売　上　25,000　　　　　　　売掛金　25,000

　　　↑　　　　　　　　　　　　　↑

仕訳日計表の売上の借方に記入　　仕訳日計表の売掛金の貸方に記入

最後に、**仕訳日計表の各勘定の借方ないしは貸方に複数の金額が記入されていたら、それを集計して合計金額を記入します。**例えば仕訳日計表の売掛金の貸方には、68,000と120,000と60,000と25,000の記入が行われているので、それを集計して合計金額の273,000と記入するわけです。

　なお、仕訳日計表の「元丁」欄に、現金勘定と売掛金勘定についてのみページ数を記入する旨の問題文があるので、仕訳日計表の現金の「元丁」欄に「1」を記入し、売掛金の「元丁」欄に「4」を記入します。

　最終的な仕訳日計表を示すと、次のようになります。

<table>
<tr><th colspan="6" style="text-align:center">仕 訳 日 計 表</th></tr>
<tr><th colspan="6" style="text-align:center">〇年7月1日</th></tr>
<tr><th>借 方</th><th>元丁</th><th>勘定科目</th><th>元丁</th><th>貸 方</th></tr>
<tr><td>410,000</td><td>1</td><td>現　　　　　　金</td><td>1</td><td>154,000</td></tr>
<tr><td>13,000</td><td></td><td>当　座　預　金</td><td></td><td>200,000</td></tr>
<tr><td>60,000</td><td></td><td>受　取　手　形</td><td></td><td>72,000</td></tr>
<tr><td>250,000</td><td>4</td><td>売　　掛　　金</td><td>4</td><td>273,000</td></tr>
<tr><td>85,000</td><td></td><td>支　払　手　形</td><td></td><td>43,000</td></tr>
<tr><td>153,000</td><td></td><td>買　　掛　　金</td><td></td><td>155,000</td></tr>
<tr><td>25,000</td><td></td><td>売　　　　　上</td><td></td><td>250,000</td></tr>
<tr><td>155,000</td><td></td><td>仕　　　　　入</td><td></td><td>14,000</td></tr>
<tr><td>10,000</td><td></td><td>通　信　費</td><td></td><td></td></tr>
<tr><td>1,161,000</td><td></td><td></td><td></td><td>1,161,000</td></tr>
</table>

第 13 章

決算整理

いよいよ簿記の最重要論点まで
やってまいりました。
ちょっと手応えがあるところではありますが、
実際の本試験では避けて通れない内容ばかり。
試験合格レベルの実力が身に付くのも間近です

難易度A

STEP 57 決算整理仕訳
―― 1年間のすべての取引を整理

本テーマでの ポイント

金額を修正する
のかぁ～

一つひとつの
仕訳は、もう
やった論点ばかりね！

▶ **決算整理仕訳**（けっさんせいりしわけ）は、**1年の一番最後**
に行う特別な仕訳のことである

▶ **決算整理仕訳の目的**は、**1年ごとの**
正しい利益の計算を行うためである

勘定を集計して試算表を作成したあとに決算整理仕訳を行う

決算整理仕訳ができ
るか、できないかが、
第3問の問題を解く
カギです！

　　第2章で簿記の流れを学習しました。もう一度おさらいし
ておくと、取引が発生したら仕訳をし、それを勘定に転記し
ました。そして、決算になったら勘定を集計して試算表を作
成し、最後に試算表から資産、負債、資本を抜き出して貸
借対照表を作成し、収益と費用を抜き出して損益計算書を
作成しました。ですが、厳密には試算表を作成したあとに、
決算整理仕訳（けっさんせいりしわけ）を行います。**決算整理仕訳を試算表に加減算**
してから、貸借対照表と損益計算書を作成します。

決算整理仕訳で収益と費用の金額を修正する

　　決算整理仕訳とは、会計期間の一番最後に行う特別な仕
訳のことです。日々の取引を仕訳し、それを勘定に記入し
ただけでは、1年分の正しい収益、費用の金額を表してい
ない場合があるので、1年の一番最後で特別な仕訳を行っ
て、金額を修正するわけです。**決算整理仕訳によって1年**
分の正しい収益と費用の金額が明らかになって、はじめて

毎年の正しい利益の計算が可能となるわけです。

決算整理仕訳の種類

個々の仕訳方法はすでに勉強済みですね。3級で出題される**決算整理仕訳**を列挙すると以下の通りです。

10の決算整理仕訳

❶現金過不足の処理

❷当座借越の振替

❸売上原価の計算

❹貸倒引当金の設定

❺減価償却費の計算

❻収益、費用の未収・未払・前受・前払

❼切手・収入印紙の未使用分の処理

❽仮払金・仮受金の処理

❾消費税の処理

❿法人税等の計上

こんなに学んできたんだなあ

もしも、わからない仕訳があるなら、必ずその論点のページに立ち返って復習しましょう！

それでは、実際に問題を解いてみましょう。

ケース・スタディー❽⑥

次の決算整理事項にもとづいて、決算整理仕訳を行いなさい。なお、決算日はX2年12月31日である。決算整理前の各勘定残高（一部）は、以下の通りである。

【決算整理前勘定残高】

繰越商品	150,000円
現金過不足	20,000円（借方残高）
売掛金	500,000円
貸倒引当金	6,000円
備品	400,000円
仮払金	30,000円
資本金	1,235,000円

通常の問題では答案用紙に完成していない精算表があり、そこから残高を拾って解いていきます

たくさんあるから難解そうに思っちゃうけど、一つひとつの仕訳は、一度解けるようになると、さほど難しくないわね！

ボク、わからないのが多いよ…

決算整理前勘定残高の繰越商品は期首商品のことだったわね！

繰越利益剰余金　　85,000円

1．現金過不足については、決算日まで原因が判明しなかったため、適切な勘定に振り替える。
2．期末商品棚卸高は120,000円である。
3．売掛金の期末残高に対して2％の貸倒引当金を差額補充法により設定する。
4．備品について残存価額は取得原価の10％、耐用年数6年の定額法、間接法により減価償却を行う。
5．X2年10月1日に向こう1年分の保険料24,000円を支払っており、決算にあたり未経過分の処理を行う。
6．仮払金は出張した社員に前もって支払っておいた旅費交通費であり、決算日に精算したところ、残金が5,000円あり、現金で返済を受けた。

解答・解説

1．**現金過不足**を貸方に計上することによってすべてなくし、借方に**雑損**を計上する。

借方科目	金額	貸方科目	金額
雑　　損	20,000	現金過不足	20,000

2．期首商品を仕入勘定に加算するために、借方に**仕入**、貸方に**繰越商品**を計上する。また、期末商品を仕入勘定から控除するために、借方に**繰越商品**、貸方に**仕入**を計上する。

借方科目	金額	貸方科目	金額
仕　　入	150,000	繰越商品	150,000
繰越商品	120,000	仕　　入	120,000

3．売掛金期末残高500,000円×2％＝10,000円から貸倒引当金期末残高6,000円を控除した4,000円を**貸倒引当金繰入**の借方と**貸倒引当金**の貸方に計上する。

借方科目	金額	貸方科目	金額
貸倒引当金繰入	4,000	貸倒引当金	4,000

4．備品の減価償却費の（400,000円－40,000円）
÷6年＝60,000円を**減価償却費**の借方と**備品減価
償却累計額**の貸方に計上する。

借方科目	金額	貸方科目	金額
減価償却費	60,000	備品減価償却累計額	60,000

5．当期分は10月から12月までの3ヶ月分なので、
残りの9ヶ月分前払いしたことになる。9ヶ月分は
24,000円÷12ヶ月×9ヶ月＝18,000円なので、
この金額を借方に**前払保険料**、貸方に**支払保険料**と
して計上する。

借方科目	金額	貸方科目	金額
前払保険料	18,000	支払保険料	18,000

6．**仮払金**をすべてなくすために貸方に30,000円を
計上し、戻ってきた**現金**を借方に5,000円計上し、
その差額25,000円を**旅費交通費**として借方に計上
する。

借方科目	金額	貸方科目	金額
現　　金	5,000	仮　払　金	30,000
旅費交通費	25,000		

売上原価をもとめる
仕訳は「仕・繰・繰・
仕」だったよね！

未収・未払・前受・前
払の仕訳は少し苦手
意識があるのよね〜

苦手な仕訳はあとで、
時間に余裕をもって
解いてもいいですよ！

STEP
58

精算表の作成
—— 試験に出題される精算表

精算表の問題は、仕訳の一つひとつの積み重ねで解けます

本テーマでの ポイント

ボクにもできる！

▶ 試験で出題される**精算表**は、試算表と損益計算書の間に**修正記入**欄が加わる

▶ 精算表は大きく分けると２つのタイプが試験で出題される

試験に出題される精算表

　精算表も第２章で勉強しましたが、**試験に出される精算表は、試算表と損益計算書の間に修正記入欄が加わります。修正記入欄**には、**決算整理仕訳**（P.324）を記入します。

　試験に出題される**精算表**も、大きく分けると２つのタイプがあります。１つは**残高試算表の金額に決算整理仕訳を加減し、最終的な貸借対照表と損益計算書を作成する形式**（ケース・スタディー87）です。もう１つは、**精算表自体がある程度、金額で埋められており、そこから空欄の部分を推定して埋めていくという形式**（ケース・スタディー88）で、**精算表**（穴埋め）と呼ばれています。

試験に出る!!

第３問で必須の論点。精算表を作成できるようにしておく必要があります。

先生が精算表はよく出るっていってたよ！

精算表（穴埋め）は近年、出題が減っているみたいね！

残高試算表の金額に決算整理仕訳を加減するタイプ

以下、ケース・スタディーを用いて見ていきましょう。

ケース・スタディー 87

次の期末整理事項によって、次ページの精算表を完成させなさい。会計期間はX3年10月1日からX4年9月30日までの1年である。

1. 仲介手数料8,000円を現金で受け取っていたが、その処理がされていなかった。
2. 受取手形及び売掛金の期末残高に対して3％の貸倒れを見積もる。貸倒引当金の設定は差額補充法による。
3. 期末商品の棚卸高は75,000円である。売上原価は「仕入」の行で計算すること。
4. 備品及び建物について定額法により減価償却を行う。

   備品　耐用年数　6年
   　　　残存価額：取得原価の10％
   建物　耐用年数30年
   　　　残存価額：取得原価の10％

5. 切手の未使用分を調べたところ、3,000円分残っていることが判明した。
6. 貸付金はX4年3月1日に得意先に対して貸付期間1年、年利率3％で貸し付けたもので、利息は元金とともに返済期日に受け取ることになっている。当期分の利息は月割計算による。
7. 借入金はX4年7月1日に仕入先から借入期間1年、年利率2％で借り入れたもので、利息は元金とともに返済期日に支払うことになっている。当期分の利息は月割計算による。
8. 受取家賃5ヶ月分8,000円を前受計上する。
9. 保険料5,400円を前払計上する。

《解答欄》

精 算 表

勘定科目	試算表 借方	試算表 貸方	修正記入 借方	修正記入 貸方	損益計算書 借方	損益計算書 貸方	貸借対照表 借方	貸借対照表 貸方
現　　　　金	143,000							
当 座 預 金	423,000							
受 取 手 形	279,000							
売 　 掛 　 金	221,000							
繰 越 商 品	90,000							
貸 　 付 　 金	150,000							
備　　　　品	250,000							
建　　　　物	700,000							
支 払 手 形		129,000						
買 　 掛 　 金		195,000						
借 　 入 　 金		150,000						
貸 倒 引 当 金		5,000						
備品減価償却累計額		112,500						
建物減価償却累計額		126,000						
資 　 本 　 金		1,000,000						
繰越利益剰余金		200,000						
売　　　　上		1,261,500						
受 取 家 賃		25,000						
受 取 利 息		11,000						
受 取 手 数 料		2,000						
仕　　　　入	802,000							
給　　　　料	102,000							
旅 費 交 通 費	13,000							
水 道 光 熱 費	6,000							
通 　 信 　 費	10,000							
保 　 険 　 料	20,000							
支 払 利 息	8,000							
	3,217,000	3,217,000						
貸倒引当金繰入								
減 価 償 却 費								
（　　　　）								
（　　　）利息								
未 払 利 息								
（　　　）家賃								
（　　　）保険料								
当期純（　　）								

　問題の解き方は、まず、期末整理事項（決算整理事項）の仕訳を行います。そのあと、**仕訳を修正記入欄に転記します**。仕訳で借方に書いたものは修正記入欄の借方へ、仕訳で貸方に書いたものは修正記入欄の貸方へといった具合です。

　そして、試算表の各金額を貸借対照表、損益計算書にもっていきますが、その際、**修正記入欄に記入した金額を試算表の金額に加減算します**。

　例えば、現金であれば、そもそも借方に残高があるので、修正記入欄の借方に金額が記入されていれば足して、貸方に金額が記入されていれば引いて、貸借対照表に記入する金額を計算します。あとは、第2章で勉強した精算表の作り方と同じです。

　貸倒引当金については次のように考えます。売掛金の期末残高は221,000円であり、受取手形の期末残高は279,000円です。その結果、**売掛金と受取手形の期末残高の合計は、500,000円となるので、貸倒引当金は、500,000円×3％＝15,000円です**。また、貸倒引当金繰入は、貸倒引当金の残高が5,000円あるので、上で計算した貸倒引当金15,000円－5,000円＝10,000円となります。

　期末整理事項の仕訳を示すと以下の通りです。

1.	現　　　　　金	8,000	受 取 手 数 料	8,000
2.	貸倒引当金繰入	10,000	貸 倒 引 当 金	10,000
3.	仕　　　　　入	90,000	繰 越 商 品	90,000
	繰 越 商 品	75,000	仕　　　　　入	75,000
4.	減 価 償 却 費	58,500	備品減価償却累計額	37,500
			建物減価償却累計額	21,000
5.	貯 蔵 品	3,000	通 信 費	3,000
6.	未 収 利 息	2,625	受 取 利 息	2,625
7.	支 払 利 息	750	未 払 利 息	750
8.	受 取 家 賃	8,000	前 受 家 賃	8,000
9.	前 払 保 険 料	5,400	保 険 料	5,400

　解答は次のようになります。

精 算 表

勘定科目	試算表 借方	試算表 貸方	修正記入 借方	修正記入 貸方	損益計算書 借方	損益計算書 貸方	貸借対照表 借方	貸借対照表 貸方
現　　　　金	143,000		8,000				151,000	
当 座 預 金	423,000						423,000	
受 取 手 形	279,000						279,000	
売 掛 金	221,000						221,000	
繰 越 商 品	90,000		75,000	90,000			75,000	
貸 付 金	150,000						150,000	
備 品	250,000						250,000	
建 物	700,000						700,000	
支 払 手 形		129,000						129,000
買 掛 金		195,000						195,000
借 入 金		150,000						150,000
貸 倒 引 当 金		5,000		10,000				15,000
備品減価償却累計額		112,500		37,500				150,000
建物減価償却累計額		126,000		21,000				147,000
資 本 金		1,000,000						1,000,000
繰越利益剰余金		200,000						200,000
売 上		1,261,500				1,261,500		
受 取 家 賃		25,000	8,000			17,000		
受 取 利 息		11,000		2,625		13,625		
受 取 手 数 料		2,000		8,000		10,000		
仕 入	802,000		90,000	75,000	817,000			
給 料	102,000				102,000			
旅 費 交 通 費	13,000				13,000			
水 道 光 熱 費	6,000				6,000			
通 信 費	10,000			3,000	7,000			
保 険 料	20,000			5,400	14,600			
支 払 利 息	8,000		750		8,750			
	3,217,000	3,217,000						
貸倒引当金繰入			10,000		10,000			
減 価 償 却 費			58,500		58,500			
（ 貯 蔵 品 ）			3,000				3,000	
（ 未 収 ） 利 息			2,625				2,625	
未 払 利 息				750				750
（ 前 受 ） 家 賃				8,000				8,000
（ 前 払 ） 保 険 料			5,400				5,400	
当期純（ 利 益 ）					265,275			265,275
			261,275	261,275	1,302,125	1,302,125	2,260,025	2,260,025

空欄の部分を推定して埋めていくタイプ

　ここもケース・スタディーで見ていきます。

　このタイプは、当初は難しく感じますが、慣れてしまうとパズルみたいに、楽しく解けます。

もっと詳しく!!

修正記入欄には**決算整理仕訳**の他、**期中に未処理であった仕訳**を記入することもあります。

ケース・スタディー88

解答欄の精算表における勘定科目欄の（　　）内に適切な科目を記入の上、残高試算表欄、修正記入欄、損益計算書欄及び貸借対照表欄の（　　）に適当な金額を記入して精算表を完成させなさい。

《解答欄》

精　算　表

勘定科目	残高試算表 借方	残高試算表 貸方	修正記入 借方	修正記入 貸方	損益計算書 借方	損益計算書 貸方	貸借対照表 借方	貸借対照表 貸方
現　　　　　金	13,850			（　　）			（　　）	
当 座 預 金	（　　）						154,000	
売 　掛 　金	300,000						（　　）	
繰 越 商 品	30,000		（　　）	30,000			（　　）	
貸 付 　金	230,000						（　　）	
仮 払 　金	750			750				
土 　　　地	70,000							
買 掛 　金		238,000						（　　）
借 入 　金		180,000						（　　）
貸 倒 引 当 金		600		（　　）				900
資 本 　金		（　　）						（　　）
繰越利益剰余金		50,000						50,000
売 　　　上		（　　）				597,000		
受 取 手 数 料		3,000				（　　）		
仕 　　　入	420,000		30,000	（　　）	435,000			
給 　　　料	100,000				（　　）			
	1,318,600	1,318,600						
雑 　　　損			（　　）		500			
旅 費 交 通 費			750		750			
（　　　　　）			（　　）		（　　）			（　　）
当期純（　　）			（　　）		（　　）			（　　）
			（　　）	（　　）	（　　）	（　　）	（　　）	（　　）

解答・解説

　このタイプの問題は、**決算整理仕訳を推測することによって、空欄を埋めていきます**。現金であれば、修正記入欄の貸方に空欄があります。貸方ということは現金が減少したことを意味します。

　精算表の下のほうの勘定を見てみると、雑損勘定があります。ここから、**決算で現金過不足が発生し、現金から雑損にもっていったということがわかります**。雑損の修正記入欄も空欄で金額がわかりませんが、損益計算書に500円とあるので、ここから金額もわかります。仕訳で書くと、

雑　　　　損	500	現　　　　金	500

となります。あとは、**この仕訳を修正記入欄に転記し、貸借対照表、損益計算書の空欄を埋めていけばいいです**。また、期末商品15,000円は、期首商品30,000円、当期仕入420,000円、売上原価（仕入勘定の損益計算書欄の金額）435,000円から、差額でもとめられます。貸倒引当金の修正記入欄の貸方の空欄は、貸借対照表の貸方の900円から、残高試算表の貸方の600円を差し引くことによって、300円ともとめることができます。

　貸倒引当金を設定する際の借方科目は貸倒引当金繰入ですが、勘定科目欄にないので、旅費交通費の下の空欄に貸倒引当金繰入と記入して、修正記入欄及び損益計算書の借方の空欄に300円を記入します。推測の結果、判明する仕訳は以下の通りです。

雑　　　　損	500	現　　　　金	500
仕　　　　入	30,000	繰 越 商 品	30,000
繰 越 商 品	15,000	仕　　　　入	15,000
旅 費 交 通 費	750	仮 　払　 金	750
貸倒引当金繰入	300	貸 倒 引 当 金	300

　解答は以下の通りです。

勘定科目	残高試算表 借方	残高試算表 貸方	修正記入 借方	修正記入 貸方	損益計算書 借方	損益計算書 貸方	貸借対照表 借方	貸借対照表 貸方
現　　　　金	13,850			(500)			(13,350)	
当 座 預 金	(154,000)						154,000	
売 　掛 　金	300,000							(300,000)
繰 越 商 品	30,000		(15,000)	30,000			(15,000)	
貸 　付 　金	230,000						(230,000)	
仮 　払 　金	750			750				
土　　　　地	70,000						(70,000)	
買 　掛 　金		238,000						(238,000)
借 　入 　金		180,000						(180,000)
貸 倒 引 当 金		600		(300)				900
資 　本 　金		(250,000)						(250,000)
繰越利益剰余金		50,000						50,000
売　　　　上		(597,000)				597,000		
受 取 手 数 料		3,000				(3,000)		
仕 　　　 入	420,000		30,000	(15,000)	435,000			
給 　　　 料	100,000				(100,000)			
	1,318,600	1,318,600						
雑 　　　 損			(500)		500			
旅 費 交 通 費			750		750			
(貸倒引当金繰入)			(300)		(300)			
当期純（利益）					(63,450)			(63,450)
			(46,550)	(46,550)	(600,000)	(600,000)	(782,350)	(782,350)

精　算　表

勘定科目に対する注意点

精算表作成時において、使用する勘定科目について注意すべき点があるので述べておきます。

◎仕入勘定と売上原価勘定

売上原価の計算を「仕入の行」（残高試算表の金額に決算整理仕訳を加減するタイプの例題参照のこと）ではなく、「**売上原価の行**」で計算しなさいという指示の問題が出題されることがあります。

これまで**売上原価**は、<u>仕入勘定に期首の商品を加算し、期末の商品を差し引くことによって計算</u>しましたが、これとは別に、新たに**売上原価**という勘定を作って計算することがあります。

これは、新たに売上原価という勘定を作って計算していこう、という方法です

売上原価＝期首商品＋当期仕入−期末商品

335

それでは、ケース・スタディーで見ていきましょう。

ケース・スタディー❽❾

以下の資料にもとづいて、（1）仕入勘定で売上原価を計算する方法と（2）売上原価勘定で売上原価を計算する方法で決算整理仕訳を行いなさい。
（資料）
期首商品100,000円、当期仕入500,000円、期末商品200,000円

解答・解説

（1）仕入勘定で売上原価を計算する場合は、仕入勘定の借方に当期の仕入が記入されているので、期首商品を仕入勘定の借方に、期末商品を仕入勘定の貸方に計上することで、**仕入勘定の借方残高が売上原価を表すことになります**。仕訳をすると、次のようになります。

借方科目	金額	貸方科目	金額
仕　　入	100,000	繰越商品	100,000
繰越商品	200,000	仕　　入	200,000

この仕訳を行うことによって、仕入勘定は、

仕　　入			
当期仕入	500,000	期末商品	200,000
期首商品	100,000		

となり、借方残高の400,000円が売上原価を表すことになります。

（2）売上原価を売上原価勘定で計算する場合は、これまで仕入勘定に計上していた期首商品、期末商品を売上原価勘定に計上します。しかし、このままでは売上原価勘定は、借方に期首商品、貸方に期末商

たしか仕入勘定の残高が売上原価になったわよね

やっていることは、仕入勘定で売上原価を計算することと同じですからね

品が記入されているだけですから、その残高は売上原価にはなりません。そこで、**当期仕入まで売上原価勘定にもっていく必要があります**。仕訳をすると、以下のようになります。

借方科目	金額	貸方科目	金額
売上原価	100,000	繰越商品	100,000
繰越商品	200,000	売上原価	200,000
売上原価	500,000	仕　入	500,000

この仕訳を行うことによって、売上原価勘定は、

売上原価			
期首商品	100,000	期末商品	200,000
当期仕入	500,000		

となり、借方残高の400,000円が売上原価を表すことになります。

仕入勘定にある当期仕入を、売上原価勘定にもっていく仕訳が特徴的ね

もっと詳しく!!

ここが、よく理解できなければ、**売上原価**の計算のところを、もう一度復習してください。

STEP 59 財務諸表の作成
──財務諸表の様式

このSTEPで
いよいよ
終わりです

本テーマでの ポイント

▶ **財務諸表**とは、**貸借対照表**、
損益計算書などのことである

▶ **財務諸表**の様式には、
勘定式と**報告式**がある

財務諸表の意義

もっと 詳しく!!

貸借対照表、損益計算書
以外の**財務諸表**として、
株主資本等変動計算書や
キャッシュ・フロー計算
書などがあります。

財務諸表とは、**貸借対照表**や**損益計算書**などのことです。
正確には、**貸借対照表**と**損益計算書**以外にも**財務諸表**はあ
りますが、３級で登場する**財務諸表**はこの２つだけなので、
３級の段階では、**財務諸表といえば貸借対照表と損益計算
書のこと**と思ってもらえればいいです。

財務諸表の様式

貸借対照表、損益計算書は、勘定と同じようにＴ字型をし
ていました。この勘定と同じフォームを**勘定式**といいます。

貸借対照表	
資　産　　×××	負　債　　×××
	資　本　　×××
×××	×××

損益計算書	
費　用　　×××	収　益　　×××
利　益　　×××	
×××	×××

勘定式の他にもう１つ、２級から出題される**報告式**とい
う様式があります。**報告式は、上から下に記載するもの**です。

貸借対照表		
資　産	×××	
	×××	
負　債	×××	
資　本	×××	
	×××	

損益計算書		
収　益	×××	
費　用	×××	
利　益	×××	

もっと 詳しく!!

実務上は**貸借対照表**は**勘定式**、**損益計算書**は**報告式**で作成されることが多いです。

財務諸表作成時の表示における注意点

財務諸表を作成する上で、5つの注意点があります。

財務諸表作成での注意点

（1）**貸倒引当金**（かしだおれひきあてきん）…売掛金、受取手形から控除する形式で記載します。

（2）**減価償却累計額**（げんかしょうきゃくるいけいがく）…建物、備品から控除する形式で記載します。

（3）**総勘定元帳上の仕入勘定**（そうかんじょうもとちょう）…損益計算書上は売上原価とします。

（4）**総勘定元帳上の繰越商品勘定**…貸借対照表上は商品とします。

（5）**同種の経過勘定項目**…前払保険料、前払家賃など。前払費用などの科目に統合して表示します。

上記の注意点を、ケース・スタディーで確認しましょう。

この5つはとても大事ですので、しっかり覚えておいてください

もっと 詳しく!!

決算整理仕訳をした後に、**残高試算表**を作成する場合があります。それを**決算整理後残高試算表**といいます。

ケース・スタディー❾⓿

次のX2年3月31日現在の決算整理後の勘定残高にもとづいて、損益計算書と貸借対照表を作成しなさい。

現　　　金	2,400		当 座 預 金	11,400
売 掛 金	3,600		繰 越 商 品	2,910
建　　　物	6,000		備　　　品	2,400
買 掛 金	2,700		借 入 金	11,400
貸倒引当金	75		建物減価償却累計額	2,580

備品減価償却累計額	600	資　本　金	7,000
繰越利益剰余金	500	売　　　上	20,985
受 取 利 息	1,080	仕　　　入	10,950
給　　　料	2,400	支 払 家 賃	1,950
支 払 保 険 料	1,740	貸倒引当金繰入	60
減 価 償 却 費	870	前 払 保 険 料	600
未 払 家 賃	540	未 収 利 息	180

《解答欄》

損益計算書
自X1年4月1日至X2年3月31日

費　用	金　額	収　益	金　額

貸借対照表
X2年3月31日

資　産	金　額	負債・純資産	金　額

解答・解説

　決算整理後の勘定残高のうち、収益と費用の勘定については、損益計算書に記入します。

　収益の勘定である**売上**と**受取利息**は、損益計算書の貸方へ記入します。費用の勘定である**仕入**、**給料**、**支払家賃**、**支払保険料**、**貸倒引当金繰入**、**減価償却費**は、損益計算書の借方へ記入します。ただし、仕入は**売上原価**という名称で記載します。

　そして、収益と費用の差額で**当期純利益**を計算し、それを費用の一番下に記入して損益計算書を完成させます。

　決算整理後の勘定残高のうち、資産、負債及び資本の勘定については、貸借対照表に記入します。

　資産の勘定である**現金**、**当座預金**、**売掛金**、**繰越商品**、**建物**、**備品**、**前払保険料**、**未収利息**は、貸借対照表の借方へ記入します。ただし、繰越商品は**商品**、前払保険料は**前払費用**、未収利息は**未収収益**という名称で記載します。また、**貸倒引当金**は、売掛金から控除する形式で記載します。具体的には、売掛金の金額3,600円を左側に書き、その下に貸倒引当金75円を記入して、3,600円−75円＝3,525円をもとめ、75円の右側に3,525円を書きます。これと同様に、**建物減価償却累計額**は建物から控除する形式で記載し、**備品減価償却累計額**は備品から控除する形式で記載します。

　貸倒引当金は、売掛金のマイナスを表す評価勘定です。つまり、売掛金3,600円のうち、75円はもらえなくなるだろうと見積もったということです。よって、売掛金から貸倒引当金を控除することにより、翌期に回収できる売掛金は3,525円が妥当だということになるのです。

　同じく建物減価償却累計額は、建物のマイナスを表す評価勘定であり、備品減価償却累計額は、備品のマイナスを表す評価勘定です。したがって、建物から建物減価償却累計額を控除することで、建物の今現在の価値を表すのです。つまり、6,000円で取得した建物のうち2,580円は、すでにこの建物を使用したことにより価値が減少してしまったので、今現在の建物の価値は3,420円ということになります。

　負債の勘定である**買掛金**、**借入金**、**未払家賃**と、純資産である**資本金**と繰越利

益剰余金は、貸借対照表の貸方へ記入します。ただし、未払家賃は**未払費用**という名称で記載します。そして、損益計算書で計算した**当期純利益**4,095円を**繰越利益剰余金**に加算して、4,595円（500円＋4,095円）を**繰越利益剰余金**に記入し、貸借対照表を完成させます。

損益計算書
自X1年4月1日至X2年3月31日

費　用	金　額	収　益	金　額
売 上 原 価	10,950	売 上 高	20,985
給 料	2,400	受 取 利 息	1,080
支 払 家 賃	1,950		
支 払 保 険 料	1,740		
貸倒引当金繰入	60		
減 価 償 却 費	870		
当 期 純 利 益	4,095		
	22,065		22,065

貸借対照表
X2年3月31日

資　産	金　額		負債・純資産	金　額
現 金		2,400	買 掛 金	2,700
当 座 預 金		11,400	借 入 金	11,400
売 掛 金	3,600		未 払 費 用	540
貸 倒 引 当 金	75	3,525	資 本 金	7,000
商 品		2,910	繰越利益剰余金	4,595
前 払 費 用		600		
未 収 収 益		180		
建 物	6,000			
建物減価償却累計額	2,580	3,420		
備 品	2,400			
備品減価償却累計額	600	1,800		
		26,235		26,235

次の（A）決算整理前残高試算表と（B）決算整理事項等にもとづいて、貸借対照表と損益計算書を作成しなさい。なお、会計期間はX5年4月1日からX6年3月31日までの1年間である。

（A）決算整理前残高試算表

残高試算表
X6年3月31日

借方	勘定科目	貸方
32,000	現　　　金	
122,000	当 座 預 金	
70,000	受 取 手 形	
80,000	売 掛 金	
4,000	仮払法人税等	
30,000	繰 越 商 品	
120,000	備　　　品	
	支 払 手 形	40,000
	買 掛 金	60,000
	借 入 金	50,000
	貸倒引当金	1,000
	備品減価償却累計額	40,000
	資 本 金	200,000
	繰越利益剰余金	27,000
	売　　　上	240,000
	受取手数料	10,000
150,000	仕　　　入	
30,000	給　　　料	
18,000	支 払 家 賃	
6,000	保 険 料	
5,000	租 税 公 課	
1,000	支 払 利 息	
668,000		668,000

（B）期末整理事項等

1. 現金の手許有高は30,000円である。なお、現金過不足の原因は不明であるため、適切な処理を行う。
2. 受取手形および売掛金の期末残高に対して2％の貸倒引当金を差額補充法により設定する。
3. 期末商品棚卸高は35,000円である。
4. 備品について、残存価額をゼロ、耐用年数を6年とする定額法により減価償却を行う。
5. 収入印紙の未使用分が2,000円あるため、貯蔵品へ振り替える。
6. 家賃と保険料の前払額が、それぞれ3,000円と1,000円ある。
7. 給料の未払分が2,000円ある。
8. 法人税等が10,000円と計算されたので、仮払法人税等との差額を未払法人税等として計上する。

《解答欄》

貸借対照表
X6年3月31日

現　　　金		（　　　）	支 払 手 形	（	）
当 座 預 金		（　　　）	買 掛 金	（	）
受 取 手 形	（　　　）		借 入 金	（	）
貸倒引当金	（　　　）	（　　　）	未払法人税等	（	）
売 掛 金	（　　　）		未 払 費 用	（	）
貸倒引当金	（　　　）	（　　　）	資 本 金	（	）
商　　　品		（　　　）	繰越利益剰余金	（	）
貯 蔵 品		（　　　）			
前 払 費 用		（　　　）			
備　　　品	（　　　）				
減価償却累計額	（　　　）	（　　　）			
		（　　　）		（	）

損益計算書
X5年4月1日からX6年3月31日まで

売 上 原 価	（　　　）	売 上 高	（	）
給　　　料	（　　　）	受 取 手 数 料	（	）
支 払 家 賃	（　　　）			
保 険 料	（　　　）			
租 税 公 課	（　　　）			
貸倒引当金繰入	（　　　）			
減 価 償 却 費	（　　　）			
支 払 利 息	（　　　）			
雑　　　損	（　　　）			
法 人 税 等	（　　　）			
当 期 純 利 益	（　　　）			
	（　　　）		（	）

解答・解説

　まず、(B) 決算整理事項等の仕訳を行います。その決算整理仕訳の金額を (A) 決算整理前残高試算表に加減算して、決算整理後の金額をもとめます。なお、決算整理仕訳で新たに登場した勘定科目は、仕訳の金額をそのまま用います。繰越利益剰余金以外の資産・負債・資本は貸借対照表に、収益・費用は損益計算書に記入します。その際、財務諸表作成での 5 つの注意点を考慮します。

　そして、損益計算書の収益合計と費用合計の差額で当期純利益を計算し、それを費用の一番下に記入して損益計算書を完成させます。

　次に、**当期純利益を決算整理前残高試算表の繰越利益剰余金に加算して決算整理後の繰越利益剰余金を計算し、それを貸借対照表に記入します。**

　最後に、貸借対照表の資産の合計金額と負債と資本の合計金額を計算し、合計金額の一致を確認して貸借対照表を完成させます。

　(B) 決算整理事項等の仕訳を示すと以下の通りです。

1.	雑　　　　　損	2,000	現　　　　　金	2,000
2.	貸倒引当金繰入	2,000	貸 倒 引 当 金	2,000
3.	仕　　　　　入	30,000	繰 越 商 品	30,000
	繰 越 商 品	35,000	仕　　　　　入	35,000
4.	減 価 償 却 費	20,000	備品減価償却累計額	20,000
5.	貯 蔵 品	2,000	租 税 公 課	2,000
6.	前 払 家 賃	3,000	支 払 家 賃	3,000
	前 払 保 険 料	1,000	保 険 料	1,000
7.	給　　　　　料	2,000	未 払 給 料	2,000
8.	法 人 税 等	10,000	仮払法人税等	4,000
			未払法人税等	6,000

　貸倒引当金の金額は、受取手形と売掛金を別々に計算し、その合計金額から (A) 決算整理前残高試算表の貸倒引当金残高を控除して、貸倒引当金繰入をもとめます。

　受取手形の貸倒引当金：70,000円×2%＝1,400円

　売掛金の貸倒引当金：80,000円×2%＝1,600円

　貸 倒 引 当 金 繰 入：(1,400円＋1,600円) －1,000円＝2,000円

最終的な財務諸表を示すと、次のようになります。

貸借対照表
X6年3月31日

現　　　　金		(30,000)	支 払 手 形		(40,000)
当 座 預 金		(122,000)	買 掛 金		(60,000)
受 取 手 形	(70,000)		借 入 金		(50,000)
貸倒引当金	(1,400)	(68,600)	未払法人税等		(6,000)
売 掛 金	(80,000)		未 払 費 用		(2,000)
貸倒引当金	(1,600)	(78,400)	資 本 金		(200,000)
商　　　　品		(35,000)	繰越利益剰余金		(42,000)
貯 蔵 品		(2,000)			
前 払 費 用		(4,000)			
備　　　　品	(120,000)				
減価償却累計額	(60,000)	(60,000)			
		(400,000)			(400,000)

損益計算書
X5年4月1日からX6年3月31日まで

売 上 原 価	(145,000)	売 上 高	(240,000)
給　　　　料	(32,000)	受取手数料	(10,000)
支 払 家 賃	(15,000)		
保 険 料	(5,000)		
租 税 公 課	(3,000)		
貸倒引当金繰入	(2,000)		
減 価 償 却 費	(20,000)		
支 払 利 息	(1,000)		
雑　　　　損	(2,000)		
法 人 税 等	(10,000)		
当 期 純 利 益	(15,000)		
	(250,000)		(250,000)

おつかれさまです。
よくがんばりましたね！

これで
全部終了
だよ～

いっぱい問題を解いて、合格してね！

さくいん

※太字の数字はもっとも詳しく説明が書かれているページです。

ま

や

ら

答案用紙無料ダウンロードサービスのご案内

下記のアドレスにて、本書の**答案用紙の無料ダウンロードサービス**を行っております。繰り返し解きたいときにご活用いただけます。

https://www.seibidoshuppan.co.jp/info/speed-boki3-2305

上記アドレスを「ウェブブラウザ」上の「アドレスバー」に入力してください。「検索サイト」の「サーチボックス（検索窓）」に入力しても上記サイトは表示されません。

よくあるお問い合わせ

Q アドレスを入力したのに、別のサイトが出てきてしまい、正しく表示されないのですが。

A アドレスバーではなく、誤ってサーチボックス（検索窓）に上記アドレスを入力してしまいますと、検索サイト側で類似の別のページを表示してしまうことがあります。その場合は、表示中の画面のアドレスを確認していただき、上記のアドレスになるように修正した上で、「Enter」キーを押せば正しく表示されます。

本書の正誤情報について

本書に関する正誤情報を含む最新情報も上記のアドレスにてご確認いただけます。

上記アドレスに掲載されていない箇所で、正誤についてお気づきの場合は、書名・質問事項・氏名・住所（または FAX 番号）を明記の上、**成美堂出版**まで**郵送**または **FAX** でお問い合わせください。**お電話でのお問い合わせはお受けできません。**

※ 本書の正誤に関するご質問以外にはお答えできません。受験指導などは行っておりません。
※ 内容によってはご質問をいただいてから回答をさし上げるまでお時間をいただくことがございます。

著者紹介

みなみ しんいち
南 伸一　簿記の教室メイプル代表

1971 年、鹿児島県生まれ。独自の学習法を編み出し、簿記 3 級、簿記 2 級、簿記 1 級、税理士試験簿記論に合格。さらに平成 7 年、公認会計士 2 次試験にも合格する。大手監査法人での実務経験を経たのち、平成 9 年、簿記の教室メイプルを開校。著書に『絵でみる簿記入門』（日本能率協会マネジメントセンター）、『超スピード合格！日商簿記 3 級テキスト＆問題集』、『超スピード合格！日商簿記 3 級実戦問題集』（弊社刊）などがある。

簿記の教室メイプル

初心者にもわかりやすい講義で、毎年、多くの簿記検定合格者を出している。現在は、教室での簿記講座の他に、DVD による簿記検定の通信講座も行っている。

【草加校】	〒340-0015 埼玉県草加市高砂 2-3-12 フナトビル 2F TEL：048-922-8555 メールアドレス：info@boki-school.com 教室 URL：http://www.boki-school.com
【大手町校】（短期集中講座）	〒101-0047 東京都千代田区内神田 1-5-11 セントラル大手町 505 教室 URL：http://www.boki-otemachi.com
【オンラインライブ講座】	URL：http://www.boki-school.com/boki/boki3-online/（3 級）

超スピード合格！ 日商簿記3級 テキスト&問題集 第6版

2024年7月30日発行

著　者　　南 伸一
　　　　　みなみ　しん　いち

発行者　深見公子

発行所　成美堂出版
　　　　　〒162-8445　東京都新宿区新小川町 1-7
　　　　　電話(03)5206-8151　FAX(03)5206-8159

印　刷　大盛印刷株式会社